B.R.

Heimathskunde

für

die Bewohner

des

Fürstenthums Schwarzburg-Sondershausen.

ISBN 3-86162-023-5
© Verlag Donhof
Arnstadt 1998

Heimathskunde

für

die Bewohner

des

Fürstenthums Schwarzburg-Sondershausen

von

H. F. Th. Apfelstedt,

Pfarrvicar in Großfurra und ordentlichem Mitgliede des Vereins für deutsche Geschichts- und Alterthumskunde zu Sondershausen.

Erstes Heft.

(Geographie der Unterherrschaft.)

Sondershausen, 1854.

Druck und Verlag von F. A. Eupel in Sondershausen.

„Wenn es wahr ist, daß der Mensch sich zum Theil dadurch von den unvernünftigen Wesen unterscheidet, daß er mit klarem Selbstbewußtsein die Verhältnisse seiner Umgebung durchschaut; wenn es wahr ist, daß es des Menschen unwürdig ist, über die nächsten Verhältnisse nicht unterrichtet und aufgeklärt zu sein; wenn es wahr ist, daß man in den Verhältnissen des Lebens nur in so weit richtig zu handeln vermag, als man diese Verhältnisse richtig aufgefaßt hat; wenn es endlich wahr ist, daß der Mensch den Zweck seines Daseins nur in der Gemeinschaft mit seines Gleichen, also in dem häuslichen und bürgerlichen Vereine, zu erreichen im Stande ist: so ist damit die Behauptung begründet, daß von dem ganzen Wissen über die Erde für jeden Schüler die Kenntniß des Raumes, in welchem er lebt, und der bürgerlichen und Staatsverhältnisse, die auf ihn einwirken, und in welchen und auf welche er zu wirken bestimmt ist, das Wichtigste und Unentbehrlichste sei."

Diesterweg.

Dem

Durchlauchtigsten Fürsten und Herrn,

Herrn Günther Friedrich Carl II.,

regierendem Fürsten zu Schwarzburg-Sondershausen, Grafen zu Hohnstein, Herrn zu
Arnstadt, Sondershausen, Leutenberg und Blankenburg etc.

unterthänigst gewidmet

von

dem Verfasser.

Durchlauchtigster Fürst,
Gnädigster Fürst und Herr!

Ew. Hochfürstliche Durchlaucht haben in Gnaden geruht, dem ehrfurchtsvoll Unterzeichneten die unterthänigste Bitte zu gewähren, HöchstIhnen seine über die Fürstlich Schwarzburg = Sondershäusische Unterherrschaft verfaßte Heimathskunde dediciren zu dürfen.

Indem ich es wage, von dieser gnädigsten Erlaubniß hierdurch Gebrauch zu machen, weiß ich dieselbe um so höher zu würdigen, je lebendiger ich es fühle, daß das Büchlein zu unbedeutend ist, um auf eine so hohe Gnade Anspruch machen zu können. Allein ich darf auf die huldvolle Nachsicht Ew. Hochfürstlichen Durchlaucht um so zuversichtlicher hoffen, als HöchstDieselben, wie schon so vielfach, so noch neuerlichst durch die Gründung eines Vereins für deutsche Geschichts- und Alterthumskunde Höchst-Ihr lebhaftes Interesse für alles Vaterländische an den Tag gelegt und dadurch, daß von HöchstDeren Gnade auch ich zu einem Mitgliede dieses Vereins ernannt worden bin, es mir gleichsam zur Pflicht gemacht haben, Höchst-Ihnen das kleine Werk als einen schwachen Beweis meines tiefgefühltesten Dankes zu Füßen zu legen, in dem ich in tiefster Ehrfurcht ersterbe

Ew. Hochfürstlichen Durchlaucht

unterthänigster Diener,

F. Apfelstedt.

Vorrede.

Unstreitig ist kein Unterrichtsgegenstand, die Religionslehre ausgenommen, wichtiger und verdient größere Beachtung, als die Geographie, da sie gewissermaßen den, erst wahres Leben gebenden, Vereinigungspunkt für mehrere andere Unterrichtsgegenstände, die der Schüler zu erlernen hat, und die für sich vereinzelt und abgerissen dastehen würden, abgibt.

Dies erkannten die Pädagogen auch sehr wohl und wendeten darum seit den letzten Jahrzehnten diesem Unterrichtsgegenstande eine ganz vorzügliche Aufmerksamkeit zu. Sollte aber, das fand man sehr bald, derselbe so geistbildend werden, wie er es vermag, so war vor Allem die Anordnung des Lehrstoffes in Betracht zu ziehen, indem von ihr, wie bei allen Lehrfächern, so auch bei der Geographie allein es abhängt, sie zu einem eben so angenehmen, als lehrreichen Gegenstande zu machen.

Sind nun auch schon seit längerer Zeit alle Pädagogen in gleicher Weise von der Wichtigkeit des geographischen Unterrichts überzeugt, so weichen sie doch in der Methode von einander ab, indem die eine Partei den analytischen, d. h. den vom Allgemeinen zum Besondern, die andere den synthetischen, d. h. den vom Besondern zum Allgemeinen fortschreitenden, Gang für den zweckmäßigsten hält.

In den Lehranstalten unseres Landes hat die Oberschulbehörde schon seit Jahren die synthetische Methode eingeführt, weil diese, als die naturgemäßere, dem geistigen Entwickelungsgange des Menschen am angemessensten ist. Dem zufolge beginnt der geographische Unterricht bei uns mit der Heimathskunde, um den Schüler durch Vorführung des Nahen und ihm Bekannten zu befähigen, sich von dem Entfernten, von dem ihm noch Unbekannten eine richtige Vorstellung zu machen. Und fürwahr, der Erfolg entspricht hier ganz der Erwartung! —

Wie wenig, wie fast gar kein Gewinn ging dagegen aus der frühern geistlosen und darum geisttödtenden Methode hervor, bei welcher der geographische Unterricht in nichts Anderem bestand, als in dem trockenen, mechanischen Aufzählen der Länder, Städte und Ortschaften mit ihrer Häuser= und Einwohnerzahl. Bei derselben wurde in der Regel an Nichts weniger, als daran gedacht, diese Kenntniß nur einigermaßen geistbildend zu machen, vielmehr wurden dem Schüler in der erwähnten Weise gar viele Länder, Städte u. s. w., und dabei oft gerade die entlegensten zuerst, vorgeführt, während das Nahe, das, was für den Schüler das meiste Interesse gehabt hätte, das Vaterland, oft gar nicht, oder höchstens nur flüchtig erwähnt wurde. Kein Wunder also, wenn dieser an sich so fruchtbare Gegenstand fast ganz ohne Frucht blieb! —

Ganz anders verhält es sich, wenn, wie bereits gesagt, bei dem geographischen Unterrichte der entgegengesetzte Weg eingeschlagen wird. Ihm zufolge hat dieser Unterricht zu beginnen mit dem Lehrzimmer, gibt von demselben die Grenzen nach den vier Himmelsgegenden, die Größe nach Fuß und Quadratfuß, auch wohl etwas Geschichtliches in Bezug auf dessen Erbauung und Erweiterung u. s. w. an; es schreitet derselbe dann fort zu dem Schulgebäude, und zwar ganz in derselben Weise, d. h. bespricht die Grenzen, Größe und das Ge=

schichtliche, geht dann weiter zu dessen Umgebung, zum Stadt= oder Dorfviertel, zum Wohnorte und dessen Gebiet (Flur), betrachtet den dasselbe durchfließenden Bach, oder durchströmenden Fluß mit seinen Neben= und Zuflüssen, Teiche und Seen, Hügel und Berg, Hügelreihe und Gebirgszug, führt dann den Schüler von Ort zu Ort, von Amtsbezirk zu Amtsbezirk u. s. w., mithin zu Gegenständen, die ihm nach mancher Seite hin schon bekannt sind, und von denen dieser unter Anleitung des Lehrers gar Manches selbst zu erzählen und aufzufinden vermag*).

Auf diese Weise wird der Schüler unvermerkt zum richtigen Verständniß des geographischen Unterrichts geführt, indem er in dem Gehörten und ihm zum Bewußtsein Geführten Anknüpfungspunkte für die meisten Gegenstände findet, welche der weitere Unterricht in der Geographie ihm bringt. Zugleich aber gewinnt er dadurch auch eine genaue Kenntniß seines speciellen Vaterlandes, eines Landes, das, und wäre es noch so klein, ihm doch unter allen am nächsten steht.

---

*) Es ist und bleibt zwar Hauptsache, daß der Schüler alle Gegenstände des ersten geographischen Unterrichts durch Anschauung kennen lernt, und der Lehrer ihn zu diesem Zwecke auch bisweilen hinaus ins Freie und zwar, wenn möglich, an eine Stelle führt, von der aus er seinen Wohnort, dessen Flur ꝛc. überblicken kann; dennoch darf gleich anfangs nicht außer Acht gelassen werden, daß der Schüler die Gegenstände des weiter fortschreitenden geographischen Unterrichts nur im Bilde (Landkarte) anzuschauen vermag, und es ist darum nothwendig, daß das ihm Angeschaute ihm auch zugleich im Bilde dargestellt werde. Der Lehrer hat darum den Grundriß vom Schulzimmer, vom Schulhause, von der Straße, in welcher das letztere liegt, mit allen darin befindlichen Gebäuden, Gärten ꝛc. und dann so fortschreitend vom ganzen Wohnorte auf die Tafel, letztern aber noch besser auf Papier zu zeichnen und denselben, wo möglich, mit verschiedenen Farben auszumalen; der Schüler bildet dann das Leichtere aus dem Gedächtnisse nach, das Schwere aber zeichnet er nach dem Entwurfe des Lehrers ab.

Daß aber namentlich dem angehenden Schüler gar manche geographischen Verhältnisse seines Vaterlandes noch nicht bekannt sein können, versteht sich wohl von selbst, und ebenso, daß der Lehrer, wenn er seinen Schülern nicht irgend ein Hülfsmittel in die Hand geben kann, nicht bloß alles dahin Gehörige erzählen, sondern dasselbe auch entweder mündlich oftmals wiederholen, oder wohl gar dictiren muß.

Mit diesen Uebelständen hatte auch der Verfasser des vorliegenden Werkchens, der bis vor kurzem Lehrer war, zu kämpfen, und der damit verbundene Zeitverlust ließ ihn den Entschluß fassen, die seit mehreren Jahren über sein Vaterland gesammelten geographischen und topographischen Materialien noch etwas zu vervollständigen und sie sodann seinen Schülern gedruckt in die Hand zu geben. Allein erst, nachdem er seinen Wirkungskreis als Lehrer verlassen hatte, fand er Muße, wenigstens einen Theil jener Materialien, nämlich das Allgemeine über Schwarzburg und das Specielle über die Unterherrschaft des Fürstenthums Schwarzburg-Sondershausen, druckfertig zu machen, und übergibt ihn hiermit zunächst den Lehrern und Schülern des eben genannten Landes als ersten Leitfaden für den geographischen Unterricht. Zugleich aber gibt er sich der Hoffnung hin, daß das Werkchen auch denjenigen seiner Landsleute, die sich mit den verschiedenen hierher gehörigen Verhältnissen ihres Vaterlandes genauer bekannt machen wollen, eine vielleicht nicht unwillkommene Gabe sein dürfte, und wird sich darum beeilen, diesem ersten Hefte bald das zweite, die Oberherrschaft betreffend, und, so Gott will, dann auch in einem dritten Hefte die Geschichte des Hauses Schwarzburg folgen zu lassen.

Für die Bearbeitung des geographischen Theiles des Werkchens fand sich leider nicht ein einziges Werk vor, in welchem das Material schon einigermaßen systematisch geordnet gewesen wäre, sondern es mußte dasselbe theils aus verschiedenen Werken, namentlich aus Paul Jovius: Chronicon Schwarzburgicum; Müldener: historische diplomatische Nachrichten von einigen zerstörten Bergschlössern in Thüringen; Heidenreich: Historie des ehemals gräflichen, nunmehr fürstlichen Hauses Schwarzburg; Thüringen und der Harz mit ihren Merkwürdigkeiten, Volkssagen und Legenden (besonders mehrere Artikel vom Herrn Hofrath Dr. Hesse in Rudolstadt und vom Herrn Director Dr. Gerber in Sondershausen); Duval: das Eichsfeld; — theils und vorzüglich durch eigenes Anschauen und Aufsuchen zusammengetragen werden. Mehrere sehr interessante geschichtliche und geographische Nachrichten gingen dem Verfasser von dem auch in dieser Beziehung höchst kenntnißreichen, im vorigen Jahre verstorbenen Herrn Geheimerath von Ziegeler in Sondershausen, von dem Herrn Consistorial-Assessor Cannabich daselbst und von dem Herrn Hofrath Dr. Hesse in Rudolstadt zu, denen, so wie Allen, die ihm über Einzelnes auf mündliche und schriftliche Anfragen freundlichst Auskuft gaben, er hiermit seinen Dank darbringt. Die geognostischen Verhältnisse, welche einen besondern Abschnitt ausmachen, sind ein, oft wörtlicher, Auszug aus einer Abhandlung des Herrn Professors Göbel in Sondershausen, welche er unter dem Titel: „Geognostisch-topographische Skizze der nächsten Umgebung von Sondershausen" in dem Schulprogramm des Gymnasiums zu Sondershausen 1844 veröffentlicht und mit genauer Sachkenntniß dargestellt hat. In Bezug auf die Anordnung des Materials ist der Verfasser hier und da der in der Heimathskunde des Herrn Schuldirectors Dr. Schulze zu Gotha gefolgt.

So klein aber auch das behandelte Gebiet ist, und so gering auch die verwendete Mühe erscheinen mag; dennoch war, das darf versichert werden, die Ausführung des Unternehmens nicht leicht. Nur der, welcher schon einmal versuchte, sich über diesen oder jenen Gegenstand seines Vaterlandes genauer zu unterrichten, wird die Schwierigkeiten kennen und ermessen, welche der Verfasser bei der Bearbeitung seines Werkchens zu überwinden hatte, und ihm die Nachsicht zu Theil werden lassen, um die er hiermit ausdrücklich bittet.

Sollte aber trotz aller Sorgfalt im Aufsuchen und Vergleichen der verschiedenen Nachrichten sich hier oder da dennoch Unrichtiges eingeschlichen haben, oder noch manches Interessante fehlen, so würden gütigst mitgetheilte Berichtigungen und Ergänzungen mit größtem Danke entgegengenommen und nach ihnen das Fehlerhafte nachträglich verbessert und das Fehlende nachgetragen werden.

Großfurra, am 24. August 1854.

F. Apfelstedt.

Inhaltsanzeige.

Einleitung. S. 1 u. 2.

Die Fürstenthümer Schwarzburg-Sondershausen und Schwarzburg-Rudolstadt im Allgemeinen. S. 3—9.

Name, Lage, Grenzen, Größe, Einwohnerzahl und Geschichtliches. S. 3—9.

Das Fürstenthum Schwarzburg-Sondershausen. S. 10—25.

  I. Größe, Bevölkerung und allgemeine Eintheilung. S. 10.
  II. Von dem Fürsten und dem fürstlichen Hause. S. 10—12.
  III. Staatsverfassung. S. 12.
  IV. Staatsverwaltung. S. 12—15.
     1. Gemeindeverwaltung. S. 13.
     2. Bezirksverwaltung. S. 13 u. 14.
     3. Centralverwaltung. S. 14 u. 15.
  V. Rechtspflege. S. 15—17.
     1. Einzelngerichte oder Justizämter. S. 15.
     2. Kreisgerichte. S. 15 u. 16.
     3. Appellationsgericht mit dem Geschwornengerichte. S. 16.
     4. Oberappellationsgericht. S. 16.
       Staatsanwaltschaft. S. 16 u. 17.
  VI. Geistiges und bürgerliches Leben. S. 17—22.
     1. Kirche und religiöse Aufklärung. S. 17—19.
     2. Schule und wissenschaftliche Bildung. S. 19—21.
     3. Gemeinnützige Anstalten. S. 21 u. 22.
  VII. Finanzlage des Landes. S. 23—25.
  VIII. Militairwesen. S. 25

A. Die Unterherrschaft. S. 26—211.
  I. Das Land. S. 26—40.
    1. Grenzen, Ausdehnung, Größe, Einwohnerzahl und Geschichtliches. S. 26 u. 27.
    2. Physische Beschaffenheit. S. 28—37.
      a. Gestaltung des Landes im Allgemeinen. S. 28.
      b. Gebirge und Höhen. S. 28—30.
      c. Gewässer. S. 30—34.
      d. Geognostische Beschaffenheit. S. 34—36.
      e. Klima. S. 36 u. 37.
    3. Naturerzeugnisse und Cultur des Landes. S. 37—40.
  II. Die Bewohner. S. 40—47.
    1. Abstammung und Sprache. S. 40—42.
    2. Kunst, Gewerbe und Handel. S. 42—44.
    3. Volksfeste. S. 44—47.
  III. Eintheilung nach Justizämtern und Bezirken. S. 47—49.
  IV. Topographie. S. 49—211.
    1. Beschreibung der 3 Städte. S. 49—115.
       Sondershausen 49—96: Plätze 51. — Brunnen 51. — Die Kirchen 52. — Die Synagoge 56. — Die Gottesäcker 57. — Das Residenzschloß und die übrigen fürstlichen und Staatsgebäude 58. — Städtische Gebäude 66. — Die Schulanstalten 68. — Städtische Behörden und Anstalten 74. — Privatanstalten und Vereine 76. — Fabriken 79. — Handel und Verkehr 79. — Gesellige Vergnügen 79. — Flur und Umgebung 80. — Geschichtliches 83.
       Greußen 96—111: Plätze 98. — Brunnen 98. — Die vorzüglichsten Gebäude der Stadt 98. — Städtische Behörden und Anstalten 103. — Kunstanstalten und Vereine 104. — Fabriken 105. — Handel und Verkehr 105. — Flur der Stadt und nächste Umgebung 105. — Geschichtliches 106.
       Großen-Ehrich 111—115: Die vorzüglichsten Gebäude 112. — Die Schulanstalten 112. — Die Flur 112. — Geschichtliches 113.
    2. Beschreibung der 4 Marktflecken. S. 115—135.
    3. Beschreibung der 43 Dörfer S. 135—211.
    4. Anhang. Die in Preußen gelegenen fürstlichen Domainen.

———

Einleitung.

„Ans Vaterland, ans theure, schließ' dich an,
Das halte fest mit deinem ganzen Herzen!"
                                    Schiller.

„In dem kleinsten Vaterlande lernt der Mensch
die Welt verstehn."

Theuer und werth ist einem Jeden das Vaterhaus, und wäre es eine Hütte; theuer und werth die Stätte, wo er den ersten Unterricht genoß; theuer und werth der Geburtsort und das Vaterland, und wären sie noch so klein. Und dies kann auch nicht anders sein! Denn wie dem Kinde Alles, was ihm täglich vor Augen ist, lieb wird, wie für dasselbe auch das Unbedeutendste aus seiner Umgebung Wichtigkeit erhält, die Kindheit aber mit ihren Träumen ewig jung und frisch in dem Gedächtnisse des Menschen bleibt; so wird Alles, was ihm in seiner Kindheit Anhänglichkeit und Liebe einflößte, ihm auch bis an das Grab theuer und werth bleiben. — So ist es, und so soll es auch sein!

Darum wird auch die Vaterlandsliebe, wie sie unwillkürlich alle andern Gefühle beherrscht, in dem Herzen eines Jeden immer lebendig bleiben, ja sie wird mit den Jahren noch wachsen, je mehr er erkennt, wie viel Wohlthaten er seinem Vaterlande zu verdanken hat. Denn Unterricht, religiöse und sittliche Erziehung, bürgerlicher Schutz und ein ehrenvoller Platz in der menschlichen Gesellschaft; — dies Alles ist doch ohne Zweifel als Wohlthat zu betrachten, die das Vaterland seinen Kindern spendet.

Nichts ist daher wohl natürlicher, als daß ein Jeder die wohlthätige Mutter, welche jedes ihrer Kinder mit Liebe umfaßt, immer genauer kennen zu lernen sucht, um zu erfahren, wie viel sie für ihn that und noch thut, und wodurch er seinerseits ihr wieder den Tribut der Dankbarkeit abzutragen vermag.

Wie dies für jeden Deutschen schon in Bezug auf sein allgemeines Vaterland, Deutschland, heilige Pflicht ist, so muß er derselben wohl noch mehr in Bezug auf sein besonderes Vaterland nachkommen.

Dies Büchlein nun ist nicht bloß bestimmt, den geographischen Unterricht in unsern Schulen durch eine möglichst genaue und ausführliche Beschreibung unseres engeren Vaterlandes zu fördern, sondern auch durch Aufzählung seiner wohlthätigen Anstalten und Einrichtungen einem Jedem zum Bewußtsein zu führen, daß ihm dasselbe stets theuer und werth bleiben soll.

Die
Fürstenthümer Schwarzburg-Sondershausen
und
Schwarzburg-Rudolstadt
im Allgemeinen.

Name, Lage, Grenzen, Größe, Einwohnerzahl und Geschichtliches.

Die beiden schwarzburgischen Fürstenthümer, welche früher Graffschaften waren, haben ihren Namen von der im romantischen Thale der Schwarza auf dem Thüringerwalde gelegenen Stammveste Schwarzburg. Ein Theil der in Rede stehenden Fürstenthümer, das Stammland im engern Sinne, führt den Namen Schwarzburg schon seit der Mitte des 12. Jahrhunderts; die übrigen Besitzungen aber, welche erst nach und nach das Eigenthum der gräflichen Vorfahren unserer Fürsten wurden, erhielten diesen Namen, sobald sie den Graffschaften einverleibt wurden.

Die von den schwarzburgischen Grafen durch Kauf-, Erb- und andere Verträge erworbenen Besitzungen grenzten nicht immer unmittelbar an ihre Stammgüter, und daher kömmt es, daß die schwarzburgischen Fürstenthümer kein geschlossenes Ganzes bilden; sie zerfallen vielmehr in je zwei Haupttheile, die Unterherrschaften und die Oberherrschaften, von denen jene nur wenige Stunden südlich vom Harze, diese aber an und auf dem Thüringerwalde liegen. Die Unter- und Oberherrschaften sind von einander getrennt durch einen Theil des preußischen Regierungsbezirks Erfurt, des Großherzogthums Weimar, des Herzogthums Gotha und durch einige Parcellen des Herzogthums Meiningen.

Die Unterherrschaften liegen zwischen 28° 7′ und 28° 56′ der Länge und zwischen 51° 12′ und 51° 56′ nördlicher Breite, die Oberherrschaften zwischen 28° 28′ und 29° 12′ d. L. und zwischen 50° 28′ und 50° 53′ n. Br.

Begrenzt sind die unterherrschaftlichen Landestheile von Preußen, Gotha und Weimar, die oberherrschaftlichen von Preußen, Weimar, Altenburg, Reuß, Meiningen und Gotha.

Der Flächeninhalt sämmtlicher Landestheile beträgt 35½ Q.-M. und die Einwohnerzahl etwa 130,000 Seelen*), welche in 12 Städten, 9 Marktflecken und 239 Dörfern wohnen.

Hervorgegangen ist das Haus Schwarzburg aus dem Hause Käfernburg, welches seinen Sitz auf der Käfernburg, unweit Arnstadt, hatte. Die Grafen von Käfernburg nannten sich seit dem Anfange des 12. Jahrhunderts bisweilen auch zugleich Grafen von Schwarzburg, und eine Linie derselben führte seit der Mitte des 12. Jahrhunderts nur diesen Namen und zwar nach der Burg gleichen Namens, welche letztere jedoch nebst dem sie umgebenden Landstriche um jene Zeit wahrscheinlich schon längst ein Besitzthum der Grafen von Käfernburg gewesen war.

Die Besitzungen dieser um 1160 gestifteten gräflichen Linie Schwarzburg waren anfangs nicht bedeutend, indem sie nur die Burgen Schwarzburg und Blankenburg oder Greifenstein, die dazu gehörigen Ortschaften und die halbe Stadt Ilm**) begriffen. In den folgenden Jahrhunderten aber vermehrten die Grafen von Schwarzburg dieselben theils durch Kauf und Belehnung, theils durch Erb- und andere Verträge sehr ansehnlich, verloren aber im Laufe der Zeit auch wieder manches Erworbene durch Verkauf, Tausch u. s. w.

Es dürfte wohl nicht ohne Interesse sein, hier zur bessern Uebersicht sowohl den Besitzerwerb, als auch die Besitzveräußerungen unserer Grafen etwas genauer angeführt zu finden. Im Laufe der folgenden Jahrhunderte kamen nämlich zu der oben bezeichneten Grafschaft Schwarzburg:

† ***) Gegen 1228 Saalfeld und Ranis, welche Heinrich II. für geleistete treue Dienste durch Belehnung vom Kaiser Friedrich II. erhielt; — 1389 wurden diese Besitzungen von Günther XXVIII. an die Markgrafen von Meißen verkauft.

† Um dieselbe Zeit hatte Schwarzburg auch Antheil an der Herrschaft Krannichfeld.

† Um das Jahr 1230 oder 1231 die Schlösser Kirchberg — unweit des Straußberges — und Ehrich nebst Toba und Abtsbessingen, welche Besitzungen Heinrich III. bei seiner Vermählung mit der Grä-

---

*) Die Zahl der Einwohner ist der am Schlusse des Jahres 1852 veranstalteten officiellen Zählung entnommen.

**) Die andere Hälfte der Stadt Ilm verblieb der Linie Käfernburg.

***) Die mit † bezeichneten Erwerbungen sind nicht bei Schwarzburg geblieben.

fin Sophie von Hohnstein als Mitgift erhielt; — 1259 fielen sie wieder an Hohnstein zurück, da Heinrich ohne Erben gestorben war.

† 1248 die Herrschaft Sondershausen, welche Albert II. nach dem Aussterben der Herren von Sondershausen eroberte; — 1260 kam sie an die Grafen von Hohnstein.

Im 13. Jahrhunderte besaßen die Grafen von Schwarzburg auch Königsee und Ehrenstein; letzteres wurde zwar 1449 von Günther XXXII. seinem Schwiegersohne, Ludwig von Gleichen, übergeben, kam jedoch 1610 für 40,000 Gülden wieder an Schwarzburg.

† Um dieselbe Zeit gehörte zu Schwarzburg auch Pösneck und Remda; jenes wurde 1389 zugleich mit Saalfeld und Ranis an die Markgrafen von Meißen, dieses 1432 an die Grafen von Gleichen, Blankenhainer Linie, verkauft.

† Zu Anfange des 14. Jahrhunderts erhielt Schwarzburg pfandweise die halbe Stadt Jena von den Herren von Leuchtenburg; — 1332 trat es dieselbe an den Landgrafen Friedrich den Ernsthaften ab.

1306 kauften Heinrich VII. und Günther XII. von den Erben des letzten Grafen von Käfernburg, jüngerer Linie, den Grafen Otto von Orlamünda und Heinrich von Hohnstein, die Hälfte der Herrschaft Arnstadt, zu welcher auch Wachsenburg, Schwarzwald und Liebenstein gehörten, für 2600 Mark Silber; — Wachsenburg, Schwarzwald und Liebenstein verkaufte jedoch der Graf Johann II. ums Jahr 1368 an die Landgrafen von Thüringen für 1200 Mark Silber.

1332 kauften Heinrich X. und Günther XXI. die andere Hälfte der Herrschaft Arnstadt von dem Stifte Hersfeld für 2000 Mark Silber.

† 1333 erhielten Heinrich IX. und Günther XVIII. die Leuchtenburg nebst den Städten Kahla und Roda von den Grafen von Arnshaugk für 3500 Schock Prager Groschen*), anfangs pfandweise, dann käuflich; 1392 ging diese Besitzung an den Markgrafen Friedrich den Streitbaren von Meißen verloren, und die Grafen von Schwarzburg erhielten einige Zeit nachher für diesen Verlust nur eine Geldentschädigung.

1339 kauften Günther XXI. und seine Vettern, Heinrich XIV. und Günther XXV., die Stadt und Schloß Schlotheim sammt den Dörfern Schwalborn**), Mehler (Mehlra) und halb Mehrstedt mit allem Zubehör von dem Grafen Heinrich V. von Hohnstein für 2200 Mark. Der Verkäufer behielt sich jedoch vor, solche Güter mit den Käufern gemeinsam zu genießen, überließ aber schon 1340 seine Rechte den Landgrafen von Thüringen für 2700 Mark. Im Jahr 1424

---

*) Ein Schock Prager Groschen ist = 1 Mark Silber.
**) Schwalborn, ein in der Nähe von Schlotheim gelegenes Dorf, ist nicht mehr vorhanden, die Stätte desselben wird aber noch jetzt mit dem Namen Schwalbenborn bezeichnet.

überließ Heinrich XXIV. Schloß und Stadt Schlotheim auf Wiederkauf seinem Rath, dem Ritter Friedrich von Hopffgarten, für 1000 Mark.

1340 kam die Stadt Rudolstadt nach Erlöschen des gräflichen Hauses Orlamünda, fränkischer Linie, mit Otto VII. an Schwarzburg, indem 1334 Otto mit Heinrich X. von Schwarzburg, seinem Schwager, hierüber einen Vergleich abgeschlossen hatte.

1340 kauften Günther XXI. und Heinrich XII. Haus und Stadt Frankenhausen mit allen Zubehörungen und Gerechtsamen von den Grafen von Beichlingen für 6500 Mark.

1341 kauften dieselben von dem Grafen Friedrich von Beichlingen die Hälfte des Rathsfeldes.

† 1342 und 1344 kauften Günther XXI, Heinrich XII. und Günther XXV. von Schwarzburg in Verbindung mit den Grafen von Orlamünda die Herrschaft Dornburg an der Saale von den Schenken von Dornburg, bald nachher aber besaßen sie unsere Grafen allein; 1358 kam sie an die Landgrafen von Thüringen.

† 1349 wurde dem Kaiser Günther und seinen Erben vom Kaiser Karl IV. bis zur Erstattung der Krönungskosten, 20,000 Mark betragend, die Stadt und Burg Gelnhausen, der Zoll zu Mainz oder Oppenheim und die Städte Goslar, Nordhausen und Mühlhausen, bis zur Ueberantwortung der 3 letzten Pfandschaften aber die Stadt Friedberg und des Kaisers, wie des Reichs Gulden und Steuern zu Frankfurt am Main verpfändet. Im Jahr 1436 verpfändete Heinrich XXIV. die eingesetzten Städte Gelnhausen und Friedberg mit kaiserlicher Bewilligung anderweit, da sie zu entlegen waren.

† 1351 wurde Stadt und Amt Ilmenau von einem Grafen von Henneberg, der es 1343 von den Grafen von Käfernburg erkauft hatte, für 570 Mark an Heinrich IX von Schwarzburg verpfändet; 1474 wurde es wieder eingelöst.

1356 kam zu Schwarzburg die Herrschaft Sondershausen von dem Grafen Heinrich V. von Hohnstein zufolge eines zwischen ihm und den Grafen Heinrich XII. und Günther XXV. im Jahre 1325 gemachten Erbvertrags.

† 1361 kam nach dem Aussterben der Grafen von Gleichen zu Schwarzburg die niedere Herrschaft Krannichfeld; sie wurde 1390 an den Burggrafen Albrecht von Kirchberg verkauft, dann wieder zurückerkauft, 1398 an die Burggrafen von Meißen verkauft und abermals zurückerkauft, 1412 endlich wieder den Burggrafen von Kirchberg käuflich überlassen.

1367 kauften die Grafen Heinrich XX. und Günther XXIX. von den Grafen von Hohnstein, Herren zu Heldrungen, das Dorf Esperstedt mit Gerichten, Rechten und allen Zubehörungen für 198 Mark.

1377 kam Schloß und Dorf Ichstedt nebst den Dörfern Borxleben und Udersleben von den Grafen von Beichlingen für 750 Mark an dieselben Grafen.

1378 ebenso die Schlösser Rothenburg und Kyffhausen nebst den dazu gehörigen Gerichten und Ortschaften von den Landgrafen von Thüringen für 970 Mark pfandweise, 1407 aber erb- und eigenthümlich.

1388 die andere Hälfte der Stadt Ilm, welche Graf Johann II. nebst seinen Vettern, Günther XXVII. und dessen Sohne Günther XXX., von der Gräfin Sophie von Käfernburg für 925 Schock guter Meißner Groschen erkaufte.

1399 das Dorf Günseroda von dem Ritter Albrecht von Krannichborn.

† Im 14. Jahrhunderte, wenn nicht schon früher, gehörte zu Schwarzburg auch die Vogtei Haßleben, desgleichen Groß-Sömmerda und Schallenburg; die letztern wurden 1418 der Stadt Erfurt für 2700 Mark verkauft, die erstere aber kam 1811 an Weimar, welches gegen Haßleben und einige andere Besitzungen auf die Oberhoheit über die Herrschaft Arnstadt, auf die wegen derselben zu ziehenden Receßgelder und auf die Appellationsinstanz verzichtete.

1417 und 1439 erkauften die Grafen von Schwarzburg in Gemeinschaft mit den Grafen von Stolberg Schloß und Stadt Heringen nebst Zubehör von den Erben des Grafen Dietrich von Hohnstein, Herrn zu Heringen, für 8000 rheinische Gülden. Der schwarzburgische Antheil ist 1815 an Preußen abgetreten worden, welches dagegen auf gewisse Hoheitsrechte über Schwarzburg verzichtete.

1424 erhielt Schwarzburg von den Grafen von Hohnstein, Herren zu Heldrungen, die Hälfte von Beneckenstein. Der Sondershäuser Antheil wurde 1676 gegen das Dorf Epschenrode an die Grafen von Sayn und Wittgenstein vertauscht, dieses aber 1816 an Preußen abgetreten.

1428 das Dorf Ringleben bei Frankenhausen von denselben Grafen von Hohnstein für 500 Mark.

† 1428 Schloß und Stadt Kelbra nebst den dazu gehörigen Ortschaften von den Herzögen Friedrich und Sigismund von Sachsen gegen die Summe von 16,900 rheinische Gülden und 200 Mark Silber erb- und eigenthümlich; — auch diese Besitzungen kamen 1815 an Preußen.

1434 das Vorwerk Bendeleben, der sogenannte Tütcheröder Hof, von Friedrich von Tütcherode pfandweise.

1446 die Herrschaft Käfernburg von dem Herzog Wilhelm III. von Sachsen für 10,000 rhein. Gülden auf Wiederkauf, 1467 aber eigenthümlich, wogegen dem Herzog 26 Dörfer der Unterherrschaft zu Lehen gegeben wurden.

† 1448 die Herrschaft Wiehe von den Grafen von Beichlingen und Hermann von Harras für 8000 rhein. Gülden; 1452 wurde sie wiederkäuflich, 1461 aber eigenthümlich an die Herren von Werthern übergeben; sie blieb jedoch bis 1816 ein Afterlehen von Schwarzburg.

1464 (nach Jovius 1444) das Schloß Gerterode nebst Zubehör von Eckard von Guttern für 1800 Gulden.

1544 von den Herzögen zu Sachsen das Kloster Schlotheim, sowie die Erblehen der Stadt und des Schlosses daselbst für 11,700 Gulden.

1576 sämmtliche Mannlehen des Hauses Tütcherode in Gemeinschaft mit Stolberg, indem das genannte Haus ausstarb.

† 1593 die Grafschaft Hohnstein in Gemeinschaft mit den Grafen von Stolberg zufolge eines 1433 mit den Grafen von Hohnstein gemachten Erbvertrags. Diese Grafschaft umfaßte aber folgende Ortschaften: Lipprechterode, Kleinbodungen, Obergebra, Niedergebra, Großwenden, Lohra, Elende, Kleinwenden, Münchenlohra, Mitteldorf, Pustleben, Rohra, Kinderode, Wollersleben, Mörbach, Kleinfurra, Rüxleben, Hainrode unter der Webelsburg, Wernrode, Wülferode, Ascherode, Sollstedt, Buhla, Rehungen, Groß- und Kleinberndten, Dietenborn, Ellrich, Sachsa, Bleicherode, Beneckenstein, Sorge, Clettenberg, Branderode, Liebenrode, Steinsee, Obersachswerfen, Tettenborn, Mackenrode, Limlingerode, Stöckei, Trebra, Hollbach, Pützlingen, Schiedungen, Gratzungen, Bliedungen, Königsthal, Kehmstedt, Oberdorf, Fronderode, Etzelsrode, Haferungen, die Flarichsmühle, Günzerode, Immenrode, Groß- und Kleinwerther, Groß- und Kleinwechsungen, Hochstädt, Hesserode, Gudersleben, Mauderode, Wofsleben, Cleisingen, Hörningen, Herreden, Salza und viele Mühlen, Ziegelhütten u. s. w.; ferner das Amt Großbodungen, das Amt Uttenrode, Craja, Wallrode, Rötichen, Hainrode, mehrere Güter, Gehölze u. s. w. — Kaum aber hatten Schwarzburg und Stolberg diese Grafschaft in Besitz genommen, da wurde sie ihnen durch den Herzog Julius von Braunschweig widerrechtlich streitig gemacht, und die Grafen von Schwarzburg erhielten trotz aller Klagen und Beschwerden nur das Amt Großbodungen, das Amt Uttenrode, Craja, Wallrode, Hainrode, Bockelnhagen, Zwinge u. s. w. nebst dem Versprechen, durch das erste heimfallende Reichslehen, das jenen Besitzungen an Werth gleichkomme, entschädigt zu werden. — Im Jahre 1816 trat dann Schwarzburg auch diesen Theil der hohnstein'schen Erbschaft an Preußen ab, das dagegen auf manche Rechte, die es an Schwarzburg hatte, verzichtete.

1597 (vollständig erst 1616) erwarb Schwarzburg das Amt Ebeleben, an welchem es aber schon früher in Bezug auf Lehen, Steuern und andere Rechte Antheil hatte, von den Rittern Apel und Christoph von Ebeleben für 120,000 Gulden und für noch weitere 6000 Gulden, um Bothenheilingen einzulösen, das für diese Summe verpfändet war.

† 1631 die untere Grafschaft Gleichen zufolge eines 1623 zwischen dem Grafen Hans Ludwig, dem letzten Grafen von Gleichen, und den Grafen von Schwarzburg gemachten Erbvertrags. Sie bestand aus den Dörfern Günthersleben, Ingersleben, Sülzenbrücken, Freudenthal, dem Afterlehen des Dorfes Stedten an der Gera und dem, was die Grafen von Gleichen sonst noch an den Häusern Gleichen und dem Flecken Wandersleben von dem Hause Sachsen zu Lehen hatten. Schwarzburg hatte dafür nur 5000 Gülden an die andern Erben zu zahlen. — Diese Grafschaft kam 1823 an Gotha, welches dafür auf die in Schwarzburg zu erhebenden Zinsen und Gefälle verzichtete, so weit sie der Einnahme aus jener Grafschaft gleich kamen.

Durch diese Erwerbungen wurden die schwarzburgischen Besitzungen zwar zum Theil abgerundet, zum Theil wurden die Grafen aber auch Herren über Landstriche, die von einander getrennt lagen; doch wurden dieselben auf eine andere Weise wieder sehr zerstückelt, indem das gräfliche Haus im Laufe der Zeit in verschiedene Linien zerfiel, von denen eine jede ihren besondern Landestheil erhielt. Nach und nach starben dieselben aber aus bis auf eine einzige, Schwarzburg-Blankenburg, aus welcher dann im 16. Jahrhundert die beiden noch jetzt bestehenden Linien, nämlich Schwarzburg-Sondershausen und Schwarzburg-Rudolstadt, hervorgingen, deren Untheilbarkeit durch den Erbfolgevertrag vom Jahre 1713 gesichert wurde. Von diesen beiden Linien ist die Sondershäuser die ältere und ihr Stammvater Johann Günther I., seit 1552, die Rudolstädter ist die jüngere und ihr Stammvater Albert VII., ebenfalls seit 1552. Gegen das Ende des 17. Jahrhunderts wurde jene, zu Anfange des 18. Jahrhunderts diese in den Fürstenstand erhoben; aber beide Linien erlangten ihre völlige Souverainität erst in dem ersten Viertel des 19. Jahrhunderts und zwar gegen Abtretung einiger Landestheile an Preußen und das Haus Sachsen, wie dies im Vorhergehenden schon angedeutet wurde.

Das Fürstenthum Schwarzburg-Sondershausen.

I. Größe, Bevölkerung und allgemeine Eintheilung.

Das Fürstenthum Schwarzburg-Sondershausen enthält 16½ □.M. mit 59,848 Einwohnern, die in 5 Städten, 7 Marktflecken und 82 Dörfern wohnen, und besteht, wie schon oben erwähnt, aus der Unter- und Oberherrschaft, von denen jene einige Stunden südlich von den Vorbergen des Harzes, diese an und auf dem Thüringerwalde liegt. Die nächsten Grenzen beider Landestheile sind etwa 8 Stunden von einander entfernt.

II. Von dem Fürsten und dem fürstlichen Hause.

Das Oberhaupt des Staates ist der Fürst. Derselbe wird mit dem 21. Jahre großjährig und regierungsfähig, kann aber schon als Erbprinz nach zurückgelegtem 18. Jahre an den Berathungen des Ministeriums Theil nehmen.

Der vollständige Titel des Fürsten ist: Fürst zu Schwarzburg, Graf zu Hohnstein, Herr zu Arnstadt, Sondershausen, Leutenberg und Blankenburg.

Das Wappen desselben besteht aus einem Hauptschilde mit einem Mittelschilde, einer Schildkrone und einem Schildfuße.

Das Hauptschild des ganzen Wappens wird durch ein blau und schwarz mit Gold gewundenes Kreuz in 4 Theile getheilt, die wieder in 8 Quartiere und 2 Mittelschildchen zerfallen. Die 4 Quartiere links mit einem Mittelschildchen sind folgende:

1) Zwei Quartiere mit dem schwarzen einköpfigen Aar oder Adler in goldenem Felde, wegen der Herrschaft Arnstadt *).
2) Zwei Quartiere mit rothen Hirschgeweihen in silbernem Felde, wegen der Herrschaft Sondershausen **).

---

*) Auf älteren Münzen kommt zuweilen auch ein zweiköpfiger Aar vor.
**) Die Herren von Sondershausen hatten in ihrem Wappen ursprünglich 2 Schaffscheeren, an deren Stelle die Grafen von Hohnstein, als sie in Besitz der Herrschaft Sondershausen kamen, das Hirschgeweih annahmen.

3) Das Mittelschildchen ist ein aufgerichteter gekrönter goldener Löwe auf blauem Grunde, wegen der Grafschaft Schwarzburg und Käsernburg, und dies ist das älteste schwarzburgische und käsernburgische Wappen.

Die 4 Quartiere rechts mit einem Mittelschildchen sind:
1) Zwei zwölffelderige Quartiere, roth und silbern gewürfelt, wegen der Grafschaft Hohnstein.
2) Die beiden andern Quartiere sind getheilt; oben ist ein gehender Löwe mit rother ausgestreckter Zunge und über sich geschwungenem Schweife in rothem Felde; unten sind sie achtmal von Roth und Gold balkenweise gestreift, wegen Lauterbergs und besonders wegen Scharzfelds.
3) Das Mittelschildchen hat einen schwarzen zum Lauf gestellten Hirsch mit 6 Enden auf silbernem Grunde, wegen Lohras und Clettenbergs.

In dem Mittelschilde des Hauptschildes befindet sich der gekrönte doppelköpfige Adler, in der rechten Kralle das Scepter, in der linken den Reichsapfel haltend. Zwischen den beiden Köpfen liegt die Kaiserkrone, und auf der Brust des Adlers befindet sich der rothe Herzogshut. Dieses Schild deutet an, daß ein Graf von Schwarzburg deutscher Kaiser war.

Die Schildkrone besteht aus 6 offenen Helmen, auf denen sich befinden:
1) ein geharnischter gekrönter und mit einem Schwerte bewaffneter Mann, die höchste ausübende Gewalt bezeichnend;
2) zwischen 2 rothen Hirschgeweihen der einköpfige schwarze Adler, wegen Sondershausens und Arnstadts;
3) der alte schwarzburgische gekrönte Löwe;
4) der Reichsadler mit der Kaiserkrone;
5) auf rothsammtnem Kissen der Herzogshut, die Fürstenwürde bezeichnend;
6) ein zwischen einem Hirschgeweih sich ausbreitender Pfauenschwanz, welcher auf die Grafschaft Hohnstein Bezug hat.

Die Helmdecken sind carmoisinroth mit Gold.

Der Schildfuß besteht aus einem Rechen und einer Gabel.

Die Schildhalter sind ein wilder nackter Mann und eine ebensolche Frau mit grüner Krone und einem dergleichen Kranze, eine rothe Fahne in den Händen haltend. Es soll dies eine Andeutung der bedeutenden schwarzburgischen Waldungen sein.

Die Landesfarben sind hellblau und weiß, rühren jedoch erst aus neuerer Zeit; die ursprünglichen Farben des schwarzburgischen und käsernburgischen Hauses sind schwarz, blau und gold.

In Betreff der Erbfolge bestehen in und zwischen den beiden Linien, in welche jetzt das schwarzburgische Haus zerfällt, besondere Verträge und zwar der Art, daß in jeder Linie die Regierung so lange an den Erstgeborenen und seine Nachkommen gelangt, als noch männliche Erben da sind; nach dem Aussterben derselben gelangt sie in eben dieser Ordnung an den Zweitgeborenen und so fort. Stirbt ein Haus in männlicher Linie aus, so kommt das andere Haus in den Besitz des Landes; nach gänzlichem Erlöschen des Mannsstammes im fürstlich-schwarzburgischen Gesammthause geht die Regierung auf die weibliche Linie, ohne Unterschied des Geschlechts, über und zwar dergestalt, daß die Nähe der Verwandtschaft mit dem letztregierenden Fürsten und, bei gleichem Verwandtschaftsgrade sowohl zwischen mehreren Linien, als innerhalb einer und derselben, das höhere Alter den Vorzug verschafft. Unter den Nachkommen desjenigen, welcher hiernach zur Regierung berufen ist, tritt der Vorzug des Mannsstammes mit dem Erstgeburtsrechte und der reinen Linealfolge wieder ein.

Der jetzt regierende Fürst heißt Günther Friedrich Carl II., geboren den 24. September 1801. Er folgte seinem Vater, Günther Friedrich Carl I., am 19. August 1835, an welchem Tage der Letztere zu Gunsten seines Sohnes resignirte. Der Fürst war zweimal vermählt. Zuerst am 12. März 1827 mit der Prinzessin Caroline Irene Marie, einer Tochter des Prinzen Carl Günther von Schwarzburg-Rudolstadt, die aber am 29. März 1833 starb; dann am 29. Mai 1835 mit der Prinzessin Mathilde, einer Tochter des Fürsten August von Hohenlohe-Oehringen, von welcher er seit dem 5. Mai 1852 geschieden ist.

Der Erbprinz ist Günther Carl, geboren den 7. August 1830.

III. Staatsverfassung.

Die Verfassung unseres Fürstenthums ist erblich-monarchisch, und das Oberhaupt desselben ist der Fürst. Er vereinigt in sich alle Rechte der Staatsgewalt und übt sie unbeschränkt aus, insofern nicht dem Landtage eine Mitwirkung eingeräumt ist; diese bezieht sich vornämlich auf die Gesetzgebung und die Finanzverwaltung.

Der Landtag wurde in unserem Fürstenthume durch das am 14. September 1841 erschienene Landesgrundgesetz vorbereitet und am 7. September 1843 zum ersten Mal einberufen.

IV. Staatsverwaltung.

Die Verwaltung des Staates von der einzelnen Gemeinde an bis zu seiner Gesammtheit liegt seit dem 1. Juli 1850 in den Händen dreier einander theils neben-, theils übergeordneten Behörden und zerfällt demnach in 1. Gemeindeverwaltung, 2. Bezirksverwaltung und 3. Centralverwaltung.

1. Gemeindeverwaltung.

Jeder Gemeinde steht die selbstständige Verwaltung ihrer Gemeindeangelegenheiten, mit Einschluß der Ortspolizei, unter gesetzlich geordneter Oberaufsicht des Staates zu. In jeder Gemeinde bestehen 2 Behörden, ein Gemeinderath, der die Gemeindeangelegenheiten zu berathen und zu beschließen, und ein Gemeindevorstand, der dieselben zu verwalten hat.

Beide Behörden werden von der Gemeinde selbst gewählt; den Gemeinden unter 300 Einwohnern ist jedoch gestattet, ganz von der Wahl eines Gemeinderaths abzusehen. Die Mitglieder des Gemeinderaths werden auf 4, der Gemeindevorstand auf 6 Jahre gewählt. Jene treten von zwei zu zwei Jahren zur Hälfte aus und werden durch eine neue Wahl ergänzt.

Der Gemeinderath besteht in Gemeinden bis zu 500 Einwohnern aus 4 Mitgliedern, von 501 bis 1000 Einw. aus 6, von 1001 bis 2000 aus 8, von 2001 bis 4000 aus 10, von über 4000 aus 12 Mitgliedern. Doch kann auf dem Wege des Ortsstatuts eine Vermehrung der Gemeinderathsmitglieder über jene Zahl erfolgen.

Der Gemeindevorstand besteht in Gemeinden bis zu 2500 Einwohnern aus einem Bürgermeister und einem Stellvertreter desselben, in Gemeinden von mehr als 2500 Einwohnern aus einem ersten und einem zweiten Bürgermeister.

Außer der selbstständigen Verwaltung der eigentlichen Gemeindeangelegenheiten und den aus der Strafprozeßordnung sich ergebenden bezüglichen Obliegenheiten haben die Gemeindebehörden und zunächst die Gemeindevorstände die gesammte Ortspolizei, namentlich die Sicherheits-, Ordnungs-, Sitten-, Gesinde-, Bau-, Feuer-, Gewerbe-, Handels-, Feld-, Strom- und Wasser-Polizei in den Gemeinden und deren Bezirk in unterster Instanz zu handhaben.

2. Bezirksverwaltung.

Die den Gemeindebehörden nächste übergeordnete Verwaltungsbehörde ist der Bezirksvorstand.

Unser ganzes Fürstenthum zerfällt in 5 Verwaltungsbezirke mit eben so viel Bezirksvorständen, die ihren Sitz zu Sondershausen, Greußen, Ebeleben, Arnstadt und Gehren haben.

Jedem Verwaltungsbezirk steht ein Landrath vor, welchem ein zur Stellvertretung geeigneter Secretair, ferner ein Physikus, ein Baubeamter — in Gehren auch noch ein Bergbau-Verständiger — beigegeben ist.

Der Bezirksvorstand ist das Organ des Ministeriums in allen Angelegenheiten der Verwaltung, insofern dieselben nicht andern Unterbehörden übertragen sind, namentlich stehen unter ihm alle Gemeindevorstände seines Bezirks.

In jedem Verwaltungsbezirke besteht ferner noch ein Verwaltungsausschuß, welcher aus dem Landrathe und 4 von den Gemeinden eines Bezirks gewählten Vertrauensmännern zusammengesetzt ist. Die Vertrauensmänner werden auf 4 Jahr gewählt. Dieser Bezirksausschuß ist im Allgemeinen berufen, die Wohlfahrt des Bezirks fördern zu helfen und in dieser Beziehung die Verwaltung mit seinem Rathe zu unterstützen.

Eben so ist auch in jedem Bezirke eine Schulcommission ins Leben gerufen worden, welche aus dem Landrathe als Vorsitzenden, aus einem von dem Ministerium gewählten Fachkundigen und aus einem von den definitiv angestellten Volksschullehrern des Bezirks aus ihrer Mitte je auf 2 Jahr gewählten Mitgliede besteht.

Ihr liegt die Beaufsichtigung der Volksschulen und die Vollziehung der das Schulwesen betreffenden Gesetze und Verordnungen ob.

3. Centralverwaltung.

Die oberste Behörde für alle Zweige der Staatsverwaltung ist das Ministerium. Es hat seinen Sitz zu Sondershausen und bildet ein Collegium, welches aus 4 stimmführenden Mitgliedern besteht.

Die Geschäfte des Ministeriums sind nach ihren Gegenständen in folgende 5 Abtheilungen gebracht worden:
1) für die Angelegenheiten des fürstlichen Hauses, für die Beziehungen zu andern Staaten und zur deutschen Centralgewalt, so wie für die Militairangelegenheiten;
2) für die innere Verwaltung;
3) für die Finanzen;
4) für Kirchen- und Schulsachen und
5) für die Justiz mit Einschluß der im Gebiete derselben vorkommenden Gnadensachen.

Jeder dieser Abtheilungen steht ein stimmführendes Mitglied vor, mit Ausnahme der 4. und 5., welche unter einem Mitgliede vereinigt sind.

Die Leitung des ganzen Geschäftsbetriebs hat der Chef des Ministeriums, und er führt auch den Vorsitz bei den Berathungen des Gesammtministeriums.

Dem Gesammtministerium bleiben außer den oben angeführten noch mehrere an ihrem Orte genau bezeichnete Gegenstände zu berathen und über dieselben zu beschließen.

Unmittelbar unter dem Ministerium stehen: 1) die Generalsteuerinspection des thüringischen Zoll- und Handelsvereins; 2) die Staatshauptcasse; 3) die Bezirkscassen; 4) die Rentämter; 5) der Kirchenrath; 6) die Forstmeistereien; 7) die Landrentenbank; 8) die Militair-

Oeconomiecommission; 9) das allgemeine Landesarchiv; 10) die Inspection des Zuchthauses zu Sondershausen, so wie die Detentionsanstalt und das Irrenhaus in Arnstadt.

Jedes Mitglied des Ministeriums ist innerhalb seines Wirkungskreises nach Vorschrift der Verfassung verantwortlich.

V. Rechtspflege.

Die Rechtspflege wird, abgesehen von den dem Justizministerium und den Gemeindebehörden eingeräumten Befugnissen, und in so weit sie nicht den Geschworenen und den Militairgerichten zusteht, durch **Einzelngerichte, Kreisgerichte, ein Appellations- und ein Oberappellationsgericht** ausgeübt.

1. Einzelngerichte oder Justizämter.

Im ganzen Fürstenthume giebt es jetzt 6 Einzelngerichte oder Justizämter, die ihren Sitz zu Sondershausen, Greußen, Ebeleben, Arnstadt, Gehren und Breitenbach haben.

Ihre Zuständigkeit erstreckt sich:
1) auf die Untersuchung und Aburtheilung aller geringern Vergehen, der Ehrenkränkungen, Defraudationen und aller Polizeivergehen;
2) auf die Leitung und Entscheidung aller bürgerlichen Rechtsstreitigkeiten, deren Gegenstand den Werth von 100 Thalern nicht erreicht, oder die ihrer Gattung nach gesetzlich zu den geringfügigen Sachen, mit Ausnahme der Ehescheidungen, gehören;
3) auf Ausübung der freiwilligen Gerichtsbarkeit mit Einschluß der Lehnsachen.

Außerdem sind sie verpflichtet, alle von den Kreisgerichten und deren Untersuchungsrichtern ertheilte Aufträge auszuführen und in Untersuchungen, die nicht zu ihrem Ressort gehören, diejenigen Handlungen vorzunehmen, bei denen Gefahr im Verzuge ist.

2. Kreisgerichte.

Schwarzburg-Sondershausen hat 2 und zwar gemeinschaftlich mit Sachsen-Weimar und Schwarzburg-Rudolstadt gebildete Kreisgerichte, deren Sitz in Sondershausen und Arnstadt ist.

Die Zuständigkeit derselben erstreckt sich:
1) in Strafsachen auf die Untersuchung aller Vergehen und Verbrechen, auf die Entscheidung aller Vergehen in erster und der Uebertretungen in zweiter Instanz;
2) auf die Prozeßleitung und Entscheidung in bürgerlichen Streitigkeiten, in zweiter Instanz aber auf die Entscheidung der Nichtigkeitsklagen oder anderer Rechtsmittel, welche gegen die Ent-

scheidung der Einzelrichter eingewendet werden, insofern der Gegenstand der Beschwerde einen Werth von 5 bis 25 Thaler hat;
3) in Sachen der freiwilligen Gerichtsbarkeit auf die Entscheidung über alle Berufungen gegen Handlungen der Einzelrichter, so wie auf Vornehmen aller Handlungen, welche nicht der ausschließlichen Zuständigkeit anderer Gerichte zugewiesen worden sind;
4) in Disciplinarsachen auf die nächste dienstliche Aufsicht über die Einzelrichter ihres Bezirks.

3. Appellationsgericht mit dem Geschwornengericht.

Das Appellationsgericht, welches seinen Sitz zu Eisenach hat, ist ebenfalls gemeinschaftlich mit Weimar und Rudolstadt gebildet worden. Seine Competenz erstreckt sich:
1) in Strafsachen auf die Entscheidung zweiter Instanz gegen Erkenntnisse der Kreisgerichte;
 (Zur Hauptverhandlung und endlichen Entscheidung über Verbrechen, die über die Zuständigkeit der Kreisgerichte hinausgehen, wird von dem Appellationsgerichte das Geschwornengericht zusammenberufen.)
2) in bürgerlichen Streitigkeiten auf die zweite Entscheidung gegen Erkenntnisse der Kreisgerichte, wenn der Beschwerdegegenstand 25 Thaler erreicht, so wie der Einzelrichter unter gleicher Voraussetzung;
3) in nicht streitigen bürgerlichen Rechtssachen auf solche Handlungen, die auch bei dem Kreisgerichte vorgenommen werden können;
4) in Disciplinarsachen auf die dienstliche Aufsicht über die Kreisgerichte, so wie in höherer Instanz über die Einzelgerichte, desgleichen über die Advocaten und Anwälte.

4. Oberappellationsgericht.

Das Oberappellationsgericht, welches seinen Sitz zu Jena hat, ist der höchste gemeinschaftliche Gerichtshof für alle großherzoglich und herzoglich sächsischen, fürstlich reußischen, fürstlich schwarzburgischen und herzoglich anhaltischen Lande.

Es entscheidet in Civil- und Strafsachen in der höchsten Instanz über eingewendete Rechtsmittel gegen Erkenntnisse des Appellations- und des Geschwornengerichts.

Staatsanwaltschaft.

Bei jedem Kreisgerichte und zugleich für die in dem Bezirke desselben befindlichen Einzelgerichte ist ein Staatsanwalt, bei dem Appellationsgerichte ein Oberstaatsanwalt und bei dem Oberappellationsgerichte ein Generalstaatsanwalt angestellt. Ihnen können nach Ermessen der betreffenden Staatsregierung Gehülfen beigegeben werden.

Die Hauptaufgabe aller Glieder der Staatsanwaltschaft in Strafsachen besteht darin, daß sie den durch ein Verbrechen verletzten Staat vertreten und darauf sehen, daß die Untersuchung den gesetzmäßigen Gang einhalte, und alle zweckmäßigen Mittel benutzt werden.

Sie haben aber auch, ein jedes Mitglied in dem ihm angewiesenen Bezirke, amtshalber dafür zu sorgen, daß jedes zu ihrer Kenntniß kommende Verbrechen, auch wenn von dem Betheiligten nicht auf Untersuchung desselben angetragen wird, untersucht und bestraft, zugleich aber auch darüber zu wachen, daß Niemand schuldlos verfolgt werde.

VI. Geistiges und bürgerliches Leben.

1. Kirche und religiöse Aufklärung.

Wie der Landesherr und seine Familie, so bekennen sich fast alle Bewohner unseres Landes zur evangelisch-protestantischen Kirche; die Zahl der Katholiken, welche gleiche Rechte mit den Protestanten haben, beträgt etwa 30, die der Juden, die nur in Sondershausen und Plaue wohnen, etwa 200 Seelen, und auch ihnen waren schon geraume Zeit fast gleiche Rechte mit den Christen ertheilt, bevor das Jahr 1848 sie ihnen gänzlich gewährte.

Der in Schwarzburg herrschende sittliche und religiöse Geist ist im Allgemeinen lobenswerth, und der Aberglaube schwindet vor dem wohlthätigen Lichte der Aufklärung, bei welcher eben so sehr die Rechte des Verstandes, als die des Herzens geachtet werden, immer mehr. Ueberhaupt finden wir hier — Dank sei dem den Fortschritt begünstigenden und befördernden Fürsten und der in gleichem Sinne wirkenden geistlichen Behörde — eine freiere Auffassung des Christenthums, und ihr huldigen auch fast alle Geistlichen, welche darum, den verfinsternden, alle gesunde Kraft des Geistes unterdrückenden Glaubensansichten eben so fern, wie denen, bei welchen der historische Grund des Christenthums geleugnet, oder doch untergraben wird, die Lehre unseres Herrn und Meisters auf eine vernunftgemäße Weise verkündigen und recht segensreich wirken.

Als ein Zeichen wahrhaft christlichen Sinnes kann man den im Allgemeinen und besonders auf dem Lande stattfindenden löblichen Kirchenbesuch betrachten, und von diesem Sinne geben auch die bedeutenden Opfer ein schönes Zeugniß, mit welchen noch in neuerer und neuester Zeit von mehreren Gemeinden theils ganz neue Kirchen errichtet, theils bedeutende Reparaturen an solchen vorgenommen wurden. —

Für die Leitung der kirchlichen Angelegenheiten ist eine Abtheilung des Ministeriums bestimmt und ihr bis zur Neugestaltung der Kirchenverfassung ein Kirchenrath beigeordnet, der jetzt, außer dem Minister des Cultus als Vorsitzendem, aus 3 von dem Fürsten dazu berufenen Geistlichen besteht. Der Geschäftskreis des Kirchenraths umfaßt die rein geistlichen und kirchlichen Angelegenheiten. — Als Organe des Ministeriums des Cultus und des Kirchenraths sind 5 Superintendenten ernannt — zu Sondershausen (jetzt Badra), Greußen, Ebeleben, Arnstadt und Gehren, und die Diöces einer jeden dieser Superintendenturen besteht aus denselben Ortschaften, welche die gleichnamigen Bezirke umfassen.

Im ganzen Fürstenthume giebt es 66 Pfarrkirchen mit 73 Geistlichen, 25 Filialkirchen — gegenwärtig 65 Pfarrkirchen mit 72 Geistlichen und 26 Filialkirchen, da das unterherrschaftliche Filial Himmelsberg es nur während Lebzeiten des jetzigen Predigers in Schernberg ist — und 5 eingepfarrte Orte, und zwar sind diese in 4 rudolstädtische und in eine meiningische Kirche eingepfarrt. Doch ist auch in eine schwarzburgische Kirche ein gothaisches Dorf eingepfarrt.

Jeder Superintendent hat innerhalb dreier Jahre eine jede Parochie seines Sprengels gesetzlich einmal zu inspiciren, außerdem aber auch unangemeldete Visitationen vorzunehmen.

Zur Fortbildung der Geistlichen bestehen theologische Lesezirkel und Conferenzen, welche ebenfalls der Superintendent leitet; an beiden haben sich auch die inländischen Predigtamts-Candidaten zu betheiligen. Zu demselben Zwecke dienen auch die in beiden Landestheilen vorhandenen Kirchenbibliotheken.

Das Patronat über sämmtliche Kirchen, die zu Bendeleben und Großfurra ausgenommen, steht dem Fürsten zu; über die Kirche zu Bellstedt ist es zwischen dem Fürsten und dem Gutsherrn jenes Ortes getheilt.

Das Minimum der Einkünfte eines Predigers beträgt 300, mit dem 1. Januar 1855 aber 350 Thaler; ist eine Stelle geringer dotirt, so wird das Fehlende aus der Staatscasse zugeschossen.

Zur Unterstützung für die Hinterbliebenen der Prediger besteht für jeden Landestheil eine Wittwen- und Waisencasse.

Die für die Unterherrschaft ist bereits 1688 gegründet worden, und die Veranlassung dazu gab die Gräfin Anna Auguste, welche 1687 zu diesem Zwecke die Summe von 600 Thalern legirte. Zur Vermehrung des Capitalstockes wird theils von den Predigern, theils von den Kirchen alljährlich ein Beitrag gegeben, und seit mehreren Jahren ist außerdem noch ein jährlicher Zuschuß aus der Staatscasse bewilligt worden, von dem die eine Hälfte an die Wittwen vertheilt, die andere capitalifirt wird. Der Capitalstock beläuft sich gegenwärtig auf 8000 Thaler.

Die Prediger-Wittwencasse für die Oberherrschaft, an welcher sich bis 1853 auch die Lehrer*), welche noch keine Aufnahme in die Staatsdiener-Wittwencasse gefunden hatten, betheiligten, ist erst im Jahre 1827 gestiftet und durch Beiträge der Betheiligten und der Kirchen gegründet und vermehrt worden. Der Capitalstock der gemeinschaftlichen Casse betrug bis Ende 1851 etwa 5800 Thaler. Außerdem erhalten die Prediger zu diesem Zwecke einen Zuschuß aus Staatsmitteln, welcher bisher capitalisirt worden und zu einem Capitale von 2300 Thalern erwachsen ist. —

Was die Bekenner des katholischen Glaubens betrifft, so ist die Zahl derselben in der Unterherrschaft sehr gering, und diese besuchen daher zur Befriedigung ihres religiösen Bedürfnisses benachbarte katholische Kirchen. Die katholische Gemeinde in Arnstadt aber hat sich im Jahre 1837 in der zweiten Etage eines von ihr erbauten Hauses eine Capelle errichtet, in welcher ein katholischer Geistlicher aus Erfurt von Zeit zu Zeit Gottesdienst hielt. Als in neuester Zeit ein Theil jener Gemeinde zum Deutschkatholicismus überging, wurde diesem die Gottesackerkirche zum Gebrauch überlassen.

Israelitische Gemeinden finden sich, wie bereits erwähnt, zu Sondershausen und Plaue; beide haben Tempel, und der Gottesdienst wird von Rabbinern besorgt, die unter dem Ministerium des Innern stehen.

2. Schule und wissenschaftliche Bildung.

Der Zustand der Schulen ist im Ganzen ein recht erfreulicher, und namentlich haben dieselben seit dem Regierungsantritte des jetzigen Fürsten (1835), welcher ihnen eine ganz vorzügliche Aufmerksamkeit schenkt, so wesentliche Fortschritte gemacht, daß sie sich getrost mit denen der Nachbarländer messen können.

Außer den Volksschulen, deren wir im ganzen Lande 94 mit 135 Lehrern haben, bestehen zur Erlangung einer höhern wissenschaftlichen Bildung 2 Gymnasien**), zu Arnstadt und Sondershausen, früher Lyceen, neben denen bis 1837 es auch noch ein Lyceum in Greußen gab. Auf ihnen wurden früher auch zugleich die künftigen Volksschullehrer gebildet, indem sie bis zu ihrer Anstellung einige Unterrichtsstunden dieser Anstalten besuchten und daneben zuweilen noch Gelegenheit hatten, eine, freilich nur geringe, Fertigkeit im Katechisiren zu erlangen. Seit 1841 wurde in Sondershausen dafür gesorgt,

---

*) Zu Anfange vorigen Jahres sind alle Lehrer in die Staatsdiener-Wittwencasse aufgenommen worden.

**) Als Landesuniversität ist keine bestimmte angewiesen; doch ist der Besuch der Universität Göttingen den Landeskindern insofern erleichtert, als für sie dort 4 Freitische bestehen.

daß die Seminaristen außer den von ihnen besuchten Lehrstunden im Gymnasium auch noch besondere theoretische und praktische Unterweisung für ihren künftigen Beruf erhielten.

Mit dem Beginne des Jahres 1844 wurde sodann in Sondershausen für das ganze Fürstenthum eine besondere Anstalt zur Bildung der Volksschullehrer, das Landesseminar, ins Leben gerufen, welches aus 2 Classen besteht. Damit den Seminaristen aus der Oberherrschaft der Aufenthalt hier nicht zu theuer zu stehen käme, wurden ihnen Stipendien bewilligt; von dem Landtage des Jahres 1852 wurde die Summe jener Stipendien nicht blos erhöht, sondern auch für arme Seminaristen der Unterherrschaft Unterstützungsgelder ausgesetzt.

Die Vorbildung erhalten die Seminaristen auf den Gymnasien, oder auf der Realschule zu Sondershausen.

Eine Realschule findet sich nur in Sondershausen, und sie hat sich einer bedeutenden Frequenz zu erfreuen.

An nicht wenigen Orten sind schon seit längerer oder kürzerer Zeit Fortbildungsschulen für die confirmirte männliche Jugend ins Leben gerufen worden, von denen einige bereits zu Gewerbeschulen geworden sind.

Ebenso giebt es auch Fortbildungsschulen für die weibliche Jugend, in denen sie namentlich in weiblichen Arbeiten unterwiesen wird.

Kleinkinder-Bewahrungsanstalten oder sogenannte Kindergärten giebt es im ganzen Lande leider nur zwei, nämlich zu Sondershausen und Marlishausen. Die große Wichtigkeit solcher Anstalten erkennend, trugen bereits 1847 die Landstände bei der Regierung darauf an, in jedem Orte eine solche ins Leben zu rufen, und die Regierung stellte die möglichste Unterstützung derselben in Aussicht.

Volksbibliotheken, ein so wesentliches Bildungsmittel für Jung und Alt, namentlich auf dem Lande, sind bis jetzt nur an wenigen Orten gegründet worden.

Sämmtliche Schulen und alle Schulangelegenheiten stehen unter der 4. Abtheilung des Ministeriums. Unmittelbar unter ihr stehen die höhern Schulanstalten — Landesschulanstalten —; für die Beaufsichtigung der Volksschulen und für die Vollziehung der das Schulwesen betreffenden Gesetze und Verordnungen ist in jedem Bezirke, wie bereits erwähnt, eine Schulcommission eingerichtet; Localschulinspectoren sind die Ortsgeistlichen.

Wie für die Kirchen, so sind auch für die Schulen Visitationen angeordnet, welche in der Regel durch den vom Ministerium erwählten Fachkundigen erfolgen und alljährlich stattfinden. Die Bezirksschulcommission hat, was die wissenschaftliche Fortbildung der Lehrer betrifft, dieselbe durch Empfehlung passender Schriften, durch Errichtung von Lehrervereinen, Conferenzen u. s. w. zu fördern.

Als Minimum der Besoldung eines definitiv angestellten Volksschullehrers sind seit dem 1. Juli 1850 für das Land 150 Thaler, für die Städte Sondershausen, Greußen und Arnstadt aber 200 Thlr. festgesetzt, und zwar muß jede Gemeinde das Fehlende aus ihren Mitteln beschaffen; ist dies aber eine Gemeinde nicht im Stande, so zahlt der Staat das Fehlende.

Für die Hinterbliebenen der Lehrer bestanden in beiden Landestheilen Wittwen- und Waisencassen. Von der oberherrschaftlichen war schon bei der Prediger-Wittwencasse dieses Landestheiles die Rede; die unterherrschaftliche wurde 1840 gegründet und ihr Capitalstock belief sich Ende 1852 auf etwa 2000 Thaler. Der Grund zu derselben wurde gelegt durch ein Geschenk des Fürsten, 50 Louisd'or betragend, durch ein Geschenk von 200 Thalern, welches ein edler Menschenfreund, der Sohn eines Lehrers der Unterherrschaft, gab, und durch ein Capital von 40 Thalern, als Ertrag von einigen Concerten, welche die Lehrer zu diesem Zwecke veranstaltet hatten. — Die Unterstützung der betreffenden Wittwen und Waisen konnte darum nur eine sehr geringe sein; allein mit Beginn des Jahres 1853 sind sämmtliche Lehrer in die Staatsdienerwittwencasse aufgenommen und somit von einer schweren Sorge befreit worden; denn die Hinterbliebenen der Lehrer an den Volksschulen erhalten sechszig, die der Lehrer an den Landes-Schulanstalten aber, je nach dem Range der Verstorbenen, 120 oder 170 Thaler.

3. Gemeinnützige Anstalten.

Außer den im Vorhergehenden schon erwähnten hierher gehörigen Anstalten sind hier noch namentlich anzuführen:

1. Die Staatsdienerwittwen-Casse. Sie ist im Jahre 1841 gegründet worden und zwar für alle Staatsdiener, die zu diesem Zwecke in fünf Classen getheilt worden sind. Die Hinterlassenen derjenigen, welche in der ersten Classe sind, erhalten 300 Thlr., der in der zweiten 170 Thlr., in der dritten 120 Thlr., in der vierten 60 Thlr., in der fünften 30 Thlr. Der Fonds zu dieser Casse wurde und wird gebildet durch einen jährlichen Zuschuß von 3000 Thlr. aus der Staatscasse, bis er jährlich 4000 Thlr. Zinsen abwirft. Außerdem haben die Theilnehmer alljährlich bestimmte Beiträge zu zahlen, die, wenn nicht die Frau um mehr, als 20 Jahr, jünger ist, in der ersten Classe 2 pCt. oder mindestens 16 Thlr., in der zweiten $1\frac{1}{2}$ pCt. oder mindestens 9 Thlr., in der dritten 1 pCt. oder mindestens 6 Thlr., in der vierten 1 pCt. oder mindestens $2\frac{1}{2}$ Thlr., in der fünften $\frac{1}{2}$ pCt. oder mindestens 1 Thlr. betragen.

2. Die Waisenversorgungsanstalten. Sie bestehen schon seit langer Zeit, und es waren früher für die geistige und körperliche Pflege der Waisen besondere Waisenhäuser errichtet worden, in welchen

dieselben bis zur Confirmation verblieben. Seit einer Reihe von Jahren sind die Waisenhäuser aufgehoben worden, und es werden seitdem die Waisen in ordentlichen, braven Familien untergebracht und den Pflegeeltern dafür Verpflegungsgelder gezahlt.

3. Die Correctionsanstalt, in Arnstadt befindlich, wurde im Jahre 1822 gegründet. Für jeden Eintretenden hatte die betreffende Gemeinde bestimmte Einkleidungsgelder zu zahlen, welche nach dem Beschlusse des Landtags im Jahre 1852 von der Staatscasse übernommen worden sind. Zugleich wurde auch beantragt, die Corrigenden in eine ähnliche Anstalt eines benachbarten Staates zu bringen, da die Erhaltung dieser Anstalt zu kostspielig sei.

4. Die Irrenanstalt, ebenfalls in Arnstadt befindlich, wurde 1820 gegründet. Auch in Bezug auf diese Anstalt ist von dem Landtage 1852 beantragt worden, dieselbe aufzuheben und die Kranken einer gleichen Anstalt eines benachbarten Staates anzuvertrauen.

5. Eine Landesbrandcasse giebt es hier zwar nicht; doch ist mit der Feuerassecuranz in Magdeburg ein Vertrag abgeschlossen worden, nach welchem diese alle Gebäude, die in derselben versichert werden sollen, aufzunehmen verpflichtet ist. Es können übrigens Gebäude und Mobilien in jeder andern ausländischen Anstalt der Art versichert werden.

6. Der Hülfsverein bei Feuerunglück für Prediger und Lehrer auf dem Lande wurde im Jahre 1836 vom jetzigen Consistorial-Assessor Weise in Schernberg ins Leben gerufen und erfreut sich einer lebhaften Betheiligung, indem derselbe gegenwärtig schon über 200 Mitglieder und zwar sowohl Inländer, als Ausländer zählt. Es sind 4 Classen gebildet worden, von denen die erste als vollen Beitrag bei einem Brande, durch welchen ein Mitglied alles Versicherte verliert, 8 Thlr., die zweite 6 Thlr., die dritte 4 Thlr. und die vierte 2 Thlr. zahlt. Bei einem Feuerunglück, für welches volle Entschädigung zu gewähren ist, erhält ein Mitglied der ersten Classe 800 Thlr. und so entsprechend die übrigen.

Außer diesen Anstalten giebt es, wenn auch nicht das ganze Land umfassend, noch andere Wohlthätigkeitsanstalten, welche die Unterstützung der Armen und Kranken im Auge haben, als Armencassen, Sparcassen, Speiseanstalten u. s. w. Da sie mehr den einzelnen Orten angehören, so wird von ihnen bei der Ortsbeschreibung genauer die Rede sein.

VII. Finanzlage des Landes.

Nach dem Staatshaushalts-Etat für die Jahre 1852 bis 1855 beträgt die Einnahme jährlich 501,000 Thaler und die Ausgabe alljährlich 510,800 Thaler.

Die Einnahme besteht in folgenden Posten:

A. Directe Steuern.
   I Grundsteuer.
      1. Contribution . . . . 28,190 Thaler.
      2. Contributionszuschlag . . 5,154 ,
      3. Contributionsteuer von contributionsfreien Grundstücken . 6,500 ,
   II. Einkommensteuer (Classensteuer) . 15,000 ,

B. Indirecte Steuern.
   I. Ein-, Aus- und Durchgangsabgaben . 41,100 ,
   II. Uebergangsabgaben . . . 600 ,
   III. Branntweinsteuer . . . 18,730 ,
   IV. Rübenzuckersteuer . . . 1,490 ,
   V. Weinsteuer . . . . — ,
   VI. Tabackssteuer . . . . — ,
   VII. Salzregiegelder . . . 23,785 ,
   VIII. Braumalzsteuer . . . 13,960 ,

C. Gebühren.
   I. Chaussee- und Brückengelder . . 18,060 ,
   II. Sporteln und Gerichtsstempelgelder . 20,100 ,
   III. Andere Stempelgelder . . 2,000 ,
   IV. Collateralerbfälle . . . 800 ,
   V. Von Dispensationen . . 300 ,

D. Regalien.
   I. Postregal . . . . 305 ,
   II. Bergregal . . . . 673 ,

E. Vom Grundeigenthume des Staates . 190 ,
F. Von der Forstverwaltung . . 173,030 ,
G. Von der Domainenverwaltung . . 84,252 ,
H. Grundherrliche Gefälle . . 37,239 ,
I. Von öffentlichen Anstalten . . 1,280 ,
K. Erträge von Activposten . . 5,845 ,
L. Beiträge von andern Staaten . 331 ,
M. Von Strafen und Confiscationen . 1,200 ,
N. Erstattete Processkosten . . 300 ,
O. Verschiedene Einnahmen . . 584 ,

                      in Sa. 501,000 Thaler.

Ausgabe.

A. Fürstliches Haus	123,924	Thaler.
B. Landtag	3,465	=
C. Ministerium	39,550	=
D. Verwaltung des Innern.		
I. Bezirksvorstände	11,620	=
II. Ablösungscommissionen	2,450	=
III. Landrentenbankverwaltung	260	=
IV. Gensdarmerie	4,240	=
V. Polizeiliche Gegenstände	90	=
VI. Correctionsanstalt	2,000	=
VII. Milde Stiftungen	780	=
VIII. Medicinalwesen, Gehalte	804	=
IX. Irrenanstalt	1,970	=
X. Armenwesen	2,478	=
XI. Handel und Gewerbe	500	=
XII. Landesbaumschule	200	=
XIII. Landescultur	1,000	=
XIV. Straßen und Brücken	20,994	=
XV. Landesgrenzen	100	=
E. Finanzverwaltung.		
I. Cassenverwaltung	10,671	=
II. Steuerverwaltung	14,420	=
III. Gebührenverwaltung	1,170	=
IV. Regalienverwaltung	280	=
V. Forstverwaltung	43,756	=
VI. Domainenverwaltung	17,232	=
VII. Verwaltung der grundherrlichen Gefälle	1,114	=
VIII. Amtslocalien	1,702	=
IX. Staatsschuld	14,765	=
X. Cammerschuld	44,800	=
XI. Abgang und Nachlaß	7,700	=
F. Kirchen und Schulen.		
I. Kirchenrath	100	=
II. Superintendenten	110	=
III. Staatsaufwand auf Kirchen	2,203	=
IV. Staatsaufwand auf Schulen	16,224	=
V. Privatrechtliche Leistungen des Cammerguts	4,818	=
G. Justiz.		
I. Gemeinschaftliche Gerichtshöfe	13,756	=
II. Justizämter	11,790	=
III. Zuchthaus	2,055	=

                                          Latus 425,097 Thaler.

	Transport	425,097 Thaler.
H. Militair		28,820 =
I. Auswärtige Angelegenheiten		100 =
K. Für Bundeszwecke		2,793 =
L. Entschädigung für entzogene Rechte		11 =
M. Gratificationen		500 =
N. Wartegelder		2,929 =
O. Pensionen		34,007 =
P. Proceßkosten		1,500 =
Q. Reservefonds		15,043 =

in Sa. 510,800 Thaler.

VIII. Militairwesen.

Das Militair unseres Fürstenthums besteht aus den Linientruppen und der Reserve. Von jenen hat das ganze Land 451 Mann und 75 Mann Ersatzmannschaften zu stellen. Letztere müssen mit jenen zugleich ausgehoben und einegercirt werden und folgen bei Mobilmachung des Bundesheeres 6 Wochen nach dem Ausrücken der erstern.

Das hiesige Militair bildet gegenwärtig ein selbstständiges Bataillon und ist keiner bestimmten Division des deutschen Bundesheeres zugetheilt. Früher machten unsere Truppen mit denen des Fürstenthums Schwarzburg-Rudolstadt das 10. Bataillon der Reserve-Infanterie-Division aus, und es war dieses, nebst 4000 Mann Baiern, den hohenzollerischen und den reußischen Truppen, zusammen 6291 Mann, zur Besetzung der Bundesfestung Landau bestimmt.

Die Aushebung der Soldaten oder die Conscription geschieht hier in der Weise, daß alle 2 Jahr die nöthige Mannschaft aus den dienstfähigen jungen Leuten von 20 und 21 Jahren, ohne Unterschied des Standes, ausgehoben wird. Doch steht es jedem Militairpflichtigen, der nach dem Loose in den Militairdienst treten muß, frei, einen Stellvertreter zu stellen.

Die Dienstzeit ist auf 4 Jahr bestimmt, von denen ein Jahr bei der Fahne zugebracht werden muß; in den andern drei Jahren ist jedesmal nur 4 Wochen lang Uebung. Nach der vierjährigen Dienstzeit ist jeder noch 2 Jahr hindurch zur Reserve verpflichtet, und unser Land hat, im Fall eines zweiten Aufgebotes, 150 Mann Reservetruppen zu stellen.

Im Dienst sind gewöhnlich 180 Mann, welche in Sondershausen und Arnstadt stehen, woselbst sich auch Casernen befinden. Wird aber von Seiten des Bundes Musterung über die hiesigen Truppen befohlen, dann sind sämmtliche Soldaten in Sondershausen anwesend.

Ein Zeughaus, so wie ein Pulverthurm finden sich nur in Sondershausen.

A. Die Unterherrschaft.

I. Das Land.
1. Grenzen, Ausdehnung, Größe, Einwohnerzahl und Geschichtliches.

Die Unterherrschaft wird im N. von Preußen (dem Nordhäuser und Sangerhäuser Kreise) und der rudolstädtischen Parcelle Straußberg, im O. von der schwarzburg=rudolstädtischen Unterherrschaft und von Preußen (dem Weißenseer Kreise), im S. ebenfalls von Preußen (dem Weißenseer und Langensalzaer Kreise), im S. W. von der rudolstädtischen Parcelle Schlotheim und dem gothaischen Amte Volkenrode, im W. von letzterem und Preußen (dem Mühlhäuser und Worbiser Kreise) begrenzt.

Sie bildet ein zusammenhängendes Ganzes, indem sie durch keinen fremden Gebietstheil getrennt wird; doch ziehen sich die beiden rudolstädtischen Parcellen Schlotheim und Straußberg, so wie das gothaische Amt Volkenrode in dieselben herein. Ihre größte Ausdehnung beträgt von W. nach O. 8 bis 9 Stunden, von N. nach S. 6 bis 7 Stunden.

Ihr Flächeninhalt beträgt $8\frac{1}{2}$ Q.=M. mit 33,463 Einwohnern, die in 3 Städten, 4 Marktflecken und 43 Dörfern wohnen.

Der unterherrschaftliche Landestheil unseres Fürstenthums machte bis zum Untergange des Königreichs Thüringen, zwischen 525 und 530, einen Theil dieses letztern aus, wurde aber hierauf zum Theil — nämlich Sondershausen und das dazu gehörige Gebiet, der Wippergau*), — dem nördlich daran stoßenden Sachsenreiche, zum Theil — nämlich Frankenhausen und das südlich der Hainleite gelegene Gebiet — dem Frankenreiche einverleibt.

Der zum Sachsenreiche gehörige District kam bald, wie es scheint, als freies Eigenthum in den Besitz der von Sachsen darüber gesetzten Familie, deren Glieder sich Freiherren von Sondershausen nannten; doch hatten oder erwarben bald auch andere Herren Besitzungen in demselben, z. B. die Grafen von Käfernburg, von Kirchberg, von Beichlingen; ebenso die Stifte Mainz und Hersfeld.

Auf gleiche Weise gelangte der südlich von der Hainleite gelegene Theil namentlich nach dem Erlöschen des carolingischen Hauses in Deutschland, im Jahre 911, in den freien Besitz derjenigen Grafen und Herren, die mit demselben belehnt waren, oder er wurde das Eigen-

---

*) Der Wippergau erstreckt sich von Jechaburg über Sondershausen, Jecha, Berka, Hachelbich, Göllingen, Seega, die Arnsburg, Günserode bis Bilzingsleben.

thum der Klöster. Als Besitzer erscheinen: die Grafen von Kirchberg, die Cämmerer von Straußberg, von Allmenhausen und von Mühlhausen, die Herren von Cannawurf, von Greußen, von Werther, von Schlotheim, von Ebeleben; ferner die Stifte Mainz, Fulda, Ilefeld.

Der größere Theil unserer Unterherrschaft kam gegen die Mitte des 13. Jahrhunderts an die Grafen von Hohnstein. Zunächst erwarben sie einen großen Theil der den Grafen von Kirchberg*) gehörenden Güter, brachten nach dem Aussterben der Herren von Sondershausen, 1248, die Herrschaft derselben an sich und erhielten ebenso durch Kauf ansehnliche Besitzungen von dem Landgrafen Albrecht dem Unartigen von Thüringen, von den Grafen von Beichlingen, den Grafen von Anhalt, den Cämmerern von Straußberg und von Allmenhausen und von mehreren anderen der oben erwähnten Herren. Zwar entstand späterhin zwischen dem Landgrafen Friedrich I. und den Grafen von Hohnstein Streit über diejenigen Besitzungen, die Letztere von dem Landgrafen Albrecht erkauft hatten, oder auf die Friedrich aus andern Gründen Anspruch zu haben glaubte; es wurde derselbe aber 1319 ausgeglichen, und die Grafen wurden gegen einige Abtretungen unter andern mit den Schlössern Allmenhausen und Arnsburg, der Wildbahn auf der Hainleite, dem Gerichte zu Rockensußra, dem Burgstadel (Burgstätte) Spatenberg, dem Dorfe Trebra und mit Marktgreußen belehnt. Außer der Herrschaft Sondershausen und den eben erwähnten Besitzungen hatten die Grafen von Hohnstein auch Großen-Ehrich, Rockstedt, Abtsbessingen, Schlotheim, Keula, Toba, Straußberg, Badra, Oberspier und einige andere Orte inne**).

Im Jahre 1356 kamen dann alle diese Besitzungen kraft eines 1325 zwischen dem Grafen Heinrich V. von Hohnstein und seinen Schwiegersöhnen, den Grafen Heinrich XII. und Günther XXV. von Schwarzburg, geschlossenen und 1347 erneuerten und auch von den anderen Grafen von Hohnstein genehmigten Erbvertrags an das Haus Schwarzburg, welches dieselben nicht bloß erhalten, sondern noch vermehrt hat, so daß die Unterherrschaft, obwohl 1599 der dritte Theil derselben an die Linie Schwarzburg-Rudolstadt kam, und im Jahre 1816 zur Erlangung der völligen Souverainität nicht unbedeutende Besitzungen an die Krone Preußen abgetreten wurden, doch noch recht ansehnlich ist.

---

*) Die Grafen von Kirchberg residirten auf dem eine halbe Stunde vom Straußberg in der Hainleite gelegenen Schlosse Kirchberg und besaßen sehr ansehnliche Güter, die im Wippergau, Helmgau, Gau Engilin (Engel), Westergau, Watergau, Altgau und Nabel- oder Nebelgau lagen. Als besondere Herrschaften derselben werden die Herrschaften (Grafschaften) Toba und Winkeln genannt.

**) Die Zeit des Erwerbs dieser Ortschaften, sowie die Bedingungen ꝛc. desselben werden in der Topographie genauer angegeben werden.

2. Physische Beschaffenheit.
a. Gestaltung des Landes im Allgemeinen.

Die Unterherrschaft besteht im Allgemeinen aus wellenförmigem Lande, in welchem Hügel und Thäler, kleine Hoch- und Tiefebenen mit einander abwechseln; doch finden sich in derselben auch einige Gebirgszüge, die freilich in Bezug auf ihre Höhe nicht eben bedeutend sind. Durch den einen derselben, die Hainleite, wird, nachdem er erst eine ziemliche Strecke die Nordgrenze unseres Landestheiles gebildet hat, dieser in zwei ungleiche Theile geschieden, von denen der nördliche der kleinere ist und in einem Hauptthale, dem Wipperthale, und mehreren Nebenthälern besteht, die zum Theil auch nicht ganz unbedeutend sind. Das Wipperthal wird nördlich durch einen andern Gebirgszug begrenzt und durch denselben von der bekannten goldenen Aue geschieden.

Der von der Hainleite südlich gelegene Theil ist bei weitem größer und wird von der Helbe durchflossen, die sich zum Theil zwischen Gebirgshöhen, zum Theil durch Ebenen dahinschlängelt.

Der Boden ist im Allgemeinen sehr fruchtbar, und nur kleinere Districte sind weniger ergiebig. An Waldungen ist die Unterherrschaft reich; denn es giebt in derselben 24,500 Morgen Staatswaldungen und über 18,000 Morgen (der Morgen à 180 Quadratruthen) Communal- und Privatwaldungen. Sie bestehen größtentheils aus Laubholz; von Nadelholzwaldungen giebt es verhältnißmäßig nur kleinere Strecken, und diese sind zum Theil noch nicht lange angesäet.

b. Gebirge und Höhen*).

Zwei größere und einige kleinere Gebirgszüge durchziehen unseren Landestheil. Sie erreichen zwar in einigen Punkten eine nicht ganz unbedeutende Höhe, übersteigen aber im Allgemeinen ansehnliche Hügel nicht. Die beiden größern, fast überall bewaldeten Züge erstrecken sich ihrer Hauptrichtung nach von Nordwesten nach Südosten und laufen von der Eichsfelder Gebirgsplatte aus.

Der nördliche Zug beginnt nordwestlich von Bleicherode bei der Brehmer — Brehme — Dorf) Höhe, 1245 Fuß hoch. Anfangs ist seine Höhe wenig bedeutend, und es reihen sich in ihm ohne Andeutung eines scharfen Kammes Anhöhen von meist gerundeter Form an einander. Bald liegt seine beträchtlichste Erhebung außer der Mitte des Zuges, wie namentlich in seinem nordwestlichen Theile zwischen Bleicherode und Nordhausen, wo er sich gegen N.O. hin allmählich in die Ebene verläuft, während er gegen S.W. hin dem Thale der Wipper rasch zufällt. Dann erhebt er sich unter dem Namen Stern-

---

*) Credner: Uebersicht der geognostischen Verhältnisse Thüringens und des Harzes.

berg, bildet eine Strecke die Nordgrenze Schwarzburgs und dacht sich nach N. ziemlich steil, nach S. aber mehr allmählich ab. In seiner südlichen Abdachung hat er mehrere Einschnitte, welche recht anmuthige Thäler bilden, z. B. das Hammen=, Brücken=, Scherſenthal u. ſ. w. Von seinem Eintritte in unser Land bis unterhalb Sondershausen nimmt dieser Gebirgszug oder eigentlich seine Abdachung verschiedene Namen an; bis zum Hammenthale bei Stockhausen heißt er Paßberg, etwa 1000 Fuß hoch, von da bis zum Brückenthale Harth, von hier bis zum Scherſenthale Trift. Der Rücken des Hauptzuges ist bis dahin, wo das Scherſenthal von ihm ausläuft, flachhügelig mit unbedeutender Erhebung nach der Mitte hin; weiter nach O. theilt er sich in zwei Hauptäste, von denen der eine sich erst nach N.O., dann nach O. wendet, in seiner letzten Richtung die Ruinen der Rothenburg und des Schlosses Kyffhausen (1450 F. h.) auf seinem Rücken trägt und den Namen Kyffhäuser Berge führt. Nördlich und östlich fällt er in die 1000 F. tiefer gelegene goldene Aue steil ab, nach S. hin aber erstreckt er sich bis Frankenhausen unter dem Namen Pfingstberge, zu denen unter andern der Schlachtberg gehört, so genannt von der am 15. Mai 1525 hier vorgefallenen Schlacht, in welcher Thomas Münzer und sein Anhang gänzlich geschlagen wurde.

Der andere Zweig, von jenen durch das Thal von Badra über Steinthalleben und durch die kleine Wipper getrennt, zieht sich in südöstlicher Richtung unter den Specialnamen Haselholz, Wolfsgalgen, Zimmerberg, Hohenberg oder Bendeleber Höhe, 1126 F. h., links von der Wipper bis unter Göllingen hinab, verbindet sich dann bei Günserode, wo die Hainleite von der Wipper durchbrochen wird, mit dieser und endet mit derselben bei Oldisleben und Sachsenburg.

Der andere Hauptgebirgszug ist die Hainleite — so wird wenigstens der größte Theil desselben und zwar von Schernberg bis zur Sachsenburg genannt —, die ebenfalls auf dem Eichsfelde beginnt. Sie tritt nordwestlich vom Marktflecken Keula in das Schwarzburgische, durchzieht von da in einer Breite von drei bis vier Stunden die Unterherrschaft und erstreckt sich bis zur Sachsenburg, wo sie, nachdem sie schon bei Günserode und Bilzingsleben von der Wipper durchschnitten worden war, auch von der Unstrut durchbrochen wird, sich aber jenseit derselben unter den Namen Schmücke und Finne noch weiter bis zur Saale bei Sulza fortsetzt. Die Hauptrichtung der Hainleite ist südöstlich, ihr Kamm, dessen mittlere Höhe 1100 F. beträgt, gradlinig und ihr höchster Punct der Possen, 1383 F. m. H., der indessen nicht gerade eine hervorragende Bergspitze, sondern mehr eine terrassenförmige Erhöhung ist. Nach N.O., in das Wipperthal, fällt sie fast durchgängig ganz steil ab, nach S.O. dagegen ist ihre Abdachung meistens ganz allmählich, so daß sie hier mehrere kleine Hochebenen bildet, die sich nach dem Thale der Helbe hin verflachen.

Eine Eigenthümlichkeit dieses Gebirgszuges ist es, daß aus seinem Hauptkamme nach N.O. hin an mehreren Puncten hügelförmige Massen in das Wipperthal vorgeschoben sind. Dahin gehört der Frauenberg, 1127 F. m. H., der zugleich einen der höchsten Puncte der Hainleite bildet. Nach drei Seiten hin dacht sich derselbe und zwar anfangs ziemlich steil ab; die weitere Abdachung ist nach S. mehr allmählich, und an derselben liegt das Dorf Jechaburg; die schwächste Abdachung zieht sich östlich bis zur Stadt Sondershausen, seine nordöstliche und nördliche Abdachung ist aber ziemlich steil. Die obere Hälfte des Berges, welche ganz aus Wellenkalk besteht, ist kahl; die untere dagegen ist bepflanzt und angebaut, und es befinden sich an derselben viele sogenannte Berggärten. Von dem Scheitel des Berges genießt man eine herrliche Aussicht, besonders in das wahrhaft reizende Wipperthal, sowie unser Frauenberg selbst, vorzüglich von Osten aus gesehen, mit seinen Umgebungen auch wieder einen imposanten Anblick gewährt. — Ihm gegenüber, am Göldner, einer ebenfalls vorgeschobenen Masse der Hainleite, ist das gleich hohe Rondel, von welchem man auf die Stadt und den nördlich von ihr gelegenen Gebirgszug, so wie noch über denselben hinaus auf das Harzgebirge eine entzückende Aussicht hat.

Unterhalb Kleinbernbien, in der Quellgegend der Helbe, wendet sich ein Seitenarm der Hainleite südöstlich, begleitet die Helbe rechts bis Wiedermuth, dacht sich noch derselben meistens kurz, nach der entgegengesetzten Seite aber ganz allmählich ab und bildet mehrere kleine Hochflächen, die sich mit ihren Senkungen (Abdachungen, Verflachungen) bis nach Holzsußra und weiter hinauf erstrecken.

Südwestlich von dem erwähnten Zweige der Hainleite, aber die Absenkungen desselben fast berührend, laufen noch mehrere hier und da scharf hervortretende Rücken vom Eichsfelde aus und setzen sich dann weiter nach Osten und Südosten fort. Einer derselben geht über Kleinkeula und Menterode bis Ebeleben, begleitet von hier an die Helbe rechts, wird südöstlich von Großenehrich durch den Bennebach unterbrochen, setzt sich dann weiter über Bliederstedt fort, wo er ziemlich steil nach Osten abfällt, so daß seine Höhe nicht unbedeutend erscheint, zieht sich dann südlich von Westgreußen, Clingen und Greußen weiter nach Sömmerda hin und schließt sich zuletzt dem Ettersberge an.

c. Gewässer.

In Bezug auf die Gewässer gehört unser Landestheil zum Elbgebiet, indem alle seine Flüsse und Bäche in die Unstrut fließen, durch diese der Saale und mit ihr der Elbe zugeführt werden. Aber gleich den Gebirgszügen sind auch die Hauptflüsse, welche das Land bewässern, nicht von großer Bedeutung, ja in trockenen Jahren entsteht in manchen Gegenden, namentlich südwestlich von der Hainleite, wirklicher Wassermangel. Gleichwohl fehlt es im Allgemeinen nicht an Wasser, und besonders sind die beiden Flüsse Wipper und Helbe zu erwähnen, welche noch durch mehrere kleine Bäche und Quellen verstärkt werden.

1) Die Wipper entspringt in der auf dem Eichsfelde gelegenen preußischen Stadt Worbis, nahe am Marktplatze, und zwar an der Wasserscheide zwischen Elb- und Wesergebiet; denn die Hahle, welche kaum 500 Schritt westlich von der Quelle der Wipper entspringt, wendet sich der Weser zu. Die Wipper tritt, zwischen Kirchworbis und Bernterode durch die Linke und ¼ Meile östlich von Bleicherode durch die Bode verstärkt, oberhalb Groß-Furra in das Schwarzburgische, theilt sich dann über Stockhausen in zwei Arme, die sich unterhalb Sondershausen, nachdem der rechte die Bebra aufgenommen hat, wieder vereinigen. Bei Berka und ebenso bei Hachelbich theilt sie sich wieder für kurze Strecken, bei dem rudolstädtischen Dorfe Göllingen aber sendet sie einen Arm links, welcher durch einen künstlichen Tunnel, der schon im zwölften Jahrhunderte gebaut wurde, unter dem Hauenberge weg nördlich in das Bendeleber Thal geleitet und die kleine Wipper genannt wird. Dieser fließt über Bendeleben und Frankenhausen zur Unstrut. Die eigentliche Wipper aber durchbricht bei Günserode und Bilzingsleben die Hainleite und theilt sich dann bei Kindelbrück wieder in zwei Arme, von denen die eine sich bald der Unstrut zuwendet, der andere aber über Cannawurf nach Sachsenburg fließt und daselbst in die Unstrut mündet.

Neben- und Zuflüsse der Wipper im Schwarzburgischen sind:

Rechtsher bei Groß-Furra ein Bach, dessen Quellen etwa 500 Schritte nördlich vom Dorfe im Wilsthale zwischen den Gehölzen Heiligenberg und Ziegenbeil entspringen und zwar so stark, daß er auf seinem kurzen Laufe bis zur Wipper acht Mühlen treibt.

Von derselben Seite kommt die Bebra, welche in der Hainleite im sogenannten Geschling entspringt und aus dem Margarethenbrunnen*), nördlich vom Chausseehause im Geschling, eine bedeutende Verstärkung erhält und dann über Bebra nach Sondershausen fließt.

---

*) Den Namen Margarethenbrunnen führt diese Quelle, weil nicht weit davon auf einem Hügel die Margarethen-Capelle gestanden haben soll. Im Jahr 1716 ließ der Fürst Christian Wilhelm die Quelle 50 Ellen lang, 6 Ellen hoch und 4 Ellen breit in Mauerwerk fassen, weshalb sie auch Christiansbrunnen genannt wird. Eine Inschrift an demselben lautet:

„Weil ich bis zur Stadt kann dreizehn Mühlen treiben,
Find'st du hier stark Getränk und kannst doch nüchtern bleiben."

„Wer hier stört den Forellenstand,
Dem wird abgehauen die rechte Hand."

Der Bebrafluß enthält auch wirklich sehr gute und wohlschmeckende Forellen.

Vor der Stadt theilt sie sich bei einiger Wasserfülle vermittelst eines Wehres in zwei Arme, von denen der rechte, das überströmende Wasser, durch die südlich von der Stadt gelegenen Gärten und Gottesäcker fließend, sich unterhalb des Schützenhauses mit der Wipper verbindet, während der linke sich zur Stadt selbst wendet, dieselbe in vielen Krümmungen durchläuft und oberhalb des Schützenhauses ebenfalls in die Wipper fällt. Sie treibt auf diesem, ohne Krümmungen etwas über eine Stunde betragenden, Laufe dreizehn Mühlen.

Von der rechten Seite fließt ihr bei Hachelbich noch ein Bach, der Hachelbach, zu, der in der Hainleite entspringt und im Dorfe drei Mühlen treibt.

Von der linken Seite nimmt die Wipper auf: bei Stockhausen die Klinge, einen Bach, der vor dem Hollunderberge entspringt und theils durch den sehr tiefen Köhlersbrunnen, theils durch den Ausfluß des Hammenteiches verstärkt wird, und bei Sondershausen den Scherfenbach, der einem im Scherfenthale befindlichen Brunnen entquillt.

2. Die Helbe entspringt aus mehreren Quellen zwischen Kleinberndten und Friedrichsrode und versumpft, so lange sie fließt, die ganze Gegend daselbst. Sie ist ein sehr merkwürdiger Fluß, indem sie oft in überreicher Wasserfülle daherströmt und viele Mühlen treibt, selten aber ein ganzes Jahr aushält, sondern im Sommer oft ganz austrocknet und dann erst bei heftigen Stürmen des Herbstes oder des Winters, oft wohl auch erst des Frühjahrs wieder zum Vorschein kommt. Bald nach ihrem Ursprunge fließt die Helbe eine geraume Strecke zwischen bewaldeten Höhen, im sogenannten Helbenthale, treibt in demselben fünf Mühlen und tritt dann mehr in das offene Land. Sie schwillt, besonders wenn der Schnee an den bewaldeten Abhängen schnell schmilzt, oft so bedeutend an, daß die an derselben liegenden Ortschaften und Ländereien theilweise unter Wasser gesetzt werden. Unterhalb Wiedermuth geht das sogenannte wilde Wasser über ein Wehr in einen breiten Wassergraben, während das Wasser, welches das Flußbett faßt, mittels eines Canals südlich geleitet wird, sich dann ostwärts nach Ebeleben wendet, daselbst eine Mühle treibt und unterhalb des Orts sich mit jenem Arme vereinigt. In vielen Windungen fließt die Helbe dann an Rockstedt, Bellstedt, Thüringenhausen, Bliederstedt und Wasserthaleben vorüber, bis ihr oberhalb Westgreußen durch ein bedeutendes Wehr verschiedene Flußbetten angewiesen werden. Durch dieses Wehr, welches von Schwarzburg-Sondershausen und Preußen unterhalten wird und schon ungeheure Summen gekostet hat, wird die Helbe in zwei Arme getheilt, von denen der rechte die sächsische, der linke die preußische Helbe heißt. Das Wasser, welches über das Wehr fließt und in einem tiefen, breiten Graben, der Steingraben genannt, an Westgreußen und Clingen vorübergeht und, durch Greußen fließend, dasselbe in zwei Theile theilt, wird

unterhalb dieser Stadt durch einen Seitenarm der sächsischen Helbe verstärkt, vereinigt sich noch einmal eine kurze Strecke mit der preußischen Helbe und fällt nach seiner abermaligen Trennung bei der Commende Griefstedt in die Unstrut.

Bei demselben Orte mündet auch die preußische Helbe, nachdem sie bei der Pfaffenhofmühle einen Seitenarm — die Kupferhelbe genannt — nach Clingen gesendet, der vermittelst eines hölzernen Flußbettes oder Cerinnigs über den hier ziemlich tiefen Steingraben geleitet wird, oberhalb und unterhalb Clingen Mühlen treibt und bei Greußen in einen Seitenarm der sächsischen Helbe fällt. Der Hauptarm der preußischen Helbe berührt auf seinem Laufe Grüningen, Herrenschwenda und Günstedt.

Die sächsische Helbe, welche bei Westgreußen vermittelst eines künstlichen Wasserbettes über einen Graben geleitet wird und, wie oben schon gesagt, bei Greußen einen Theil ihres Wassers durch und um die Stadt sendet und zwei Mühlen treibt, mündet, nachdem sie an Ottenhausen und Weißensee vorübergeflossen ist, bei Walthersdorf.

Verstärkt wird die Helbe durch einige mehr oder weniger bedeutende Zuflüsse, die, wie sie selbst, im Sommer oft austrocknen, oder doch nur kümmerlich ihr Dasein fristen. Solcher Zuflüsse nimmt sie auf:

rechtsher einen Bach bei Wiedermuth, theils von Toba, theils von Kleinbrüchter kommend; ebenso einen Bach bei Ebeleben, der eines Theils von Menterode über Urbach und Holzsußra, andern Theils von Rockensußra und aus den Teichen westlich von Ebeleben kommt; desgleichen einen Bach oberhalb Bliederstedt. Die Zuflüsse des letztern kommen theils von Billeben, die Rinnig, theils von Allmenhausen, der Westerbach, vereinigen sich unter Abtsbessingen, fließen dann unter dem Namen Humischebach über Wenigenehrich und Großenehrich und erhalten hier den Namen Bennebach. Er ist der bedeutendste unter den genannten und treibt auf seinem ganzen Laufe zwölf Mühlen.

Linksher fließen zur Helbe:
der Spierenbach, dessen Zuflüsse, von Thalebra und Hohenebra kommend, sich unterhalb Niederspier vereinigen, und die sogenannten neun Brunnen, welche Bliederstedt gegenüber entspringen. Beide münden unterhalb Bliederstedt.

Die sächsische Helbe nimmt bei Westgreußen rechtsher den Groll- und Wurmbach auf.

Außer diesen Flüssen und Bächen sind auch noch mehrere Teiche zu nennen, unter denen der Hammenteich bei Stockhausen, die Pfaffenteiche im Brückenthale bei Sondershausen, der Scherzenteich zwischen Sondershausen und Badra — wird und ist wohl bereits schon trocken gelegt —, zwei Teiche im Park bei Sondershausen, zwei Teiche bei Bebra, zwei in Clingen (ein sehr bedeutender Teich an der Nordseite Clingens ist jetzt ausgetrocknet und zu Land umgewandelt worden) und zwei zwischen Ebeleben und Rockensußra die bemerkenswerthesten sind.

Auch Heilquellen finden sich in unserem Landestheile. So wurde 1814 oberhalb Stockhausen eine schwefelhaltige Quelle entdeckt und zu einem Bade, dem Günthersbade, eingerichtet. Eine Zeitlang wurde sie vielfach gebraucht; da aber das Bad späterhin gar nicht mehr besucht wurde, so brach man 1843 die Gebäude desselben ab.

Zwei andere Quellen*), welche früher als Gesundbrunnen sehr im Rufe standen, befinden sich auf der nördlichen Seite des zwischen Otterstedt und Niederspier gelegenen Holzberges. Zufolge einer in neuerer Zeit vorgenommenen chemischen Analyse enthält das Wasser jener Quellen hauptsächlich folgende Bestandtheile: doppelsauern Kalk, schwefelsauern Kalk, salzsaures Natron, schwefelsaure Talkerde und phosphorsaures Eisenoxyd mit Thonerde.

Endlich treffen wir auch noch Salzquellen in unserer Unterherrschaft an, und zwar findet sich eine derselben bei der Numburg, einer unweit Badra an der Nordgrenze Schwarzburgs gelegenen Domaine. Man hat einige Mal versucht, hier eine Saline anzulegen, und namentlich ließen die Kurfürsten von Sachsen hier ein Gradirwerk errichten, das von 1626 bis 1644 bestand; da aber die Soole zu geringhaltig war, gab man das Unternehmen wieder auf. Uebrigens hat Schwarzburg-Sondershausen Antheil an dem Salzbrunnen zu Frankenhausen.

d. Geognostische Beschaffenheit.

Was die geognostischen Verhältnisse unseres Landestheiles betrifft, so ist derselbe durchgängig vom Flötzgebirge überlagert, und wenn sich auch einige Schichten des älteren Flötzgebirges, z. B. Zechstein, und ebenso des jüngern oder der Tertiärgebilde, z. B. Sand-, Thon-, Lehm-, Braunkohlen-Lager und Süßwasserkalk, vorfinden, so ist doch die mittlere Flötzformation mit ihren drei Hauptlagern, dem bunten Sandsteine, dem Muschelkalke und dem Keupersande, die vorherrschende.

Das unterste Flötz dieser Triasgruppe, der bunte Sandstein, ist hier das bei weitem mächtigste und verbreitetste; denn der nördliche, oben schon näher beschriebene Höhenzug besteht fast lediglich aus buntem Sandsteine. Nordöstlich von Sondershausen, bei der Numburg und dem Dorfe Badra, schließt er sich unmittelbar an den Gyps

---

*) Ueber diese Quellen hat Dr. Scharf, ein gräflich-schwarzb. Leibmedicus, im Jahre 1669 eine Schrift herausgegeben, in welcher er mehrere Fälle von der Wirksamkeit dieser Heilquellen anführt. Besonders wohlthuend soll sich das Wasser derselben in Ausschlagskrankheiten erwiesen haben.

der Zechsteinformation an, und diese bildet, auf eine schwache Kette von Granit und Syenit gelagert, namentlich die Kyffhäuserberge. Zwischen dem Zechsteine und dem bunten Sandsteine finden sich, besonders von Bendeleben an und weiter über Frankenhausen nach Artern hin bedeutende Ablagerungen der Braunkohle, in denen der Honigstein nicht selten ist. Da aber, wo ein Seitenarm des nördlichen Gebirgszuges sich an die Hainleite anschließt, ist der bunte Sandstein vom Muschelkalke, dem Hauptbestandtheile der Hainleite, überlagert, und es ist daselbst der Thon vorherrschend, weshalb vorzüglich am rechten Ufer der Wipper bis zur Grenze des Muschelkalkes sich viele Einlagerungen eines rothen und blauen Thones finden.

Das zweite Glied jener Triasgruppe ist der Muschelkalk, der, wie eben gesagt, dem Gebirgszuge der Hainleite angehört; eine scharfe Grenzlinie zwischen ihm und dem bunten Sandsteine läßt sich aber nicht bestimmt angeben, weil eine 15 bis 20 Fuß hohe Wechsellagerung von Schieferplatten, von rothen, bunten Mergeln und dünnen mergligen Kalksteinen den Uebergang zwischen beiden Hauptmassen bildet. Allein die drei Abtheilungen, aus welchen der Muschelkalk in andern Gegenden besteht, sind, obwohl jene Gruppe ziemlich mächtig ist, hier doch nur unvollkommen ausgebildet; denn nur die untere Abtheilung, der Wellenkalk, ist bei weitem die mächtigste, während die mittlere, die salzführende Schicht oder Anhydritreihe, ganz fehlt, und die obere Abtheilung, Kalkstein von Friedrichshall, auch nur in geringen Schichten vorhanden ist. Die oberste Lage der zuletzt genannten Abtheilung, der obere, rauchgraue Kalk, findet sich nur bei Holzthaleben, Großenbrüchter, Holzsußra und Allmenhausen; bei Sondershausen findet sich nur die unterste Lage desselben. Wo die oberste Schicht von Mergelschichten umschlossen ist, finden sich gewöhnlich Enkrinitenglieder eingeschlossen, weshalb derselbe auch Enkrinitenkalk genannt wird. Mit solchem Enkrinitenkalk ist der ganze Bergrücken zwischen dem Chausseehause im Geschling und der Steigerallee bedeckt, und es finden sich in demselben, jedoch oft ganz frei liegend, Enkrinitenglieder, die hier gewöhnlich Bonifaciuspfennige genannt werden.

Eine besondere Erwähnung verdienen hier auch noch die Dendriten auf den schiefrigen, mit Mergeln wechselnden Kalkplatten in der obern Schichtung der Hainleite. Es sind sehr zierliche moos- und strauchartige krystallinische Gebilde von schwarzer oder brauner Farbe. Sie finden sich bei Keula, Großenbrüchter, Holzengel und vorzüglich häufig und schön unterhalb Hachelbich, wo sie in früheren Zeiten eigens gebrochen und zu allerlei Kunstsachen und Zierathen verarbeitet wurden.

Anstatt der dritten Abtheilung des Muschelkalkes, nämlich des Kalksteins von Friedrichshall, folgt auf der südlichen Abdachung der Hainleite eine Schichtenreihe von Thon, Kalksteinen, schiefrigen Sandsteinen und Kohlenletten. Letztere, eine unreine, thonige Kohle, hat einen äußerst geringen Gehalt von Brennstoffen, wohl aber viel Eisenocher und Schwefelkies, weshalb sie zur Gewinnung des Eisenvitriols und Alauns benutzt werden kann, wie dies auch früher bei Thalebra geschah.

Ueber diesen Kohlenletten tritt das dritte Glied jener Triasgruppe, der Keupersand, auf und nimmt nicht unbedeutende Strecken unseres Landestheiles ein, besonders bei Thalebra, wo ein 40 Fuß hoher Steinbruch ist, ferner bei Wenigenehrich, Großenehrich, Thüringenhausen u. s. w. Gewöhnlich ist es ein schmutzig=grünlichgrauer Sandstein von feinem Korne und thonigem Bindemittel, welches letztere im Feuer erhärtet und eine außerordentliche Festigkeit erlangt, weshalb dieser Sandstein zur Erbauung von Back= und Ziegelöfen vorzüglich brauchbar ist. Hin und wieder finden sich in demselben auch Schilfabdrücke.

Die jüngeren oder die Tertiärgebilde beschränken sich in dem Wipperthale auf wenige Kies= und Lehmlager nebst einer geringen Verbreitung von Torf an einigen versumpften Stellen, z. B. am Scherfenteiche und auf der Hainleite im Oberspier'schen Forste, die aber der Mühe der Ausbeutung nicht lohnen würde.

Mannichfaltiger sind dieselben jenseit der Hainleite. Hier finden sich außer den genannten auch noch Geschiebe (erratische Blöcke) von Granit, Syenit, Gneis, Quarz, Jaspis, Feuerstein u. s. w. (bei Oberspier, Westerengel u. a. O.); ja, selbst einige Granitblöcke (bei Clingen und Greußen) fehlen nicht. Besonders verdient noch der Rotheisenstein erwähnt zu werden, der sich von der Größe einer Haselnuß bis zu der eines Hühnereies findet und vielfach in den Orten vor der Hainleite und im Helbenthale aufgelesen und zum Verschmelzen nach dem Harze, oder dem Thüringerwalde geschafft wird.

Das jüngste Gebilde unserer Gegend ist unstreitig der Süßwasserkalk oder Tuffstein, der durch seine röhrenförmige, tropfsteinartige Gestalt (Grottenstein), welche er von den Schilfstengeln, Blättern und Moosen erhielt, um welche er sich ablagerte, seine Entstehung als Niederschlag eines mit Rohr und Schilf bewachsenen Seebeckens beurkundet. Er breitet sich in dem Thalgrunde der Helbe von Westgreußen über Clingen und Greußen bis Grüningen aus. In dieser Lagerung finden sich Süßwasserkonchylien, auch Knochen und Fragmente von Hirschgeweihen, ja selbst incrustirte Eier und Federn von Vögeln sollen vorgekommen sein.

e. Das Klima.

Das Klima ist, wie es die Lage mit sich bringt, gemäßigt; doch ist dasselbe nicht in der ganzen Unterherrschaft gleich. Besonders mild nämlich ist es im Wipperthale und in dem Thalgrunde der Helbe, namentlich von Westgreußen bis über Greußen hinaus, während es vor der Hainleite, vorzüglich aber in der Gegend von Großenbrüchter bis über Keula hinaus in der Regel weit rauher und kälter ist, so daß daselbst nicht blos die Ernte gewöhnlich vierzehn Tage später beginnt, als in den zuerst genannten Gegenden, sondern auch manche Fruchtgattung und namentlich das Obst nicht so gut gedeiht, als in den andern Fluren der Unterherrschaft.

Die Luft ist sehr gesund, und ansteckende Krankheiten sind daher im Allgemeinen selten.

3. Naturerzeugnisse und Cultur des Bodens.

Von den Naturerzeugnissen der Unterherrschaft sind die Producte des Mineralreiches von wenig Bedeutung; denn edle Metalle finden sich hier gar nicht, und von andern Mineralien gibt es, wie bei der Darstellung der geognostischen Verhältnisse schon angegeben wurde, in größerer oder geringerer Menge: Zechstein, Sandstein, Rotheisenstein, Braunkohlen, Kalkstein, auch einige Marmoradern, Alabaster u. s. w.

Weit beträchtlicher ist der Reichthum des Pflanzen- und des Thierreiches. In Bezug auf das erstere finden sich hier herrliche Waldungen. Von Laubhölzern sind namentlich zu erwähnen: Buchen, Eichen (Stiel- und Traubeneiche), Hainbuchen, Espen oder Aspen (Zitterpappel), Schwarzpappeln, Birken oder Maien, Erlen, Ahorn, Ulmen, Linden (Stein- und Butterlinde), Quitschen oder Ebereschen, Elsbeeren. Besonders angeführt zu werden verdient die Blutbuche, welche in der Nähe der Klappenthalswiese wächst. Von diesem Exemplare stammen in nähern oder fernern Graden die gewöhnlich durch Pfropfreiser gewonnenen Blutbuchen ab, welche man nicht selten als besondere Zierden großer Gartenanlagen findet*). — Als Unterholz findet man hier vornämlich Haselnuß, verschiedene Weidenarten, Weißdorn, Schwarzdorn, verschiedene Heckenrosen, Kreuzdorn, Pulverholz, Corneliuskirsche, Seelenholz, wilden Schneeball, Musbeere. — Von Nadelhölzern finden sich hier nur kleinere Strecken. Von ihnen ist in unserer Gegend nur die Eiben- oder Taxusbaum und ebenso der, wenn gleich nur selten vorkommende, Wachholderbaum ursprünglich einheimisch. Der zuerst genannte findet sich in vorzüglich kräftigen Exemplaren am nördlichen Abhange des Frauenberges.

Von Fruchtbäumen gibt es hier alle diejenigen Arten, welche in der gemäßigten Zone fortkommen; daher finden wir hier Aepfel, Birnen, alle Arten Pflaumen, darunter auch Aprikosen und Pfirsche,

---

*) Ausführlichere Mittheilungen über jenen Baum findet man in einem interessanten Aufsatze des Herrn Oberforstrath Michael in den Verhandlungen des Vereins zur Beförderung der Landwirthschaft zu Sondershausen. 1842. pag. 63 ff.

ferner Zwetschen, Spillinge, Kirschen, Schlehen, Maulbeeren und Wallnüsse, letztere an einigen Orten in reicher Menge. Ja, es gedeihen hier an geschützten Orten selbst eßbare Kastanien, wie auch der Mandelbaum.

Auch **Weinbau** wird an einigen Orten getrieben, früher aber in einem weit größern Umfange, als jetzt. Namentlich war dies bei dem Stadtflecken Clingen der Fall, wo sich am südlichen Abhange der Hainleite Weinberg an Weinberg reihte. Doch in dem letzten Jahrzehnt hat man viele derselben ausgerodet; so im Frühjahre 1846 die sämmtlichen herrschaftlichen Weinberge, 60 Acker betragend. — Ebenso befanden sich früher an dem linken Ufer der Wipper nördlich von Hachelbich viele Weinberge. Obwohl sie aber seit längerer Zeit ausgerodet sind, findet sich doch noch an jener Stelle und namentlich in den Zäunen der daselbst angelegten Gärten der Weinstock verwildert.

Für **Obstbau** wird im Allgemeinen von allen Ortschaften der Unterherrschaft recht viel gethan, und derselbe ist auch sehr lohnend; mit jedem Jahre nehmen die Obstanpflanzungen zu, so daß jetzt in einigermaßen ergiebigen Jahren eine große Menge Obst ausgeführt werden kann. Zu dieser fleißigen Obstcultur hat wesentlich eine Verordnung der Regierung beigetragen, welche es jeder Gemeinde zur Pflicht macht, für Obstanpflanzungen und Veredlung derselben alljährlich Etwas zu thun.

Aber nicht blos vielerlei Obstsorten, sondern auch viele Arten von **Beeren** treffen wir hier an, als: Stachelbeeren, Johannisbeeren, Mehlbeeren, Himbeeren, Erdbeeren, Heidelbeeren, Brombeeren u. s. w.

Auch mancherlei **Giftbeeren** und **Giftpflanzen** überhaupt wachsen in unserem Landestheile, und es gehören dahin die Tollkirsche, der Stechapfel, der Kellerhals oder Seidelbast, das Bilsenkraut und der Schierling*). Nicht minder reich ist unsere Gegend an **Arzneigewächsen**; aber man beschäftigt sich bei uns weder mit der Einsammlung, noch mit dem Anbau derselben so angelegentlich, wie in andern Gegenden Thüringens.

Ein Hauptproduct unserer Unterherrschaft ist das **Getreide**, und es werden die wichtigsten Arten desselben gebaut, als: Weizen, Roggen, Gerste, Hafer; außerdem auch Raps, Bohnen und andere Hülsenfrüchte. Ebenso baut man viele Futterkräuter, desgleichen viele Kartoffeln und andere Erdgewächse. Eines bedeutenden Umfangs erfreut sich hier auch der Anbau des Flachses, und er geräth besonders in einigen Gegenden vortrefflich. Daher wird bei uns auch,

---

*) Ueber die wildwachsenden Pflanzen cf. Irmisch, Systematisches Verzeichniß der in dem unterherrschaftlichen Theile der Schwarzburgischen Fürstenthümer wildwachsenden phanerogamischen Pflanzen, mit Angabe der wichtigsten Culturgewächse. Sondershausen, 1846, bei F. A. Eupel.

vornehmlich im Winter, viel Flachs versponnen, so daß alljährlich eine große Menge Garn ins Ausland geht.

Der Ackerbau ist eine Hauptbeschäftigung der Bewohner unseres Landestheiles, und sie betreiben denselben so eifrig und sachkundig, daß selbst weniger ergiebige Strecken Land bei nur einigermaßen günstiger Witterung mit vortrefflichen Früchten prangen.

Wesentlich trug und trägt noch zur Förderung aller landwirthschaftlichen Verhältnisse bei uns der im Jahre 1840 gestiftete landwirthschaftliche Verein bei, sowie überhaupt die vortrefflichen, ihrer rationellen Bewirthschaftung wegen rühmlichst bekannten Landwirthe auf den hiesigen Domainen und Rittergütern, deren Beispiele auch unser Landmann, welcher auf jede den Ackerbau betreffende Verbesserung mit Aufmerksamkeit achtet, eifrigst nachstrebt.

Auch Gemüsebau wird betrieben, doch meistens nur zu eigenem Bedarf; nur an einigen Orten wird Gemüse zum Verkauf gebaut, weshalb eine nicht unbedeutende Menge desselben aus dem Nachbarlande eingeführt wird. Es ist somit der Gemüse= und Gartenbau nicht so im Schwunge, wie dies die vortrefflichen Strecken Landes einiger Gegenden erwarten lassen; vielleicht würde auch auf diesen Zweig der Bodencultur ein Verein für Garten= und Gemüsebau segensreichen Einfluß ausüben.

Getreide, Flachs, Obst und Holz sind somit, wie aus dem eben Gesagten hervorgeht, die Hauptproducte des Pflanzenreichs unseres Landestheiles, und es sind diese Naturerzeugnisse sowohl nach ihrer Qualität, als auch nach ihrer Quantität so bedeutend, daß, wie schon erwähnt, ein großer Theil derselben ausgeführt werden kann.

Was nun endlich das Thierreich betrifft, so giebt es hier alle die der gemäßigten Zone angehörigen Hausthiere. Am meisten Sorgfalt verwendet man namentlich auf die Veredlung der Rindvieh= und der Schafzucht, weniger auf die Pferdezucht; doch fehlt es darum nicht an guten Pferden, und auch auf die Zucht derselben wurde längere Zeit durch das fürstliche Gestüt auf dem Possen vortheilhaft eingewirkt. Einen schlagenden Beweis dafür, wie sehr man in unserem ganzen Landestheile beflissen ist und sich schon früher bemüht hat, die Viehzucht und andere Zweige der Landwirthschaft zu verbessern und zu veredeln, lieferte die am 24. September 1846 auf fürstlichen Befehl angeordnete Thierschau und Productenausstellung.

Aus dem Thierreiche ist ferner das Wild zu erwähnen. Wurde dieses auch in den letzten Jahrzehnten nicht mehr in dem Umfange gehegt, als in früheren Zeiten, so fehlte es doch bis zum Jahre 1848 keineswegs an demselben. Seitdem aber in dem erwähnten Jahre jeder Gemeinde die Jagd in ihrer Flur überlassen worden ist, mindert sich das Wild immer mehr und mehr. Noch gibt es indessen Hirsche,

Rehe, wilde Schweine, Hasen; außerdem auch Dachse, Füchse, Marder u. s. w. Vor nicht gar langer Zeit waren auch Fischottern nicht selten.

Von wildem Geflügel werden Geier, Habichte, Eulen, Raben, Dohlen, Elstern, Trappen, Schnepfen, wilde Tauben, Kibitze, Enten, Fasanen und Rebhühner, zuweilen auch Störche und, wiewohl sehr selten, Auerhähne angetroffen.

Auch an Singvögeln ist unser Land reich; denn es gibt Nachtigallen, Lerchen, Finken, Stieglitze, Hänflinge, Zeisige, Amseln, Drosseln u. s. w.

An Amphibien: Frösche, Kröten, Wassermolche, Eidechsen, Blindschleichen, die glatte und die Ringelnatter.

Fische finden sich in Flüssen und Bächen oft in reicher Menge, namentlich Schmerlen; ferner Weißfische, Forellen, Hechte und Aale; in den Teichen werden vorzugsweise Karpfen und Schleien gezogen.

Von Insecten*) und Schalthieren sind besonders die Krebse erwähnenswerth, die in reicher Menge, namentlich in einigen Gegenden der Wipper (bei Hachelbich) und der Helbe (bei Thüringenhausen) angetroffen werden.

II. Die Bewohner.

1. Abstammung und Sprache.

Die Bewohner der Unterherrschaft gehören dem alten Stamme der Thüringer an; da aber nach dem Falle des thüringischen Königreichs sowohl die Sachsen, als auch die Franken über den Landstrich herrschten, welchen gegenwärtig die Unterherrschaft umfaßt, so finden sich ohne Zweifel unter den Bewohnern derselben auch Nachkommen jener beiden Völkerschaften.

Ihrem Charakter nach haben sie im Allgemeinen das treuherzige, biedre Wesen des Deutschen, und sollte ihnen auch auf der einen Seite eine gewisse Derbheit zum Vorwurf gemacht werden können, so gereicht ihnen auch wieder auf der andern Seite ein hoher Grad von Gutmüthigkeit zum Lobe. Sie sind heiter und gesellig und lieben Musik und Tanz gar sehr; wie sie sich aber gern der Freude überlassen, so unterziehen sie sich auch in gleicher Weise unverdrossen der schwersten Arbeit.

Die Sprache, bei dem Gebildeten hochdeutsch, war bei dem gemeinen Mann wohl ursprünglich ein den Bewohnern Thüringens eigen-

---

*) cf. Göbel, Grundlage zur Kenntniß der um Sondershausen vorkommenden Käfer. Ein Beitrag zur Naturgeschichte Nordthüringens. Eine Abhandlung im Programm des Fürstl. Schwarzb. Gymnasiums zu Sondershausen 1854.

thümlicher Dialect; im Laufe der Zeit hat sich derselbe jedoch in den verschiedenen Landstrichen sehr geändert, und selbst auf dem kleinen Gebiete unserer Unterherrschaft weicht man sehr in der Aussprache von einander ab.

Es dürfte wohl nicht ganz ohne Interesse sein, hier die auffallendsten Sprach-Abweichungen in einer gewissen Uebersicht kurz verzeichnet zu finden, ohne daß diese Aufzählung auf Vollständigkeit Anspruch macht.

Das a spricht man in einigen Gegenden ganz wie o oder u aus und zwar das o theils gedehnt, z. B. joh, Gohrten für ja, Garten, theils kurz, z. B. gethonn, oder wie u, gethunn für gethan; in einigen Wörtern hat es den Laut eines ä, z. B. häst, hät für hast, hat, und mit nachfolgendem g verschmilzt es zuweilen in die Laute ai und ei, z. B. geklait, geseit für geklagt, gesagt. — In Greußen und der Umgegend wird es in einigen Worten hell wie ä ausgesprochen, z. B. jä für ja; mit einem darauffolgenden g lautet es daselbst au, z. B. Wauen, geschlauen für Wagen, geschlagen.

Das e wird in einigen Wörtern und Silben heller, als im Hochdeutschen, ausgesprochen, z. B. Abeläbben für Ebeleben; im nordwestlichen Theile der Unterherrschaft wird das e in dem Worte Mensch sogar wie ei gesprochen, also Meinsch; auch wie i lautet es in manchen Wörtern, z. B. gesinn für gesehen.

Das i, meistens richtig ausgesprochen, neigt sich doch im Allgemeinen mehr zum e hin; in einigen Wörtern aber klingt es fast wie ä, z. B. wäll, Kärche, Mälch für will, Kirche, Milch. In Toba und weiter nach Westen wird es in einigen Wörtern wie e-i getrennt ausgesprochen, z. B. We-ind, Ke-ind für Wind, Kind.

Das o hat in Holzthaleben und Keula einen dem a fast gleichen Laut, z. B. Brat, Tad, Darn für Brot, Tod, Dorn.

Das u, sonst überall richtig ausgesprochen, läßt im Nordwesten unseres Landestheiles in einigen Wörtern ein i neben sich hören, z. B. Huind, buint für Hund, bunt.

Das ö und ü werden gewöhnlich hell wie e und i ausgesprochen.

Das au wird gewöhnlich wie u gesprochen, z. B. Hus, Mus, us für Haus, Maus, aus; in einigen Wörtern behält es seinen Laut.

Das äu lautet, der Aussprache des au folgend, wie ü, z. B. Hüsser, Müse, für Häuser, Mäuse.

Das eu und ei hat meistens den Laut eines ü oder ie, z. B. Lüte, biegen, Spiese für Leute, beugen, Speise; eu lautet zuweilen auch wie u, z. B. uch für euch, und ei wie ein dunkles e, z. B. kenn, stennern für kein, steinern.

Das ie lautet häufig wie ä, z. B. nädder, wädder, vähl für
nieder, wieder, viel; in vielen Wörtern behält es seinen Ton,
z. B. Lied, fiel.

Außer diesen Abweichungen finden auch noch viele Veränderungen
mit den Consonanten Statt, indem dieselben entweder eine gänzliche
Umwandlung erleiden oder, besonders am Ende der Wörter, verschluckt
werden. Zu jenen gehört die Aussprache des nd wie ng, wenn noch
ein Vocal folgt, z. B. Hänge, Enge für Hände, Ende; zu den
letztern gehören Weglassungen, wie nich, au, nei für nicht, auch,
nein, welches letztere häufig auch in nä verwandelt wird. Ebenso
wird namentlich bei den Grundformen der Zeitwörter das n gewöhnlich weggelassen, z. B. mache, lese, spreche für machen, lesen,
sprechen, ja man setzt oft sogar noch die Vorsilbe ge vor, z. B.
gemache, gelese, gespreche.

Statt des Dativs der persönlichen Fürwörter gebraucht man in
der Regel den Accusativ, z. B. mich, dich für mir, dir.

Die Begrüßungen sind ganz eigenthümlich, manche derselben aber
ihrer Bedeutung nach wahrhaft schön, z. B. Gott grüß euch (uch),
Gott behüt euch (uch)! Gewöhnlich beziehen sie sich auf das, was die
Begrüßten eben thun oder thun wollen, und werden dann als Fragen
ausgesprochen, z. B. Bete (n) gehen? Ausgebetet (usgebät't)? Sprecht
denn mit einander? Ists Gespräch gut?

2. Kunst, Gewerbe und Handel.

Von den Künsten wird hier vorzugsweise die Musik gepflegt
und geübt, und in Bezug auf dieselbe steht unser Land keinem andern
nach, zeichnet sich vielmehr vor manchem aus; namentlich sind die Leistungen der fürstlichen Capelle ausgezeichnet. Ganz vorzüglich trug
der letztverstorbene Fürst sowohl durch seine Liebe zur Musik, als auch
durch sein eignes musikalisches Talent viel dazu bei, daß die Mitglieder derselben sich eine Virtuosität erwarben, die sie schon seit mehreren Jahrzehnten rühmlichst bekannt gemacht hat*). Daß die Capelle
aber diesen Ruhm behauptet, ja daß derselbe sich noch gesteigert hat,
verdanken wir der vorzüglichen Theilnahme und den nicht unbedeutenden Opfern, welche der jetzt regierende Fürst für die Musik bereitwilligst bringt. — Uebrigens liebt und übt auch fast jeder Stand
die Musik, so daß man in den meisten Ortschaften des Landes kleinere
oder größere Musikchöre und Gesangvereine antrifft.

---

*) Unvergeßliche Kunstgenüsse verdanken wir dem am 10. August 1846
verstorbenen Capellmeister Hermstedt.

Für die übrigen Künste wurde früher bei uns wenig gethan; allein durch den Kunstsinn des jetzigen Fürsten finden auch sie hier, soweit sich nur irgend Gelegenheit dazu darbietet, immer mehr einen heimathlichen Boden, und es wird daher in mancher Kunst bereits nicht Unbedeutendes geleistet, z. B. in der Baukunst. Ebenso fehlt es nicht an geschickten Künstlern in der Verfertigung musikalischer Instrumente, namentlich der Pianoforte's, der Flügel u. s. w., an geschickten Uhrmachern, Gold- und Silberarbeitern.

Auch der Gewerbfleiß steht auf einer Stufe der Ausbildung, die ein schönes Zeugniß von dem regen Vorwärtsstreben der Gewerbtreibenden gibt, und namentlich ist in neuerer Zeit von allen Betheiligten so viel geschehen, daß die von ihnen gelieferten Erzeugnisse mit denen anderer Länder wetteifern können, wovon die Gewerbeausstellungen zu Berlin, Leipzig und Gotha zeugen, namentlich aber die von bloß vaterländischen Producten, welche zu Sondershausen 1849 veranstaltet wurde, und zu welcher etwa 500 Gegenstände geliefert worden waren.

An Fabriken in der eigentlichen Bedeutung fehlt es in der Unterherrschaft fast ganz. Für Wollenzeuche, von welchen früher an einigen Orten nicht unbedeutende Quantitäten verfertigt wurden, findet sich jetzt nirgends eine Werkstätte mehr. Leinenes Garn wird überall im ganzen Landestheile viel gesponnen und ebenso auch viel Leinewand gewebt, jedoch mehr zum Hausbedarf.

Was den Handel betrifft, so findet in Bezug auf die eingeführten Waaren nur Kleinhandel Statt; für die im Lande verfertigten und erzeugten Producte erstreckt er sich auf Getreide, Obst, Wolle, rohe Häute, Leder, Bau-, Nutz- und Brennholz, Holzkohlen u. s. w.

Der Transit- (Durchgangs-) Handel ist ziemlich bedeutend, und die theils schon vollendeten, theils noch im Bau begriffenen Kunststraßen, welche unseren Landestheil fast nach allen Richtungen durchschneiden, lassen denselben immer lebhafter werden. — Die Kunststraßen erstrecken sich von Sondershausen 1) nach Nordhausen; 2) über Greußen bis an die preußische Grenze; 3) über Ebeleben nach Langensalza führend; 4) nach Mühlhausen, welche bei Ebeleben von der ebengenannten ausmündet, und 5) nach Frankenhausen. Noch andere im Innern des Landes sind beantragt und genehmigt, z. B. die von Keula über Ebeleben nach Greußen.

Außer diesen Kunststraßen, bei welchen in anerkennungswerther Weise die möglichste Rücksicht darauf genommen worden ist, durch dieselben zugleich die in der eingeschlagenen Richtung liegenden Ortschaften mit der Residenz oder der nächsten bedeutenden Marktstadt zu verbinden, finden sich auch zwischen den meisten Dörfern gute Vicinalwege, und, wo diese noch nicht durchgehends verbessert werden konnten, sind wenigstens die schlechtesten Stellen fahrbar gemacht worden.

In Bezug auf das Postwesen gehört die Unterherrschaft dem preußischen Postenlaufe an, und ein Postamt mit einer Posthalterei findet sich in Sondershausen, Postexpeditionen mit Posthaltereien in Greußen und Ebeleben, eine bloße Postexpedition in Keula.

Im Jahre 1819 trat Schwarzburg-Sondershausen, zuerst unter allen deutschen Staaten, dem preußischen Zollvereine bei und zwar mit der Unterherrschaft; seit 1834 gehört dieselbe, so wie auch die Oberherrschaft dem großen deutschen Zollvereine an. Aus den Einnahmen desselben trägt es jährlich auf den Kopf durchschnittlich einen Thaler, dem ganzen Fürstenthume also etwa 60.000 Thaler.

Die Münzen, Maße und Gewichte sind die in den nördlichen Zollvereinsstaaten geltenden, das Getreidemaß ist der Nordhäuser Scheffel (7 Nordhäuser sind gleich 6 Berliner). — Der Münzfuß ist der, nach welchem aus der Mark Silber 14 Thaler geprägt werden, den Thaler zu 30 Silbergroschen und diesen zu 12 Pfennigen gerechnet. Nach der Convention vom 30. Juli 1838 sind von Schwarzburg-Sondershausen 1841 und 1853 Zweithalerstücke, 1846 und 1851 Silbergroschen, Silbersechser, Dreier und Pfennige geschlagen worden.

Das alte schwarzburgische Flächenmaß betrug 120 Quadratruthen Leipziger Maß, die Quadratruthe zu 14 Quadratfuß gerechnet; späterhin aber, als man die einzelnen Geschrote vermaß und die Größe eines Ackers nach dem Flächeninhalte derselben bestimmte, hat sich dieselbe zwischen 90 und 160 Quadratruthen herausgestellt. In dem Gesetze über Landesvermessung, welches vor kurzem von dem Ministerium dem Landtage vorgelegt wurde, ist das preußische Flächenmaß zu Grunde gelegt.

3. Volksfeste.

Das heiterste Fest, auf welches sich alle Dorfbewohner schon lange vorher freuen, und zu welchem auch der Aermste einigen Aufwand zu ermöglichen sucht, ist das Kirchweihfest, gewöhnlich Kirmse genannt. Dieses Fest fällt auf einen Herbstbluttag und wird in jedem Dorfe, aber nicht zu gleicher Zeit, sondern von Michaelis bis zur Mitte des Novembers gefeiert. Dem Andenken an die Einweihung des Gotteshauses gewidmet, beginnt dieses Fest mit einem Vormittagsgottesdienste; der übrige Theil dieses Tages, so wie der folgende Tag sind aber einzig der geselligen Freude gewidmet, zu welchem Zwecke Bekannte und Freunde einander besuchen. Man überläßt sich dem Spiel und Tanz dabei um so ungestörter, da zur Zeit dieses Festes die Feldarbeiten größtentheils beseitigt sind. — Früher dauerte das Kirchweihfest drei Tage, ja in manchem Dorfe die ganze Woche hindurch; im Jahre 1843 wurde jedoch durch eine Regierungsverordnung die Feier auf zwei Tage festgesetzt, und zugleich wurden die frühern sogenannten Gelage verboten, indem bei denselben nicht immer auf Sitte und Ordnung gehalten worden war. Am letzten Tage dieses Festes wurde in frühern Jahren an manchen Orten ein Wettrennen, das sogenannte Hammelreiten gehalten; allein in jüngster Zeit ist dasselbe gänzlich unterblieben.

Ein anderes beliebtes Volksfest ist an einigen Orten das Vogel- und Scheibenschießen; doch findet dasselbe in jedem Jahre nur bestimmt in Sondershausen und Greußen Statt und dauert gewöhnlich 3 bis 4 Tage. Im Jahre 1846 wurde zu Sondershausen vom 30. Juli bis zum 5. August die dritte Secularfeier dieses Festes sehr glänzend begangen.

Ein anderes schönes, in unserem Lande früher noch niemals gefeiertes Volksfest, an welchem sich die ganze Unterherrschaft betheiligte, war die 1846 am 24. September, dem Geburtstage des Landesherrn, auf höchsten Befehl zu Sondershausen angeordnete Thierschau und Productenausstellung. Wohl selten hat die Aufforderung zu einem Volksfeste so allgemeinen Anklang gefunden, und es wurden die gehegten Erwartungen durch höchst zweckmäßige Einrichtungen und Veranstaltungen wohl niemals mehr befriedigt, als bei diesem Feste. Eine kurze Beschreibung desselben möge hier einen Platz finden.

Nachdem schon mehrere Wochen zuvor die das Fest betreffenden Bekanntmachungen erschienen waren, zogen am Morgen des 24. Septembers die mit Kränzen und Bändern geschmückten Thiere in Sondershausen ein. Leider begann der Morgen mit Regen; allein bald heiterte sich der Himmel wieder auf, so daß das Wetter noch so hübsch wurde, wie man es nur wünschen konnte.

Von nah und fern strömte zu dem hier nie gesehenen Schauspiele eine große Menschenmenge, theils zu Wagen, theils zu Fuße, herbei. Vorbereitungen waren hier schon 8 Tage hindurch getroffen worden, so daß nicht bloß für die Zuschauer Tribünen errichtet, sondern auch für die zur Ausstellung gebrachten Thiere passende Plätze ausgewählt und abgeschlossen worden waren.

Das Schützenhaus und seine Umgebung war der Schauplatz für dieses Fest. Gleich vor demselben war die Tribüne für die fürstliche Familie errichtet, zwar einfach, doch recht geschmackvoll decorirt. Die Tribünen für die übrigen Zuschauer erhoben sich rechts und links von jener, zogen sich ziemlich weit nach Westen hin und waren mit grünen Zweigen und Fahnen geschmückt. Am westlichen Ende dieser Tribünen erhob sich eine Ehrenpforte, die aus landwirthschaftlichen Werkzeugen errichtet und mit dem Namenszuge des Fürsten geziert war.

Was die Gegenstände der Ausstellung betrifft, so waren der Anmeldung zufolge zu derselben gekommen: 113 Pferde und Fohlen, 106 Kühe und Rinder, 11 Zuchtsauen, 9 Ziegen, 24 bis 30 Posten bearbeiteter Flachs, 25 bis 30 Posten Flachsgarn, 11 Posten Werggarn, 24 verschiedenes Geflügel, 60 Stück Lämmer, Böcke und Schafe.

Außer diesen kamen aber ohne vorhergegangene Anmeldung noch

mehrere Stück Vieh, mancherlei Erzeugnisse des Land= und Gartenbaues, so wie landwirthschaftliche Instrumente aller Art.

Als Preise waren 32 schön verzierte Becher und 29 silberne Denkmünzen ausgesetzt worden.

Um 9 Uhr begann die Beurtheilung der Thiere und der andern Producte durch die dazu ernannten Preisrichter.

Bald nach 12 Uhr verkündete der Donner der Kanonen die Ankunft der fürstlichen Familie und gleich darauf begann die Austheilung der Preise; diese gewannen gewiß in den Augen eines jeden Empfängers einen um so höhern Werth dadurch, daß er sie aus der Hand des Erbprinzen erhielt. Die Führer derjenigen Thiere, welche als eines Preises würdig erkannt worden waren, hatten Fahnen erhalten, auf denen die betreffende Thiergattung und die Nummer des Preises verzeichnet war. Alle zur Schau gekommenen Thiere wurden sodann vor der fürstlichen Tribune vorübergeführt und die Erscheinung eines jeden, dem ein Preis zuerkannt worden war, wurde durch das städtische Musikchor begrüßt, welches zu diesem Zwecke auf dem Balkon des Schützenhauses aufgestellt worden war.

Die noch übrige Zeit des festlichen Tages war der Freude und dem geselligen Vergnügen gewidmet.

Von Zeit zu Zeit finden in der Unterherrschaft auch Gesangfeste Statt, bald für größere, bald für kleinere Kreise bestimmt, je nachdem dieselben von einem einzigen oder doch nur von einer kleinen Zahl, oder von mehreren Gesangvereinen veranstaltet werden. Einige der unterherrschaftlichen Gesangvereine — denn in den meisten Ortschaften findet man einen solchen — sind Mitglieder des Rothenburger Sängervereins, der im Jahre 1843 gegründet wurde. Auf Veranlassung der Liedertafel in Sondershausen versammelten sich nämlich im Juni des erwähnten Jahres die Gesangvereine von Artern, Cölleda, Frankenhausen, Heringen, Kelbra, Kindelbrück und Nordhausen bei der Ruine der Rothenburg. Der Beifall, welchen die Leistungen der Sänger bei den in großer Zahl versammelten Zuhörern fanden, verbunden mit dem tiefen Eindrucke, welchen theils die geistige Harmonie der Sänger unter einander, theils die begeisternden Reden des Majors von Sydow aus Sondershausen, theils auch die Schönheit des Versammlungsplatzes auf Sänger und Zuhörer machten, ließ in Aller Herzen das Verlangen laut werden, sich öfters zu Gesang und Freude zu vereinen. Und so gründeten die anwesenden Vereine den Bund, der den Namen: Rothenburger Sängerverein führt. An ihn schlossen sich bald noch mehrere Gesangvereine — der Lehrergesangverein von Ebeleben, die Liedertafel zu Groß=Mehlra, der Gesangverein von Sangerhausen, der Liederkranz von Sondershausen und die Liedertafel von Schlotheim — an, und sein erstes Gesangfest feierte er am 22. August 1844 zu Sondershausen, das sich einer großen Theilnahme von Seiten des Publicums aus der Nähe und Ferne zu erfreuen hatte und den ungetheiltesten Beifall fand. Das zweite Gesangfest war im Jahre 1845 in Frankenhausen.

Als eine vorzügliche Volksbelustigung ist noch die des Tanzes zu erwähnen, an welcher die Bewohner unseres Landestheiles bei ihrer Vorliebe für Musik, die sie mit allen Thüringern theilen, großen Gefallen finden. Da sich nun fast an jedem Orte Musikchöre gebildet haben, von denen einige durch ihre Leistungen sich rühmlich auszeichnen, so kann man sich dieses Vergnügen ebenso leicht, als oft verschaffen. Indessen ist dem allzu häufigen Tanzen durch eine Regierungs-Verordnung vorgebeugt worden, nach welcher ohne ausdrückliche Genehmigung nur am ersten Sonntage jedes Monats Tanz stattfinden darf.

Das Johannisfest ist in jedem Orte ein Freudentag für die Schuljugend, indem dieselbe sich an diesem Feste mit Tanzen belustigt, wobei gewöhnlich der Lehrer der Jugend die Aufsicht führt und die Eltern dem fröhlichen und harmlosen Treiben ihrer Kinder zusehen.

Ein Hauptvergnügen, namentlich für die erwachsene weibliche Jugend, sind im Winter die sogenannten Spinnstuben, indem die jungen Mädchen sich während dieser Jahreszeit fast täglich mit ihren Spinnrädchen besuchen und unter Gesang die schnurrende Spindel drehen. Bisweilen halten sie auch ein Wettspinnen.

III. Eintheilung nach Justizämtern und Bezirken.

Die Unterherrschaft bestand bis zum Jahre 1836 in Bezug auf Verwaltung und Rechtspflege aus den 5 Aemtern Sondershausen, Clingen, Ebeleben, Schernberg und Keula, aus den Stadtgerichten Sondershausen, Greußen und Großen-Ehrich und aus den 3 Patrimonialgerichten Bendeleben, Großfurra und Bellstedt. Im Jahre 1836 wurde dann das Amt Schernberg aufgehoben, und die 5 Ortschaften desselben: Schernberg, Himmelsberg, Gundersleben, Rockstedt und Abtsbessingen kamen zum Amte Ebeleben, das von dieser Zeit an den Namen Schernberg-Ebeleben führte.

So blieb es bis zum 1. April 1847, von welcher Zeit an es in der ganzen Unterherrschaft für die Rechtspflege nur 2 Aemter, Sondershausen und Ebeleben, gab, für die Verwaltung dagegen, welche ganz von der Rechtspflege getrennt wurde, ward eine Landeshauptmannschaft errichtet. Mit dem Justizamte Sondershausen, das schon früher zu einem Landgerichte erhoben worden und als solches für bestimmte Rechtsfälle die erste Instanz der ganzen Unterherrschaft war, wurde nämlich, mit Ausnahme der drei Ortschaften Wenigenehrich,

Wolferschwende und Rohnstedt, das ganze Amt Clingen, und mit dem Justizamte Schernberg-Ebeleben, das von da an Justizamt Ebeleben hieß, das ganze Amt Keula und jene drei Dörfer vom Amte Clingen verbunden. Daneben bestanden auch noch die Stadt- und Patrimonialgerichte.

Mit dem 1. Juli 1850 trat nun abermals eine bedeutende Veränderung ein. Es wurden nämlich die Stadt- und Patrimonialgerichte aufgehoben und für die Rechtspflege ein Kreisgericht und 5 Justizämter, — die 5 Justizämter sind 1852 wieder auf 3 reducirt worden — für die Verwaltung aber 3 Bezirksvorstände oder Landrathsämter ins Leben gerufen.

Das Kreisgericht, dessen Sitz in Sondershausen ist, umfaßt nicht bloß unsere ganze Unterherrschaft, sondern auch die von Schwarzburg-Rudolstadt, ferner die weimarische Parcelle Oldisleben und das weimarische Amt Allstedt.

Die 3 Justizämter sind: 1) Justizamt Sondershausen für Sondershausen, Badra nebst der Domaine Numburg, Bendeleben, Hachelbich, Berka, Jecha, Stockhausen, Großfurra, Jechaburg, Bebra, Thalebra, Hohenebra, Oberspier; 2) Justizamt Ebeleben für Keula, Holzthaleben, Großbrüchter, Toba, Kleinbrüchter nebst der Domaine Peukendorf, Urbach, Großmehlra, Ebeleben mit Marfsußra, Abtsbessingen, Billeben, Allmenhausen, Rockensußra, Holzsußra, Wiedermuth, Himmelsberg, Schernberg, Gundersleben, Rockstedt; 3) Justizamt Greußen für Greußen, Clingen, Westgreußen, Rohnstedt, Wolferschwende, Wenigenehrich, Bellstedt, Thüringenhausen, Niederspier, Großen-Ehrich, Bliederstedt, Wassertthaleben, Otterstedt, Westerengel, Kirchengel, Feldengel, Holzengel, Trebra, Niederbösa.

Die 3 Bezirke sind: 1) der Sondershäuser Bezirk mit der Stadt Sondershausen und den Dörfern Jecha, Berka, Hachelbich, Bendeleben, Badra, nebst der Domaine Numburg, Großfurra, Stockhausen, Jechaburg, Bebra, Thalebra, Hohenebra, Oberspier; 2) der Ebeleber Bezirk mit Ebeleben nebst Marfsußra, Holzsußra, Rockensußra, Großmehlra, Urbach, Keula, Holzthaleben, Großenbrüchter, Kleinbrüchter nebst der Domaine Peukendorf, Toba, Wiedermuth, Himmelsberg, Schernberg, Gundersleben, Rockstedt, Abtsbessingen, Allmenhausen, Billeben; 3) der Greußener Bezirk mit Greußen, Clingen, Westgreußen, Rohnstedt, Wolferschwende, Wenigenehrich, Großen-Ehrich, Bellstedt, Thüringenhausen, Niederspier, Bliederstedt, Wassertthaleben, Otterstedt, Westerengel, Kirchengel, Feldengel, Holzengel, Trebra, Niederbösa.

Der Bezirk Sondershausen umfaßt den nordöstlichen Theil der Unterherrschaft und besteht aus dem Wipperthale, dem Bebrathale und einigen andern Nebenthälern, ferner aus den beiden jenseit des oben erwähnten nördlichen Gebirgszuges gelegenen Dörfern Badra und Bendeleben und dreier am südlichen Abhange der Hainseite gelegenen

Ortschaften. Dieser Bezirk ist meistens gut bewässert, enthält viele vortreffliche Waldungen und zum großen Theile ausgezeichnetes Ackerland.

Der Bezirk Ebeleben umfaßt den westlichen und südwestlichen Theil der Unterherrschaft. Auch er besteht aus größtentheils vortrefflichem Ackerlande, mit Ausnahme des nordwestlichen Theiles, der kalt und steinig ist. Während der östliche und nordöstliche Theil des Bezirks, von der Helbe und mehreren Bächen durchflossen, meistens gut bewässert ist, so ist der westliche Theil wasserarm zu nennen und hat in trockenen Jahren mit drückendem Wassermangel zu kämpfen. Uebrigens ist dieser ganze Bezirk ein sehr anmuthiger Landstrich, indem Ebenen und Hügelland, Berge und Thäler, Wiesen, Ackerfeld, kleinere und größere Waldungen, welche letztere größtentheils Eigenthum der Gemeinden sind, mit einander abwechseln.

Der Bezirk Greußen umfaßt den östlichen und südöstlichen Theil der Unterherrschaft, ist weniger waldreich, hat aber zum Theil ausgezeichnetes Ackerland, wie dies besonders in dem Thale der Helbe von Wasserthaleben bis Greußen der Fall ist. Außer andern Producten der Landwirthschaft liefert fast der ganze Bezirk den vortrefflichsten Flachs in der ganzen Unterherrschaft.

Das Genauere ersehe man aus der Beschreibung der einzelnen Ortschaften und ihrer Fluren, zu welcher hiermit übergegangen werden soll.

IV. Topographie.

Bei der Topographie oder Ortsbeschreibung ist es für zweckmäßig erachtet worden, die einzelnen Orte, um das Nachschlagen derselben zu erleichtern, in alphabetischer Ordnung aufzuführen. Eine Abweichung von dieser Ordnung findet nur insofern Statt, als die Städte den Marktflecken und diese den Dörfern vorangehen, und Sondershausen, als die Haupt- und Residenzstadt, unter den Städten zuerst beschrieben wird.

Zur Raumersparniß sind einige Abkürzungen angewendet worden, nämlich St. für Stadt, Mfl. für Marktflecken, Pfd. für Pfarrdorf, Fld. für Filialdorf, H. für Häuser, Einw. für Einwohner, O. für Osten, S. für Süden, W. für Westen, N. für Norden.

1. Beschreibung der 3 Städte.

Sondershausen.

Sondershausen, Haupt- und Residenzstadt des Fürstenthums Schwarzburg-Sondershausen, an der Wipper und Bebra gelegen und von dem Hauptarme der letztern durchflossen, hat 554 Häuser und 5117 Einwohner, die sich vornämlich mit Handel und Gewerben, zum Theil auch mit Ackerbau beschäftigen. Sie liegt in einer äußerst lieblichen Gegend, und auch ihre nächsten Umgebungen sind anmuthig; denn der fürstliche Park und viele freundliche Gärten begrenzen sie. — Sondershausen besteht aus der eigentlichen Stadt, dem kleinen, nur wenige Häuser umfassenden Stadttheile am nördlichen Ufer der Wipper, welcher durch 2 Brücken mit der Stadt verbunden ist, und aus der Carlsstadt, welche erst seit etwa 30 Jahren an der westlichen Seite der Stadt ganz neu gegründet wurde und sich mit jedem Jahre erweitert*). — Früher erstreckte sich die eigentliche Stadt von dem Brauhause bis zu der untersten Gasse, die hinter die Mauer führt, und der ihr ehedem gegenüber sich befindlichen Badestube, an welchen beiden Puncten Thore waren, das Brauhaus- und das Badestubenthor genannt; sie war auch mit einer Mauer, die mehrere Thürme**) trug, umgeben, und Mauer und Thürme sind noch heute, wenn auch nicht überall und nicht mehr in ihrer ursprünglichen Höhe, vorhanden. Im Jahre 1759 wurden jene beiden Thore auf Befehl des Fürsten Christian Günther abgebrochen und die vor denselben angebauten Stadttheile, von denen der östliche der neuere sein mag, da er noch jetzt den Namen Neustadt führt — der westliche hieß und heißt noch die Oberstadt —, dadurch zu der eigentlichen Stadt gezogen. In diesem Umfange hatte die Stadt 4 Thore, das Loh-, Bebra-, Wipper- und Jechathor, von denen die 3 ersten überbaut waren; der Ueberbau sammt den Thoren ist in dem zweiten Viertel dieses Jahrhunderts abgetragen worden, wodurch die Eingänge zur Stadt viel an Freundlichkeit gewonnen haben.

Obwohl Sondershausen, mit Ausnahme der Carlsstadt, ziemlich winkelig gebaut ist, und die Straßen desselben meistens eng und krumm sind, so entbehrt die Stadt doch keinesweges schöner Plätze und ansehnlicher Gebäude. Sie hat nur eine einzige Hauptstraße, die sich vom westlichen Ende der Lohgasse bis zur Wippermühle erstreckt und gegen 1400 Schritte lang ist; außerdem hat sie noch einige nicht unbedeutende und mehrere kleine Nebenstraßen, im Ganzen 20. Die Straßen der Carlsstadt sind ganz gerade und gut gepflastert; auch befinden sich hier Trottoirs. In der innern Stadt ist das Pflaster weniger gut; es wird jedoch auch hier von Jahr zu Jahr verbessert.

---

*) Das erste Haus der Carlsstadt wurde im Jahre 1819 am Franzberge erbaut.

**) Unter diesen Thürmen ist namentlich der Ketzerthurm erwähnenswerth, der in der Nähe des alten Brauhauses und zwar hinter dem Wohnhause in der langen Gasse lag, das gegenwärtig die Nr. 224 hat. Dieser Thurm hatte 5 Stockwerke über und eins unter der Erde und wurde als Gefängniß benutzt. Seinen Namen hat er davon, weil man in den Zeiten, als hier noch der Katholicismus herrschte, diejenigen, welche einen andern Glauben hatten, als die Kirche vorschrieb, also Ketzer waren, in diesem Thurme für ihren Abfall büßen ließ. — Im Jahre 1804 wurde er zum großen Theile abgebrochen; mit den Steinen wurde die lange Gasse gepflastert und auf ihm selbst ein Zimmer errichtet.

sowie ein Anfang mit dem Legen von Trottoirs gemacht worden ist. Von 1850 bis 1852 ist die Hauptstraße in ihrer ganzen Ausdehnung auf Staatskosten neu gepflastert worden, da die Chaussee durch dieselbe führt; aus demselben Grunde wurde auch die erste Wipperbrücke 1851 neu erbaut. Die meisten Straßen sind eben, mit Ausnahme der Burgstraße, eines Theiles der Lohgasse und der Seitenstraßen in der Carlsstadt.

Plätze. Der Marktplatz mit dem fürstlichen Palais, dem Rathhause und der Hauptwache, hinter welcher auf einer nicht unbeträchtlichen Anhöhe das fürstliche Schloß thront, ist groß und gut gepflastert; namentlich gewährt das Pflaster durch die mittels schwärzlicher Steine in demselben gebildeten Figuren einen angenehmen Anblick. Dieser Platz hat besonders dadurch sehr an Freundlichkeit gewonnen, daß die alte Hauptwache und ein verunstaltender Anbau des Schlosses, so wie ein Theil des Schloßberges selbst abgetragen wurden, welcher letztere sodann mit einer einen Halbkreis bildenden Mauer aus Quadersteinen eingefaßt und oben mit einer ebenfalls aus Stein gehauenen Brustwehr versehen wurde. An der südlichen Seite dieser Mauer führt eine aus etwa 70 breiten Stufen bestehende Treppe, an der nördlichen Seite ein Fahrweg zum Schlosse. — Auf diesem Platze werden die 3 Jahrmärkte und die beiden Wochenmärkte gehalten. In Bezug auf letztere wurden die Getreidemärkte eine Reihe von Jahren auf dem Kirchplatze und in den angrenzenden Pfarrgasse gehalten; seit 1848 sind sie aber wieder hierher verlegt.

Der **Kirchplatz** befindet sich bei der Stadtkirche und hat seit dem Jahre 1848 eine bedeutende Erweiterung dadurch erhalten, daß der Garten, welcher sich am östlichen Ende desselben befand und dem Oberpfarrer gehörte, dazu kam, worauf noch im Sommer desselben Jahres der ganze Platz planirt wurde. Bei den jährlichen Märkten ist hier der Töpfermarkt.

Der **Plan**, bei der Zuchthauskirche, ist ein ebenfalls ziemlich geräumiger Platz.

Brunnen. An öffentlichen Brunnen fehlt es nicht; denn es giebt ihrer 17, von denen der Schloßbrunnen und einige mit demselben in Verbindung stehende ihr Wasser durch Röhren aus einem Brunnen in Bebra erhalten, welches dadurch, daß es weniger kalkhaltig ist, vor dem der andern einen Vorzug hat. Besonders gutes, von allen fremdartigen Bestandtheilen fast ganz freies Wasser hat der Schersenbrunnen, der sich etwa eine Viertelstunde von der Stadt im Schersenthale befindet, zu dem früher darum Manche täglich wanderten, um sein Wasser zu trinken, und den man deshalb auch 1852 in die Stadt geleitet hat. — Außerdem wird die Stadt, wie bereits gesagt, noch von der Bebra durchflossen, deren Wasser mittels Schleußen auch wöchentlich 2 Mal in die Straßen geleitet wird und aus denselben allen Schmutz mit sich fortführt.

Des Abends wird die Stadt durch Gas erleuchtet.

Die vorzüglichsten Gebäude der Stadt sind:

I. Die Kirchen.

Sondershausen hat gegenwärtig 3 Kirchen und Capellen: 1) die Stadt- oder St. Trinitatiskirche, 2) die Kreuz- oder Zuchthauskirche, 3) die Schloßcapelle.

1) Die Stadt- oder St. Trinitatiskirche liegt mitten in der Stadt und befindet sich auf derselben Stelle, wo vorher die dem heiligen Andreas geweihte Kirche stand. Ueber die erste Gründung der St. Andreaskirche*) ist uns keine Nachricht aufbewahrt worden, wohl aber, daß sie im Jahre 1481 sammt Thurm und Glocken ein Raub der Flammen und von 1483--1490 unter Graf Heinrich XXVI. († 1488) und seinem Sohne, Graf Günther XXXVI., aufgebaut wurde. Die neue Kirche soll viele vortreffliche Zierathen und Gemälde gehabt haben und namentlich das von Johann Günther I. seiner Gemahlin Anna nachmals in derselben errichtete Begräbniß mit herrlicher Bildhauerarbeit und Malerei geschmückt gewesen sein. Da sie aber eng und finster und auch baufällig geworden war, so ließen die 4 Söhne Johann Günther's I., die Grafen Günther XLII., Anton Heinrich, Johann Günther II. und Christian Günther I., dieselbe 1608 abbrechen und neu erbauen. Die neue Kirche wurde am 11. Juni 1620, am Feste der heiligen Dreifaltigkeit, in Gegenwart vieler fürstlichen und gräflichen Personen eingeweiht und der heiligen Dreifaltigkeit, St. Trinitas, gewidmet. Sie soll eine der vorzüglichsten Kirchen in Thüringen gewesen sein. Leider wurde sie schon im folgenden Jahre, am 3. Juni 1621, am 1. Sonntage nach Trinitatis, durch die große Feuersbrunst eingeäschert**), welche fast die ganze Stadt verzehrte und in demselben Augenblicke ausbrach, als der Superin-

---

*) In einem alten Consistorial-Actenstücke des Landesarchivs vom Jahre 1467 heißt es: „Die St. Andreaskirche ist so alt, daß man deren Gründung nicht erforschen kann, maßen ihrer noch vor der heiligen Kreuzkirche, welche 1392 fundirt ist, gedacht und nur die Pfarrkirche genannt wird." In demselben Actenstücke werden von ihr 7 Altäre oder ewige Vicarien erwähnt: 1) Altar des heiligen wahren Leichnams, vor dem Chor; 2) Altar unserer lieben Frauen und St. Sebastiani; 3) Altar St. Udalrici; 4) Altar St. Nicolai; 5) Altar St. Catharinae; 6) Altar St. Agnetis; 7) Altar der Körner Capelle. Unter diese Vicarien wird eines Pfarrers, zweier Capellane, eines Schulmeisters, eines Kirchners, Localen und des Kirchners Knechts gedacht.

**) Da auch die Kreuzkirche durch diesen Brand sehr gelitten hatte — es blieb blos das Gemäuer stehen —, so benutzten die Bewohner Sondershausens bis zur Wiederherstellung dieser Kirche, 1623, zur Befriedigung ihrer religiösen Bedürfnisse die Kirche in Jecha. Daselbst fanden auch die Taufen, Trauungen, Ordinationen u. s. w. Statt. Unter Anderem wurde im Jahre 1621 der zum Pfarrer nach Hachelbich designirte Georg Jahn, vorher Rector in Breitenbach, nebst vier andern Candidaten in Jecha ordinirt.

tendent Bermelius seine Antrittspredigt hielt. Aus der Kirche wurden nur die Kirchengeräthe und die Bibliothek gerettet. Die schweren Zeiten des dreißigjährigen Krieges, in welche dies Unglück fiel, machten es unmöglich, Etwas für ihre Herstellung zu thun; nur das Erbbegräbniß in derselben wurde bis zum Jahre 1627 vollendet. Kaum aber war jener Krieg beendet, als der Graf Anton Günther I, von den andern Grafen von Schwarzburg, so wie von den benachbarten Fürsten und Herren unterstützt, thätig Hand ans Werk legte. Allein ein abermaliger Brand im Jahre 1657, durch welchen unter andern die Pfarr- und Schulgebäude verzehrt wurden, nahm seine Hülfe anderweit so sehr in Anspruch, daß es ihm nicht möglich war, für den Weiterbau der Kirche Etwas zu thun. Erst unter Christian Wilhelm's Regierung wurde dieselbe ganz vollendet und am 25. November 1691, den Mittwoch vor dem 1. Adventssonntage, unter großen Feierlichkeiten eingeweiht. Am folgenden Tage, der ebenfalls der Weihe der neuen Kirche gewidmet war, wurde unter andern religiösen Feierlichkeiten auch die Taufe an 4 Türken vollzogen*).

---

*) Den über die Einweihung der heiligen Dreifaltigkeits-Kirche am 25. und 26. Nvbr. 1691 aufbewahrten Nachrichten zufolge waren fürstliche, gräfliche und andere hohe Personen, ferner die ganze Priesterschaft des Sondershäuser Landestheiles eingeladen worden. Am Vorabend wurde von 5 bis 6 Uhr das Fest eingeläutet. Am Morgen des folgenden Tages versammelten sich sämmtliche Lehrer der Stadt mit der Schuljugend und alle Geistlichen in den Schulzimmern, zogen dann nach dem zweiten Geläute auf das Schloß, wohin sich schon vorher das Ministerium, der Rath, die Vierleute und die Bürgerschaft begeben hatte, um die hohen Herrschaften nebst Hofstaate zur Kirche zu begleiten. Unter dem Lauten der Glocken und unter Absingung eines Liedes (Nun lob' meine Seele den Herrn) begann der Zug zur Kirche. Die meisten Geistlichen trugen eins der heiligen Geräthe oder Bücher. Als der Zug in die Pfarrgasse einbog, ließen die Hausleute, welche auf der Kirchtreppe standen, ihre Zinken und Posaunen erschallen. Sobald der Zug bis zur Kirche herangekommen war, wurden von den Kirchthüren, welche bis dahin verschlossen gewesen waren, die obern auf einen Wink des Capellmeisters, welcher sich vorher schon in die Kirche begeben hatte, geöffnet, durch welche die Musici und die Schuljugend einzog. An der untern Kirchthür fand erst ein kurzes Zwiegespräch zwischen dem Canzler und dem Superintendenten Statt, worauf Letzterer von Ersterem die Schlüssel empfing und sie dem Oberkirchner übergab, welcher nun die Thüren öffnete. In diesem Augenblicke ertönten vom Chor der Kirche Pauken und Trompeten, und es zogen nun Alle, voran die Geistlichen, feierlich in die Kirche. Als die hohen Herrschaften in dem gräflichen Stande Platz genommen, endete die Musik, worauf der Organist mit vollem Werke zu dem Liede: Komm heiliger Geist etc. präludirte. Gesang, feierliche Kirchenmusik, Wechselgesänge, die Weihpredigt durch den Superintendenten und Collecte wechselten mit einander ab. — Am 2. Tage, an welchem der Zug zur Kirche in ähnlicher Weise, wie am ersten, Statt hatte, wurde Taufe, Abendmahl, Trauung und Synode gehalten. Die Taufhandlung ist dadurch merkwürdig, daß sie an 4 Türken vollzogen wurde. Der Erste, Muselmann genannt, erhielt die Namen Heinrich August, und seine Pathen waren: 1) der gnädige Fürst selbst; 2) Herr Graf Anton Günther; 3) Herr Graf

Das Innere der Kirche ist freundlich und schön und hat noch besonders sehr gewonnen durch die letzte Renovation im Jahre 1837, bei welcher sie auch ganz neue Fenster erhielt. Am Chor gegen Norden ist der Fürstenstand, welcher von der untersten Emporkirche bis zur Decke reicht, in 3 Etagen abgetheilt und, wie Altar und Kanzel, mit vergoldetem Schnitzwerk reich geschmückt ist. An der untern Etage befinden sich 3 Wappen, von denen das mittlere das gräflich-schwarzburgische, rechts das herzoglich-sächsische und links das gräflich-barbysche ist — die Wappen der beiden Gemahlinnen des Grafen Christian Wilhelm —; an der zweiten Etage sind die verschlungenen Namenszüge Christian Wilhelm's und seiner beiden Gemahlinnen, und an der obern ist rechts die herzogliche Krone, und daneben sind 2 Grafenkronen. Hinter dem Altare sind 3 werthvolle Gemälde. Sie sind über einander angebracht, und es stellt das unterste die **Einsetzung des Abendmahls**, das mittelste und größte das **Begräbniß** und das oberste die **Auferstehung Christi** vor. Unter denselben hängt ein Brustbild Luthers, ihn im Sterbegewande darstellend, und zwar nach dem Originale von Lucas Kranach oder vielleicht von ihm selbst. — Der Größe der Kirche angemessen und von einem vortrefflichen Tone ist die Orgel. Sie hat 30 Stimmen, wurde von dem Orgelbauer Junge verfertigt, zuletzt durch den Orgelbauer Schulz reparirt und gilt als ein sehr gelungenes Werk.

Ueber der **Sacristei**, welche sich an der südlichen Seite der Kirche befindet, ist die **Kirchenbibliothek**, welche von der Gräfin Elisabeth, der Gemahlin Günther's XL., gegründet und namentlich durch den Grafen Johann Günther I. sehr vermehrt wurde.

Der Thurm, an der Westseite der Kirche, ist 180 Fuß hoch und mit einer Gallerie versehen, die mit einem eisernen Geländer umgeben ist. Auf demselben ist ein schön klingendes Geläute von 4 Glocken, von denen die größte erst im Jahre 1834 neu gegossen, in diesem Jahre (1854) wieder umgegossen worden ist und 69 Centner wiegt. Auf dem Thurme ist ferner noch eine Uhr mit 2 Seigerglocken.

An der Stadtkirche sind 3 Prediger, ein Oberpfarrer, ein Archi-

---

Johann Christian von Solms; 4) Fräulein von Bähren, Kammerfräulein zu Arnstadt; 5) der Herr Superintendent. Der Zweite, Mustaf der Jüngere, erhielt die Namen Georg Albrecht, und seine Pathen waren: 1) der alte Herr von Rudolstadt; 2) Herr Graf Georg von Stolberg; 3) Frau Anna Dorothea von Wurmb, geborene von Spiegel; 4) Gräfin Eleonore Sophie, Diaconissin zu Quedlinburg. Der Dritte, Turack, erhielt die Namen Ludwig Friedrich, und Pathen waren: 1) Herr Graf Ludwig Friedrich zu Schwarzburg-Rudolstadt; 2) Gräfin Marie Magdalena, Canonissin; 3) Herr Hofrath von Beulwitz zu Artern; 4) das andere Kammerfräulein zu Arnstadt. Der Vierte, Mustaf der Aeltere, erhielt die Namen Johann Ernst, und Pathen waren: 1) Frau Gräfin zu Arnstadt; 2) Herr Graf von Mannsfeld; 3) Herr Graf Ernst von Stolberg; 4) Frau Hofmeisterin von Heime zu Arnstadt.

diaconus und ein Diaconus angestellt, die auch den Gottesdienst in der Schloßcapelle zu besorgen haben. Bis zum Jahre 1653 hatte der Diaconus auch das Pfarramt in Jecha zu verwalten.

2) Die Kreuz- oder Zuchthauskirche, gewöhnlich die alte Kirche genannt, befindet sich am östlichen Ende der Stadt. Sie wurde, wie aus der lateinischen Inschrift hervorgeht, die auf einem an der Nordseite der Kirche eingemauerten Steine zu lesen ist, am 7. September 1392 zu bauen angefangen. Die Inschrift lautet: Ao Domini MCCCXCII. VII. mensis Septembris est haec Capella sanctae Crucis primo fundata, und ihr Gründer war Günther XXIX. Ueber die Veranlassung zum Bau dieser Kirche berichtet die Legende Folgendes:

"Ein Schäfer, Namens Kirchberg, hütete einst am Frauenberge die Schafe und erblickte, als er sich von einem Hankelbusche einen Stock abhauen wollte, in demselben ein grünes Kreuzchen. Anfänglich entsetzte er sich darüber, hieb aber alsdann den Stock dennoch ab, worauf das Holz zu bluten anfing. Er zeigte dies der Obrigkeit an, welche die Geistlichkeit darüber zu Rathe zog und von dieser die Weisung erhielt, daß man das Kreuz in Gold fassen und demselben zu Ehren eine Kirche erbauen solle."

Dieser Rath soll nun durch Erbauung der in Rede stehenden Kirche befolgt und in derselben nicht bloß das in Gold gefaßte Kreuz, sondern auch ein Stück von der Barte, mit welcher es abgehauen worden war, als Reliquie aufbewahrt, jenes jedoch im Bauernkriege entwendet worden, dieses bei einer Feuersbrunst verloren gegangen sein. Im Jahre 1463 brannte diese Kirche wieder ab, worauf der Graf Heinrich XXVI. ihre Wiederherstellung unternahm und zu diesem Zwecke den Papst Pius II. um einen Ablaß für diejenigen bat, welche dieselbe fleißig besuchen oder Beiträge zu ihrer Reparatur und zur Anschaffung der Glocken u. s. w. geben würden. Der Papst sicherte auch in einer Bulle vom 12. November 1463 auf 10 Jahre alle denen, welche diese Kirche am Sonntage nach Kreuzerhöhung, am Tage ihrer Einweihung und an Mariä Geburt andächtig besuchten und ihr Geschenke machten, Ablaß zu. Im Bauernkriege, 1525, wurde die Kirche aller ihrer Kostbarkeiten beraubt, und bei dem bereits erwähnten großen Brande, 1621, wurde auch sie von den Flammen bis auf das Gemäuer zerstört, jedoch 1623 nothdürftig wieder in den Stand gesetzt und zum Gottesdienst eingerichtet, der von dieser Zeit bis zum Jahre 1691 nur in dieser Kirche abgehalten wurde. Als die Stadtkirche wieder erbaut war, wurde hier nur Dinstags gepredigt und am dritten Tage der drei Hauptfeste Betstunde gehalten. Nachdem sie 1766 vollständig reparirt, und späterhin ein besonderer Geistlicher als Zuchthaus- und Waisenhaus-Prediger an ihr angestellt war, wurde in ihr an jedem Sonn- und Festtage zweimal Gottesdienst gehalten. — Jetzt ist sie nur für den Gottesdienst der Züchtlinge und Strafarbeitsgefangenen bestimmt, und es wird an den Sonn- und Festtagen in derselben abwechselnd gepredigt und katechisirt.

3) Die **Schloßcapelle***) befindet sich im nördlichen Flügel des fürstlichen Schlosses und wurde im Jahre 1645, nachdem bis dahin auf dem Saale über der Hofstube gepredigt worden war, auf Befehl des Grafen Anton Günther I. errichtet. Im Jahre 1724 ließ sie dann Fürst Günther erweitern und so herstellen, wie sie jetzt ist. Die Predigten in derselben haben, wie schon gesagt, die drei an der Stadtkirche angestellten Geistlichen zu halten.

Zu erwähnen ist hier noch die im Jahre 1853 abgebrochene **Hospitalkirche**. Sie lag außerhalb der Stadt und zwar an der Nordostseite derselben, neben dem Hospitale St. Spiritus, war ein sehr altes Gebäude, und es wurde schon seit 1806 kein Gottesdienst mehr in derselben gehalten. Seitdem wird jährlich dreimal eine gottesdienstliche Feier in einer Stube des Hospitals gehalten, während welcher die Hospitaliten jedesmal das heilige Abendmahl genießen. Hierbei hat der Diaconus an der Stadtkirche die geistlichen, der Unterkirchner die Cantor- und Küster-Geschäfte zu besorgen. — Die Glocke, welche früher in einem Giebelfache der Kirche hing, dient jetzt auf dem Thurme der Kreuzkirche als Seigerglocke.

Zu erwähnen ist hier noch die **Synagoge** oder der **Judentempel**, welcher 1825 in dem Hofraume eines der israelitischen Gemeinde gehörenden Hauses neu erbaut worden ist. Leider bedurfte derselbe schon 1850 einer bedeutenden Reparatur, bei welcher Gelegenheit zugleich für seine innere freundliche Ausstattung Sorge getragen wurde. Bevor der Tempel errichtet worden war, hielt die jüdische Gemeinde ihre gottesdienstlichen Versammlungen in einem großen Zimmer des Hauses Nr. 69 in der Bebrastraße. — Der Gottesdienst wird von einem israelitischen Prediger und einem Vor-

---

*) Auch in dem alten Schlosse, das noch von den Freiherren von Sondershausen stammte, war eine Capelle, über welche der Erzbischof Gerlach von Mainz († 1371) das ihm zustehende Patronat dem Stift Jechaburg und zwar dem damaligen Canonicus Conrad von Jechaburg übergab. Sie muß ziemlich bedeutend gewesen sein, denn es werden viele Altäre in derselben erwähnt. — Eine andere Capelle war die **Magdalenencapelle**, welche nach Einführung der Reformation in ein Bottichhaus verwandelt wurde. Sie stand in der Lohgasse an dem sogenannten Röhrenteiche, an der Stelle, an welcher jetzt die Dienstwohnung des Geheimeraths steht. Dabei stand das Hospital St. Mariä Magdalenä, welches im Jahre 1467 erwähnt wird, in welchem Jahre der Rath und die Stadt Sondershausen bestimmen, daß nach dem Tode des damaligen Pfarrers in Ebeleben, welcher vom Rathe zu Sondershausen 6 Schock alter Groschen (1 Gr. = 3 Pf.) bezog, die Hälfte jenem Hospitale zufallen solle.

sänger besorgt. Zur Leitung des Gesanges hat die Gemeinde 1850 eine Physharmonica gekauft.

Die Gottesäcker. Früher war der Gottesacker bei der Stadtkirche. Da aber der Raum desselben nur für eine kleinere Einwohnerzahl berechnet und es außerdem aus mehrfachen Gründen wünschenswerth war, denselben aus der Stadt zu verlegen, so bestimmte dies den Schlosser Caspar Schubart, einen alten Junggesellen, seinen hinter der Stadt gelegenen Garten zu diesem Zwecke der Stadtgemeinde zu vermachen. Im Jahre 1578 starb der Testator, und er war der Erste, welcher auf dem neuen Gottesacker begraben wurde. Der fromme Geber liegt gleich linker Hand am Eingange, wo noch jetzt sein Epitaphium zu sehen ist. Es besteht in einem in die Mauer eingesetzten kleinen Steine, auf dem das Bild des Verstorbenen ausgemeißelt ist. Die Inschrift, welche das Bild umgiebt, lautet: Anno 1578 den 15. Augusti ist Caspar Schuwhart in Gott verstorben. Gott bist mir Sünder gnädig! Unter demselben ist ein deutsches Vorlegeschloß nebst Schlüssel ausgemeißelt. — Da dieser Gottesacker einen ziemlich bedeutenden Umfang hatte, so reichte er lange Zeit aus. Im Jahre 1833 sah man sich jedoch genöthigt, ihn zu erweitern, und kaufte deshalb einen daranstoßenden Garten, den man mit demselben vereinte. Dieser Begräbnißplatz heißt jetzt gewöhnlich der alte Gottesacker. An der westlichen und nördlichen Seite desselben befinden sich Hallen, unter welchen die den geliebten Todten gewidmeten Erinnerungszeichen, nämlich künstliche Blumenkränze, unter Glas und Rahmen aufgehängt sind. Außerdem befinden sich auf diesem Gottesacker viele schöne Denkmäler, theils aus Stein gehauen, theils von Gußeisen. Erwähnenswerth dürfte unter andern namentlich dasjenige sein, welches die Ruhestätte des Prinzen August (geb. den 8. December 1738, gest. den 10. Febr. 1806) bezeichnet. Seiner ausdrücklichen Bestimmung gemäß wurde er nicht im fürstlichen Erbbegräbniß beigesetzt, sondern hier in den Schooß der Mutter Erde selbst, und die Inschrift des Denkmals bezeichnet treffend den edlen, bürgerfreundlichen Sinn, welcher ihn jenen Wunsch aussprechen ließ: „Wie er sie im Leben liebte, wollte er auch im Tode nicht von ihnen getrennt sein!"

Als dieser ziemlich große Gottesacker nicht mehr ausreichte, so wurde im Jahre 1841 ein am Jechathore gelegener Garten, der schon seit einiger Zeit Eigenthum der Stadtgemeinde war, zu einem Begräbnißplatze umgewandelt; von den beiden Gartenhäusern, die in demselben standen, wurde das eine, welches einem Thurme ähnlich war, als Krankenhaus benutzt, das andere dem Todtengräber zur Wohnung überlassen. Beide wurden 1850 auf Abbruch verkauft und die östliche Seite des Gottesackers in 3 Baustellen getheilt, die auch bereits bebaut sind.

Abermals sah man sich genöthigt, einen neuen Begräbnißplatz anzulegen, und nach mancher vergeblich getroffenen Wahl kaufte man im Jahre 1851 einige Acker Land an der südlichen Seite der Stadt, von denen man zunächst nur einen Theil umfriedete und mit einem Thore versah. Dieser neue Gottesacker wurde am 19. April 1852, an welchem Tage die erste Leiche*) dem Schooße desselben übergeben wurde, feierlich eingeweiht.

Der Gottesacker der Israeliten befindet sich am Göldner, im Westen und Süden von der nach dem Possen führenden Chaussee begrenzt.

II. Fürstliche und Staatsgebäude.

1. **Das fürstliche Residenzschloß.** Dieses Schloß liegt auf einem an der Nordwestseite der Stadt sich erhebenden Berge**), weshalb man von demselben nach jeder Seite hin eine entzückende Aussicht in das von bewaldeten Höhen begrenzte Thal genießt. Der älteste Theil des Schlosses ist der östliche und nördliche Flügel, soweit der letztere mit Schiefer gedeckt ist, und es wurde dieser Theil von Günther XL. von 1538 bis 1550 erbaut***). Der Schloßthurm,

---

*) Der Erste, welcher hier beerdigt wurde, war der älteste Sohn des hiesigen Nadlers Bernhard Zierfuß, der in der Blüthe seines Lebens starb. Er hieß **Adam Albert Friedrich Zierfuß**, war den 22. August 1832 geboren und am 16. April 1852 gestorben. Feierlich war sein Begräbniß. Unter Gesang und Glockengeläute, von den Behörden der Stadt, von 2 Geistlichen, von der Knabenbürgerschule und ihren Lehrern und vielen Bewohnern der Stadt begleitet, ging der Leichenzug unter Vortragung des Crucifix nach dem neuen Friedhofe. Am Thore desselben empfingen ihn der erste und zweite Stadtgeistliche, und nachdem sie ihn bis zum aufgeworfenen Grabe geleitet hatten, wurden die beiden ersten Verse des Liedes: Gebt dem Tode seinen Raub u. s. w., gesungen und sodann die Weih- und Grabrede gehalten. Der letzte Vers jenes Liedes schloß die Feier.

**) Auf demselben Berge stand auch das alte Schloß der Freiherren von Sondershausen, das, wie die Sage berichtet, schon im 6. Jahrhunderte gegründet wurde; es stand in der Gegend des Schloßbrunnens, die dazu gehörigen Canzleigebäude aber waren da, wo jetzt die Holzremisen sind, und das Ganze war mit tiefen Gräben umgeben. Von diesem alten Schlosse hatte sich bis zum Jahr 1846 das Burgthor erhalten. Es war dasselbe zwar 1525 von Thomas Münzer und seinem Anhange, die einen Angriff auf das Schloß machten, zerstört worden, der damalige Graf ließ es aber wieder herstellen. Bei der Wiederherstellung desselben wurde in den Schlußstein der äußern Seite die Auferstehung Jesu, in den der innern Seite das schwarzburgische Wappen und „Erbauet 1526" gemeißelt. Diese Steine sind als Andenken aufbewahrt worden.

***) Auf einer Steinplatte über dem Eingange von Osten her ist die Inschrift: Günther, Graf zu Schwarzburg, Herr zu Arnstadt und Sondershausen. 1540. Elisabeth, geb. von Eisenberg (Ysenburg), Gräfin und Frau zu Schwarzburg. Darüber ist das schwarzburgische und ysenburgische Wappen und über beiden das aus Stein gehauene Brustbild Günther's.

welcher beide Flügel mit einander verbindet, ist unter den 4 Söhnen Johann Günther's I. errichtet worden, und zwar wurde derselbe 1596 vollendet; denn am 26. März des erwähnten Jahres wurde der Knopf aufgesetzt. Auf diesem Thurme befindet sich eine Uhr mit 2 Seigerglocken. — Den südlichen Flügel, in welchem sich auch der sogenannte Riesensaal befindet, ließ Christian Wilhelm gegen das Ende des 17. oder zu Anfange des 18. Jahrhunderts aufführen. Neben der Treppe dieses Gebäudes befindet sich ein viereckiger Thurm mit Ausgängen nach jeder Etage, in welchem Gegenstände hinauf und herunter gewunden werden können*). Den neuen Theil des nördlichen Flügels und den westlichen Flügel ließ seit 1766 Fürst Christian Günther I. erbauen. An der Stelle des erstern befanden sich vorher eine Reitbahn und ein Reitstall, die unter Anton Günther erbaut worden waren; da, wo der westliche Flügel steht, soll früher ein tiefer Graben gewesen sein, in welchem Bären und Wölfe gehalten wurden. Dieser wurde ausgefüllt, und zum Bau dieses Schloßtheiles wurden die Steine von der Burgruine auf dem Frauenberge und von der Probstei Jechaburg verwendet. Im untern Geschosse des westlichen Flügels befand sich der unter dem letztverstorbenen Fürsten weit und breit berühmte Marstall. Dieser Flügel ist von 1846 bis 1848 ganz umgebaut worden und wird seit Ende des Jahres 1851 vom Fürsten bewohnt. — Nach Südosten hin befand sich früher auch noch ein Anbau, der das Schloß aber mehr verunstaltete, als zierte, und daher, wie schon erwähnt, unter der Regierung des jetzigen Fürsten abgebrochen wurde.

Im südlichen Flügel befindet sich das Silbergewölbe; ferner die Militairkammer und das Sessionszimmer des Hofmarschallamtes. — Im Thurme ist das Landesarchiv. — Im nördlichen Flügel ist die Schloßcapelle und das nicht unbedeutende und gut geordnete Naturaliencabinet. Dasselbe besteht in 11 Zimmern, und als eine besondere Merkwürdigkeit ist der Püstrich**) zu erwähnen. Das lederne Koller von Thomas Münzer, sowie die Rüstung des Kaisers Günther, die sich

---

*) Der Fürst Heinrich (1740—1758) soll sich zuweilen den Scherz erlaubt haben, hohe Gäste unten an der Thür zu empfangen und, nachdem er sich alsdann auf einem Sessel in diesem Thurme hatte in die Höhe ziehen lassen, sie oben zum zweiten Male zu begrüßen.

**) Der Püstrich, nach Einigen ein heidnisches Götzenbild, nach Andern ein physikalisches Kunstwerk, war früher im Besitze der Herren von Tütscherode, welche dasselbe in einer unterirdischen Capelle der Rothenburg aufgefunden haben sollen. Von ihnen kam es an Heinrich von Arnswald zu Kelbra und dann an den Grafen Johann Günther I. von Schwarzburg-Sondershausen († 1586). Der Püstrich ist eine vom Scheitel bis zum rechten Knie, auf welchem er ruht, etwas über 2 Fuß hohe Figur eines dicken, pausbackigen Knaben, dessen einzelne Glieder und Theile aber sehr unverhältnißmäßig sind, indem er sehr dünne Arme, dagegen im Leibe 2 Fuß 6 Zoll im Umfang hat. Auf dem Kopfe, dessen Haar glatt gekämmt und rund abgeschnitten ist, befindet sich eine runde Oeffnung, die fast ½ Zoll im Durchmesser hat, und von gleicher Größe ist die Mundöffnung. Der

früher hier befanden, sind jetzt in einem Zimmer des neuen Schloßflügels aufgehängt. Im untern Geschoß befindet sich die alte Küche, und unter diesem Flügel sind die in Felsen gehauenen, äußerst großen und geräumigen Keller.

Unser Schloß hat auch durch einen Grafenraub, ähnlich dem bekannten sächsischen Prinzenraube, eine gewisse Berühmtheit erlangt. Der 12jährige Graf Hugo, Sohn des Grafen Philipp von Mansfeld, welcher mit den Söhnen Graf Günther's XL. erzogen wurde, ward nämlich sammt dem Grafen Albert, dem jüngsten Sohne Günther's, der aber bald nachher wieder freigelassen wurde, von einem gewissen Jobst Hacke aus dem Schlosse geraubt. Dieser damals berüchtigte Raubritter lag nämlich mit dem Grafen von Mansfeld in Fehde, indem er an diesen mehrere Ansprüche zu haben glaubte; da er aber gegen denselben nichts ausrichten konnte, so erstieg er, wahrscheinlich um ein Pfand für seine Forderungen zu erhalten, am 20. August 1550 unser Schloß, und zwar von Seiten des damals noch nicht ganz fertigen Hauses, welches den östlichen und nördlichen Flügel verband, und es gelang ihm, den jungen Grafen zu entführen. Allen, selbst den kaiserlichen Befehlen zum Trotz, führte er ihn 2 Jahre lang mit sich umher, ihn bald hier, bald dort verbergend, und erst am 24. August 1552 gab er denselben frei, nachdem ihm ein Lösegeld von einigen tausend Gulden zugestellt worden war. Jobst Hacke selbst soll bald nachher in der Schlacht bei Sievershausen gefallen sein (9. Juli 1553).

Ein Raub anderer Art wurde auf diesem Schlosse 1806 verübt, indem nach der unglücklichen Schlacht bei Jena auf Befehl des Marschalls Soult aus dem fürstlichen Marstall gegen 80 Stück der ausgezeichnetesten Pferde weggeführt wurden. Es geschah dies wahrschein-

---

rechte Arm ist gebogen und aufwärts gerichtet, und die Hand desselben ruht auf dem Kopfe; an derselben befinden sich nur 2 Finger, die 3 fehlenden scheinen beim Gusse nicht gerathen zu sein. Der linke Arm ist vom Ellenbogen bis zur Hand, der auf dem linken Knie ruht, abgeschlagen worden. Die beiden Füße sind verstümmelt. Das Gewicht der ganzen Figur beträgt 75½ Pfund. Die Masse besteht nach den Untersuchungen des Chemiker Klapproth in Berlin, dem man zu diesem Zwecke ein Stück vom Arm überschickte, aus 916 Theilen Kupfer, 75 Theilen Zinn und 9 Theilen Blei. Die Farbe der Figur ist schwärzlich. — Wird der hohle Leib des P. mit Wasser gefült — er faßt 18 Nösel — verstopft man sodann die Oeffnungen auf dem Kopfe und im Munde, und erhitzt man ihn auf Kohlenfeuer, so soll das bis zum Sieden gebrachte Wasser nicht bloß die Pflöcke aus den Oeffnungen, namentlich der im Munde, unter heftigem Knall heraustreiben, sondern auch in einem weiten Bogen und mit vielem Dampf herausspritzen, wobei sich ein schwefelartiger Geruch verbreitet. — Man vergleiche unter den vielen Schriften über den Püstrich namentlich die neuesten von Dr. L. F. Hesse: „Der Püstrich, kein Gott der Deutschen," Sondershausen, 1852, und vom Professor Rabe in Berlin: „Der Püstrich zu Sondershausen, kein Götzenbild." Letzterer zeigt, daß das Bild nach Stil und Technik eine Arbeit aus dem 10. oder 11. Jahrhunderte und nur ein Stück von einem ehernen Taufgefäße in einer alten christlichen Kirche gewesen sein möge.

lich aus Rache dafür, daß der Fürst dem König von Preußen, welcher nach jener Schlacht mit seiner Gemahlin, vor den Franzosen flüchtend, durch Sondershausen kam, auf das bereitwilligste alle Mittel geboten hatte, damit sich derselbe seinen Verfolgern entziehen konnte.

Im Westen des Schlosses ist der sogenannte Lustgarten, den Fürst Christian Wilhelm anlegen ließ. Vorher war der Platz ein rauher Felsen mit vielen Schluchten. Jene wurden weggesprengt, diese ausgefüllt, und der ganze Platz wurde mit Linden umpflanzt und in der Mitte eine Fontaine angelegt. Auf diesem Platze stand im Sommer die Orangerie. Späterhin wurde derselbe als Reitbahn benutzt, ist aber seit 1851 seiner früheren Bestimmung wieder zurückgegeben und mit Parkanlagen versehen worden.

2. Das Palais oder Prinzenhaus, dessen Hauptfront gegen den Marktplatz gerichtet ist und sich an der nördlichen Seite desselben befindet, wurde von dem Fürsten Christian Wilhelm kurz vor seinem Tode, etwa 1720 oder 1721, gegründet und von dessen Nachfolger, dem Fürsten Günther XLIII., vollendet. Es waren ursprünglich 2 Häuser, die zur Wohnung apanagirter Prinzen und Prinzessinnen bestimmt waren und auch als solche benutzt wurden. Zuerst wurde das Prinzenhaus von den Prinzen Rudolph und Christian, später vom Prinzen August bewohnt. Nachher aber, und zwar bis zum Regierungsantritte des jetzigen Fürsten, bewohnte den einen Theil der Chef der Regierung, in dem andern waren die Sessionszimmer, die Registratur u. s. w. der Regierung, der Kammer und des Justizamtes. Seit dieser Zeit diente es bis Ende 1851 zur fürstlichen Wohnung. — Es ist in einfachem Geschmacke erbaut, bildet mit seinen Flügeln ein geschlossenes Viereck und faßt, obgleich seine Räume für eine vollständige bedeutende Hofhaltung nicht durchgängig ausreichen mögen, doch alles Nöthige in sich. Auch ist es in seinem Innern, besonders im vordern Flügel, so elegant und den Anforderungen eines edlen neuen Geschmackes gemäß ausgestattet, daß es auf jeden Eintretenden einen angenehmen Eindruck macht. — Bevor das Palais erbaut wurde, befand sich auf dieser Stelle der sogenannte Marstall, ein Gebäude, welches, nebst einigen Wohnungen für Bediente, aus drei großen Ställen bestand.

3. Die Hauptwache liegt an der westlichen Seite des Marktes und lehnt sich an die den Schloßberg einfassende Mauer an. Sie ist 1840 erbaut und bildet mit ihrem Säulenvorsprunge eine Hauptzierde der Stadt, namentlich aber des Marktplatzes.

4. Das Schauspielhaus*), auf einer Terrasse westlich vom Schlosse, welches mit jener durch einen verdeckten Uebergang ver-

---

*) Der Platz, auf welchem das Theater und die Reitbahn stehen, hieß früher die Morgenbahn und war ein schöner Spazigang, auf dem sich namentlich der Fürst und seine Familie erging.

bunden ist, ist 1826 unter dem Fürsten Günther Friedrich Carl I. erbaut worden. — Vorher gab die fürstliche Schauspielertruppe ihre Vorstellungen in dem großen Redoutensaale, der sich im südlichen Flügel des Schlosses befindet. Das Schauspielhaus ist zwar nicht groß, aber doch äußerst freundlich und zweckmäßig eingerichtet, und die Truppe, welche gegen 10 Jahre hindurch eine stehende war, zeichnete sich aus. Erwähnung verdient, daß bis zu dieser Zeit jedem Landeskinde der Zutritt unentgeltlich gestattet war.

5. Die Reitbahn schließt sich westlich an das Schauspielhaus an und wurde unter dem Fürsten Christian Günther erbaut; im Jahre 1853 wurde sie ganz umgebaut.

6. Der neue Marstall, welcher von 1847 bis 1849 erbaut wurde, ist ein ganz massives, schönes Gebäude, das im untern Geschosse außer den beiden Abtheilungen für die Pferde auch noch Zimmer für die Stallbedienten enthält. In der Mitte, so wie an beiden Seiten sind zweistöckige Ueberbauten, in denen sich mehrere Zimmer befinden. Das Gebäude liegt südwestlich vom vorigen, und zwar an der Stelle, wo früher die fürstlichen Küchen- und Gemüsegärten waren.

7. Das achteckige Haus, westlich vom Marstalle, wurde vom Fürsten Christian Wilhelm 1709 unter der Benennung eines Turnierhauses erbaut. In demselben befand sich früher auf einer Scheibe, welche noch gegenwärtig den Fußboden bildet und durch eine Maschinerie, die unter derselben angebracht war, in Bewegung gesetzt werden konnte, ein Carussel mit Pferden, auf denen man sich belustigen oder auch gymnastische Uebungen vornehmen konnte; für die Zuschauer war in der Höhe eine Gallerie angebracht. — Bisher diente es zur Aufbewahrung von Baumaterialien, soll aber jetzt ausgebaut werden. Bei seiner hohen Lage überragt dieses Haus fast alle Gebäude der Stadt, und man hat eben darum von der Gallerie, die sich auf demselben befindet, eine herrliche Aussicht.

8. Das Gewächshaus, ebenfalls unter dem Fürsten Christian Wilhelm erbaut, liegt am südlichen Abhange der Anhöhe, auf welcher die vorhergenannten Gebäude stehen. Die Treibhäuser, welche sich westlich an dasselbe anschlossen und in welchen mit sehr glücklichem Erfolg die Ananas gezogen wurde, sind im Jahre 1851 abgebrochen worden. Die Baustelle, sowie die nördlich und nordwestlich davon liegenden Gemüsegärten sind 1851 und 1852 zu Parkanlagen umgestaltet worden und geben dadurch dem Schlosse einen schönen Vordergrund.

9. Das Jägerhaus, nordwestlich von dem achteckigen Hause, ist ursprünglich zur Wohnung für einen Theil des fürstlichen Jagdpersonals bestimmt gewesen. — Westlich von demselben befinden sich einige Treibhäuser und das Reservoir für den Schloßbrunnen. Die Mauer, welche den Platz und das Jägerhaus an der nördlichen Seite begrenzt, ist erst 1852 aufgeführt worden.

Nördlich von dem Jägerhause und am Abhange des sich weiter nach Westen und Osten erstreckenden Lohberges befindet sich das Lohholz, welches vormals ein Thiergarten gewesen sein soll. Der Fürst Christian Wilhelm ließ es zu einer Fasanerie einrichten und verschiedene Lusthäuschen darin erbauen, sowie auf dem freien Platze am Fuße des Berges eine Fontaine und im Wäldchen selbst verschiedene Gänge und Alleen anlegen. Jene Lusthäuschen ließ der letztverstorbene Fürst, da sie baufällig geworden waren, abbrechen und an der Wipper entlang ein ansehnliches Gebäude aufführen, in welchem sich eine Gastwirthschaft ("zum Erbprinzen") befindet; ein Theil der Zimmer jedoch wird von Privatpersonen bewohnt. Vor demselben befindet sich ein schöner Ball- und Concertsaal, ebenfalls unter dem vorigen Fürsten erbaut. Südöstlich davon steht jetzt eine Musikhalle, und an den beiden Seiten derselben befinden sich Restaurationen; vor denselben, nach Norden hin, ist der Lohplatz und in dessen Mitte eine Fontaine. In der Musikhalle werden vom Pfingstfeste bis Michaelis jeden Sonntag Nachmittag und Abends von der fürstlichen Capelle, den Militärhautboisten und einigen Dilettanten Concerte aufgeführt, zu denen Jedermann unentgeldlich Zutritt hat. Sie werden nicht bloß von den Bewohnern Sondershausens, sondern auch von denen der ganzen Umgegend besucht, und hatten namentlich in den letzten Jahren sich einer immer steigenden, aber auch wohlverdienten Theilnahme zu erfreuen. Diese schöne Einrichtung verdankt ihren Ursprung dem Fürsten Günther Friedrich Carl I., der sie 1801 ins Leben rief, deren funzigjähriges Jubiläum man daher auch 1851 feierte. Ihm war dieser Platz ein Lieblingsaufenthalt, wo er fast täglich war und sich am Schießen mit der Büchse vergnügte. Die jetzige Musikhalle war damals der Schießstand, und die Concerte wurden theils in einer westlich, theils in einer östlich davon stehenden halbmondförmig erbauten Halle aufgeführt. An der Stelle der letztern steht jetzt die fürstliche Halle.

Nur durch einen Arm der Wipper von diesem Platze und dem Lohholze getrennt ist der Park, der sich einerseits hinter dem Gasthause zum Erbprinzen hinweg bis zur Wipper und andernseits hinab bis zum Garten der Wippermühle erstreckt. Erst unter der Regierung des jetzigen Fürsten angelegt, bietet er doch schon die reizendsten Spaziergänge dar, und 2 Teiche, die sich in demselben befinden, geben einzelnen Partien etwas wahrhaft Romantisches. — Früher war an der Stelle desselben eine sumpfige Wiese, die Bottichwiese genannt.

10. Das Zeughaus, in der Carlsstadt gelegen, ist im Jahre 1837 erbaut worden und enthält in der obern Etage die für das Militair nöthigen Gewehre, in der untern dagegen Pulver- und Munitionswagen, sowie auch Jagdgeräthe und Jagdwagen. — Das alte Zeughaus stand auf dem ehemaligen Bauhofe.

11. Die Caserne, ursprünglich das fürstliche Waschhaus, liegt ebenfalls in der Carlsstadt, wurde 1843 erbaut und ist ein großes,

ganz massives Gebäude, dessen ziemlich flaches Dach mit Schiefer gedeckt ist. Hinter demselben befindet sich ein ansehnlicher Platz, früher der Trockenplatz. — Zur Caserne dient dieses Gebäude erst seit 1851, in welchem Jahre die alte Caserne vor dem Wipperthore abgebrochen wurde.

12. Das Gebäude für das **Ministerium**, 1840 neu erbaut und ursprünglich zur Mathildenpflege bestimmt, liegt in der Carlsstadt. Gleich nach seiner Vollendung brachte die Kammer dieses Gebäude käuflich an sich und hat ihre Sitzungen bis zum 1. Juli 1850 darin gehalten. Von dieser Zeit an haben die verschiedenen Abtheilungen des Ministeriums, mit Ausnahme der Abtheilung für das Innere, sowie das Gesammtministerium in diesem Gebäude die Sessionszimmer, Canzlei u. s. w.

13. Das **Kreisgerichtsgebäude** liegt ebenfalls in der Carlsstadt, und zwar da, wo früher ein fürstlicher Gemüsegarten war, wurde gegen Ende des Jahres 1850 in Angriff genommen und im Jahre 1853 vollendet. Es ist ein ganz massives Gebäude. In demselben ist der Ständesaal, der auch dem Geschwornengericht zur Disposition gestellt ist; ferner haben darin das Kreisgericht, das Justizamt und die Staatshauptcasse ihre Sessionszimmer u. s. w.

14. Das **Gefängniß**, zu derselben Zeit, als das Kreisgericht, begonnen, liegt östlich von demselben und ist ganz aus gebrannten Backsteinen gebaut. An beiden Seiten ist es höher, als in der Mitte, und es gewinnen dadurch die beiden Seiten eine thurmähnliche Gestalt. Außer den Zellen für die Gefangenen finden sich in diesem Gebäude noch Arbeitssäle für dieselben.

15. Das **vormalige Regierungsgebäude**, ursprünglich ein Privathaus, liegt in der Oberstadt. In der untern Etage ist das Landrathsamt; in der zweiten hält das Ministerium des Innern seine Sitzungen, auch befindet sich daselbst die Ministerialregistratur; in der dritten endlich ist das Bauamt. — Vormals, und zwar bis 1850, war in diesem Gebäude die Regierung, das Justizamt, später das Landgericht, und auch der Landtag hielt darin seine Sitzungen. Auf einem Nebengebäude hatte die Landeshauptmannschaft ihren Sitz.

16. Das **Rentamtsgebäude** oder der Fruchtspeicher, im Jahre 1842 erbaut, ist ein großes, ganz massives Gebäude und steht in der alten Vorwerksstraße. Es enthält bedeutende Räume zum Aufschütten der vom fürstlichen Rentamte zu erhebenden Zinsfrüchte und die Sessionszimmer des Rentamtes. Die untern Räume sind Kutsch- und Wagenremisen.

17. Das **alte Vorwerk**. Unter diesem Namen begreift man mehrere Wohngebäude, darunter eine Mühle, mehrere Scheuern und Ställe, die den größten Theil der sogenannten alten Vorwerksgasse einnehmen. Das Gebäude neben dem Zinsboden war früher eine Zeitlang die Münze. — Bevor die Gebäude der fürstlichen Domaine vor dem Wipperthore erbaut waren, also bis 1775, wurde in diesen Ge-

bäuden die Bewirthschaftung der zur Domaine gehörigen Länderei betrieben. Der Pächter oder Administrator wohnte über den Pferdeställen, die Kuhställe waren im Vorwerkshofe, die Schäferei aber war in Jecha, wo sie sich noch jetzt befindet. Im Jahre 1621 brannte ein großer Theil des Vorwerks ab, und die meisten Gebäude mögen wohl von jener Zeit noch herrühren. — Am westlichen Ende über den Pferdeställen befand sich bis zum Ende des Jahres 1852 die Frohnveste; die Pferdeställe sind an die Posthalterei vermiethet.

18. Das Zuchthaus liegt am Wipperthor an derselben Stelle, auf welcher vormals das Hospital St. Crucis stand, und ist ein ziemlich bedeutendes dreistockiges Gebäude. Seine ursprüngliche Bestimmung ist die eines Waisenhauses*), und es wurde dasselbe zu diesem löblichen Zwecke auf Befehl des Fürsten Günther XLIII. in den Jahren 1729 und 1730 erbaut. Die Veranlassung zu diesem Bau gab der damalige Superintendent Meinhard, dessen Vorschlage der Fürst auf das bereitwilligste entgegenkam. Nach Vollendung des Gebäudes wurden die Waisen in dasselbe ganz aufgenommen und erhielten hier außer den nöthigen Lebensbedürfnissen auch Unterricht. Für die körperliche Pflege der Waisen wurde durch einen Waisenvater und eine Waisenmutter gesorgt; für die geistige Pflege, für Unterricht und Erziehung war ein Geistlicher, der Waisenhausprediger, angestellt. — Diese Einrichtung bestand bis zum Jahre 1798, von welcher Zeit an die Waisen in Familien erzogen werden. — Im Jahre 1766 wurde die unterste Etage dieses Gebäudes zu einem Zuchthause eingerichtet, und diesem Zwecke dient sie bis heute. Im Jahre 1846 wurde die zweite Etage, welche bis dahin an Privatpersonen vermiethet war, zu einer Strafarbeitsanstalt eingerichtet. Eine Zeitlang war in diesem Gebäude auch das Polizeibüreau.

19. Die Gebäude der fürstlichen Domaine liegen vor dem Wipperthore und sind in dem sogenannten welschen Garten erbaut worden, welcher, da er sehr tief war, erst ausgefüllt werden mußte. Die Gebäude sind in den Jahren 1774 und 1775 aufgeführt worden, und das Holzwerk des Wohnhauses stammt von der Porzellanfabrik in Abtsbessingen. — Daß vorher die zur Domaine gehörige Länderei auf dem alten Vorwerke bewirthschaftet wurde, ist schon oben erwähnt worden, ebenso, daß die Gutsschäferei in Jecha ist.

Im Jahr 1807 den 9. August, Abends halb 10 Uhr, schlug der Blitz in den Seitenflügel der Domaine, auf welchem 120 bis 130 Fuder Heu aufgespeichert waren. Fast der ganze Flügel sammt dem Heu wurde ein Raub der Flammen. —

---

*) Es gab auch schon vorher ein Waisenhaus hier, und zwar befand sich dasselbe in der Burggasse, in dem Hintergebäude des Hauses Nr. 271.

Auf dem freien Platze östlich der Domaine lag früher die Caserne, die 1851 abgebrochen worden ist. Dieses sehr alte Gebäude war früher eine gräfliche Burg, die Wunderburg genannt, und hatte vormals an den 4 Ecken runde steinerne Thürme, von denen 2 noch bis zum Abbruch des Gebäudes mehrere Fuß hoch standen. —

Zu den Staatsgebäuden gehört noch die Geheimerathswohnung in der Lohgasse — die zweite und älteste Geheimerathswohnung wurde 1853 verkauft; — ferner die Classenzimmer des Gymnasiums und der Realschule, welche jedoch, da sie mit den Bürgerschulclassen unter einem Dache liegen, bei der nähern Beschreibung der letztern genauer ins Auge gefaßt werden sollen.

III. Städtische Gebäude.

1. **Die Pfarrgebäude.** Sie liegen nördlich von der Stadtkirche und bestanden früher in 3 neben einander liegenden Häusern für die 3 Stadtgeistlichen. Bei dem großen Brande 1621 brannten auch diese Gebäude mit ab und 1657 abermals. Die Diaconatswohnung wurde 1824 theilweise, 1836 aber ganz zu Classenzimmern für die höhere Mädchenschule eingerichtet.

2. **Die Schulgebäude für die männliche Jugend.** Vor dem Jahre 1559 befanden sich die für 2 Classen eingerichteten Schulgebäude östlich von der Stadtkirche in dem nachmaligen Garten des Oberpfarrers. Da sie aber zu klein und auch baufällig waren, so ließ im gedachten Jahre die Gräfin Elisabeth, Gemahlin des Grafen Günther XL, dieselben abbrechen und nordwestlich von der Kirche ein größeres Gebäude mit 4 Classenzimmern errichten. Bei dem großen Brande 1621 wurden auch die Schulgebäude ein Raub der Flammen, aber durch Christian Günther I. bald wieder aufgebaut; im Jahre 1657 brannten sie abermals ab, wurden jedoch von Anton Günther I. sogleich wieder hergestellt. Dieses Gebäude bestand eigentlich aus 4 Häusern, von denen die 3 nördlich gelegenen die Wohnungen für den Conrector, Stadtcantor und Oberkirchner waren, das vierte größere, südlich von jenen gelegene, Haus aber außer der Dienstwohnung des Rectors auch die 4 Classenzimmer enthielt. Nach dem Jahre 1730 wurde südlich von jenem, also nach der Kirche zu, noch ein kleineres Haus angefügt, in dessen unterem Stockwerke ein Classenzimmer, in dem obern aber die Dienstwohnung für den Subconrector war; nach dem Jahre 1814 wurde dieselbe dem Unterkirchner überwiesen, im Jahre 1829 aber ebenfalls in ein Classenzimmer umgeschaffen, indem wegen Errichtung des Gymnasiums noch ein solches nöthig wurde. In das erwähnte wurde die erste Classe der Bürgerschule verlegt. Im Jahre 1836 erhielten die Schulräume eine Erweiterung dadurch, daß die frühere Rectorwohnung, damals Dienstwohnung des Directors der

Bürgerschulen, zu Schulclassen verwandt wurde. Als der im Jahre 1835 ins Leben gerufenen Realclasse des Gymnasiums noch eine 2. Classe hinzugefügt werden mußte, so wurde 1839 das Schulgebäude nach Westen hin durch einen ganz neuen Anbau erweitert, welcher 3 Classenzimmer enthält, und zwar wurde das in der obern Etage der 1. und 2. Classe der Bürgerschule, die der untern Etage der 1. und 2. Realclasse überwiesen.

In Folge des bedeutenden Zuwachses, welchen sowohl die Realschule, als auch die Bürgerschule von Jahr zu Jahr gewann, reichten die denselben angewiesenen Räume in dem Schulgebäude nicht mehr aus, und es wurde daher ernstlich daran gedacht, entweder ein neues Schulgebäude zu erbauen, oder ein dazu sich eignendes Gebäude käuflich zu erwerben, unterdessen aber die 3. Realclasse in Privatgebäude und zuletzt in ein Zimmer des Rathhauses verlegt. Als aber alle gemachten Pläne scheiterten, wurde die 3. und 4. Realclasse in das Rathsvorwerk verlegt, wo sie von Ostern 1848 bis zum März 1851 trotz mancherlei Uebelständen bleiben mußten. Im Herbst des Jahres 1850 wurden sodann die Dienstwohnungen des Stadtcantors und des Oberkirchners zu Schulzwecken verwandt, und zwar wurde die letztere in 3 Classenzimmer für die Bürgerschule umgebaut, in erstere aber das physikalische Cabinet und das Conferenzzimmer verlegt. Als im März 1851 die neuen Zimmer der Bürgerschule überwiesen wurden, zog in 2 ihrer bisherigen Classenzimmer die 3. und 4. Realclasse ein, so daß sich die sämmtlichen Classen der Realschule jetzt in einem Gebäude befinden.

3. Die Schulgebäude für die weibliche Jugend. Sie befinden sich neben den Pfarrgebäuden, der Hauptfront des vorher beschriebenen Schulgebäudes gegenüber. Anfangs war nur ein Haus für diesen Zweck bestimmt; dieses hatte mit den Pfarrgebäuden gleiches Schicksal, nämlich 1621 und 1657 abzubrennen. Es enthält gegenwärtig die Dienstwohnung des Schulmeisters und ein Classenzimmer. — Im Jahr 1824 wurde in die untere Etage des Diaconats eine neue Classe für die Mädchen eingerichtet — dies der Anfang zur höhern Mädchenschule; — da sich aber die Zahl der Schülerinnen nach und nach sehr vermehrte, machte sich im Jahre 1830 eine zweite Classe nötig, zu welchem Zwecke im Hofe dieser Wohnung ein ganz neuer Anbau vorgenommen wurde. Im Jahre 1836 wurde dann die ganze zweite Etage des Diaconats für die höhere Mädchenschule und 1837 die untere Etage für die Bürgermädchenschule verwandt, indem die 2. Abtheilung (die 3. und 4. Classe dieser Anstalt) von dieser Zeit an hier durch einen besondern Lehrer unterrichtet wird, welcher zugleich hier wohnt.

5*

Die Schulanstalten*).

Einer Schulanstalt hier wird schon ziemlich lange vor der Reformation Erwähnung gethan; den Unterricht in derselben besorgten aber bis zum Jahr 1559 nur zwei Lehrer. In diesem Jahre stellte die Gemahlin des Grafen Günther XL., die Gräfin Elisabeth, noch 2 Lehrer an, zu denen späterhin noch ein fünfter und nach dem Jahre 1730 noch ein sechster Lehrer kam. Diese sechs Lehrer waren: ein Rector, Conrector, Subconrector (meistens zugleich auch Hofcantor), Stadtcantor, Ober= und Unterkirchner, von denen ein jeder zwar eine Classe, der Subconrector und Stadtcantor aber die ihrigen in einem Zimmer zu unterrichten hatten. Im Jahre 1814 wurde die Stelle des Subconrectors eingezogen und die Classe desselben noch von dem Stadtcantor übernommen. Da die meisten Schüler mit ihrer Confirmation aus der 5. und 4. Classe abgingen, und nur diejenigen in die obern Classen fortrückten, welche sich den Wissenschaften widmen oder Volksschullehrer werden wollten, so war eine Trennung dieser Classen in 2 verschiedene Anstalten ein dringendes Bedürfniß, dem endlich 1829 genügt wurde. Jetzt giebt es in Sondershausen folgende Schulanstalten:

Das Gymnasium besteht, wie aus dem eben Gesagten hervorgeht, als Anstalt für sich erst seit dem Jahre 1829, indem bis dahin die Bürger= und Gelehrtenschule vereint waren. In diesem Jahre wurden beide getrennt, letztere zu einem Gymnasium erhoben und mit demselben die bisherige Stiftsschule in Ebeleben verbunden, deren Rector als Professor an das Gymnasium berufen worden war. Der erste Geistliche der Stadt hatte, wie über sämmtliche Schulen, so auch über das Gymnasium die Direction; doch 1835 erhielt sowohl das Gymnasium, als auch die Bürgerschule einen eigenen Director. Anfangs bestand das Gymnasium aus 4 Classen, denen 1839 noch eine fünfte hinzugefügt wurde. Gegenwärtig hat es 10 Lehrer und 70 Schüler.

Das Schullehrerseminar. Von demselben ist schon oben pag. 20 ausführlich die Rede gewesen.

Die Realschule trat 1835 ins Leben, hatte anfangs nur eine Classe und kam unter die specielle Leitung des Directors der Bürgerschulen. Im Jahr 1840 erhielt dieselbe noch eine zweite Classe, 1842 aber, in welchem Jahre die Real= und Bürgerschule ganz neu organisirt wurden, erweiterte sich erstere auf 4 Classen, zu denen bald noch eine fünfte und 1847 eine sechste als Elementarclassen kamen. Mit dem 1. Juli 1850 wurde die Realschule zur Staatsanstalt erhoben.

---

*) Eine genaue und ausführliche Beschreibung der Bürger=Schulanstalten Sondershausens findet man in: Nachrichten über das Bürger= und Volksschulwesen der Residenzstadt Sondershausen v. G. F. C. Hölzer. 1844.

Sie hat gegenwärtig 11 Lehrer und 261 Schüler; von jenen gehören aber einige zugleich andern Lehranstalten an.

Die Knabenbürgerschule. Sie wurde 1829 von der Gelehrtenschule getrennt und bestand von da an aus 3 Classen, von denen die dritte wieder in 2 Abtheilungen zerfiel. Im Jahre 1835 bekam sie mit der Mädchenbürgerschule ihren eigenen Director. Als im Jahre 1842 der erste Lehrer derselben an die Realschule kam und viele ihrer frühern Schüler in diese Anstalt traten, behielt sie nur zwei Hauptlehrer; ihre Schüler wurden in 4 Classen getheilt, von denen jeder jener beiden Lehrer, von Hülfslehrern unterstützt, zwei zu unterrichten hatte. Im Jahre 1847 wurde für die zweite Classe ein besonderer Lehrer angestellt. Sie hat mithin jetzt 3 Hauptlehrer und ihre Schülerzahl beträgt 196.

Die höhere Mädchenschule. Vor dem Jahre 1817 konnte die weibliche Jugend nur durch Privatunterricht eine höhere Bildung erlangen. Nach dieser Zeit trat für dieselbe zwar eine Privatanstalt ins Leben, aber sie war als solche zu theuer, um von andern, als reichen Eltern für ihre Kinder benutzt werden zu können. Deshalb wurde 1824 eine höhere Mädchenschule als öffentliche Anstalt gegründet, die anfangs nur aus einer Classe bestand; im Jahr 1830 erhielt sie eine zweite und 1839 eine dritte Classe. Letztere bestand zwar schon längere Zeit, war aber Privatanstalt der Lehrer an der höhern Mädchenschule und seit 1836 als Vorschule enger mit ihr verbunden. Im Jahr 1843 erhielt sie eine vierte als Elementarclasse. Die Zahl der Schülerinnen beträgt 128. Sie hat 7 Lehrer, von denen ihr aber nur drei ganz angehören.

Die Mädchenbürgerschule[*]. Sie wurde, wie überall, so auch hier viel später errichtet, als die Knabenschule, und der Unterricht der Mädchen wurde bis zum Jahre 1720 von Frauen besorgt. Nach dieser Zeit finden wir hier einen Schulmeister für den Unterricht der Mädchen angestellt. Bis zum Jahre 1837 bestand diese Mädchenschule nur aus 2 Classen, von einem einzigen Lehrer unterrichtet; allein die große Zahl der Schülerinnen machte eine Erweiterung dieser Anstalt nöthig, und so wurde in gedachtem Jahre dieselbe in 4 Classen getheilt, von denen die beiden lettern von der ersten und zweiten ganz getrennt wurden und einen besondern Lehrer erhielten. Die beiden Hauptlehrer werden durch Hülfslehrer unterstützt. Die Zahl der Schülerinnen beträgt 246.

---

[*] Die Mädchen hatten in den frühesten Zeiten in der Stadt, wie auf dem Lande, wenig oder gar keinen Unterricht. Für die Kenntniß der Religionslehre wurde in der sogenannten Kinderlehre gesorgt. An den Wochentagen war nämlich damals 2 Mal Gottesdienst, bei welchem Vormittags gepredigt, Nachmittags aber mit den Kindern katechetische Unterhaltung war; eine solche Unterhaltung fand auch an jedem zweiten Sonntage in dem Nachmittagsgottesdienste Statt.

Die israelitische Schule. Bis zum Jahre 1827 besuchten die israelitischen Kinder die öffentlichen Schulanstalten der Stadt und erhielten nur in der Religion u. s. w. einen besonderen Unterricht, der aber sehr ungenügend war. Daher wurde 1827 von der israelitischen Gemeinde eine besondere Schulanstalt gegründet und dieselbe 1834 zur vollständigen Elementarclasse umgestaltet, an der zwei Lehrer wirkten. Seit 1840 besuchen aber sämmtliche israelitischen Kinder wieder die hiesigen christlichen Schulen und haben nur für Religionslehre, biblische Geschichte, Geschichte der Juden, hebräisch Lesen und Schreiben u. s. w. besondere Unterrichtsstunden, welche von dem Rabbiner und dem Cantor ertheilt werden.

Noch sind folgende, nicht unmittelbar dem eigentlichen Schulunterrichte angehörige Anstalten zu erwähnen:

Die Sonntagsschule, eine Fortbildungsanstalt für Handwerkslehrlinge und Gesellen, wurde im Jahre 1838 von dem Herrn Baurath Scheppig gegründet und bietet ihren Schülern Gelegenheit, sich in Mathematik, im Rechnen, Bau-, Plan- und freien Handzeichnen zu vervollkommnen. Der Zutritt zu derselben ist nicht bloß den jungen Leuten aus der Stadt, sondern auch den vom Lande, und zwar unentgeldlich, gestattet; die Lehrer erhalten seit mehreren Jahren für ihre Mühe eine Remuneration aus der Staatscasse.

Die Fortbildungsschule für die confirmirte männliche Jugend. Sie besteht seit Michaelis 1848 und schließt sich insofern enger an den eigentlichen Schulunterricht an, als sie die jungen Leute, die sich für ein Handwerk bestimmt haben oder zunächst als Handarbeiter ihr Brod zu verdienen suchen, in dem Erlernten theils befestigen, theils weiter bilden will. Ihre Hauptgegenstände sind: deutsche Geschäfts- und andere Aufsätze, Geographie, Geschichte, Rechnen und Lesen. Der Unterricht ist unentgeldlich, und nur für die nothwendigsten Bedürfnisse hatten die Schüler anfangs selbst zu sorgen; eine alljährliche Unterstützung von Seiten des Gewerbevereins ersparte ihnen bald auch diese kleinen Beiträge. Mit Neujahr 1850 nahm der Stadtrath die Anstalt in seinen Schutz und auf seinen Vorschlag wurde 1851 von dem Gemeinderath eine bestimmte Summe verwilligt, von welcher die nöthigsten Ausgaben bestritten werden. Bald nachher konnte auch der Grund zu einer Bibliothek gelegt werden, indem ein hiesiger Bürger der Anstalt das dankenswerthe Geschenk von 10 Thalern verehrte, und eine nicht unbedeutende Unterstützung des Ministeriums gestattete, die Lern- und Lehrmittel zu vermehren. — Ließ die Anstalt auch noch viel zu wünschen übrig, so war ihr Wirken doch nicht ohne Segen, und Eltern und Lehrherren trugen dazu bei, daß sie fleißig besucht wurde. Die Zahl der Schüler wuchs daher allmählich so an, daß sie seit Michaelis 1851 in 2 Classen getheilt werden mußten, die vom Neujahr 1852 an auch von 2 Lehrern unterrichtet wurden. Seit 1853 arbeiten 3 Lehrer an dieser Anstalt, und es ist überhaupt zu ihrer Hebung seitdem noch viel geschehen.

Die Mathildenpflege, eine Bildungs= und Fortbildungsschule für die weibliche Jugend in den eigentlich weiblichen Handarbeiten, ist im Jahre 1836 von der vormals regierenden Fürstin gestiftet worden, deren Namen sie auch führt. Zu derselben haben nicht bloß alle hiesigen Schulmädchen, sondern auch die bereits confirmirten Zutritt. Sie werden in 3 Classen von 5 Lehrerinnen unterrichtet. Eine Anzahl der ärmsten Schülerinnen erhält hier nicht allein ganz unentgeldlich Unterricht, sondern selbst Kleidung und an Schultagen Vesperbrod, zu Weihnachten aber jedesmal reichliche Geschenke. Zur Confirmation werden 20 arme Mädchen gekleidet. — Das Unterrichtslocal dieser Anstalt war bis zum Jahre 1854 im Schlosse; im Jahre 1853 wurde für dieselbe in der Leopoldstraße ein äußerst geschmackvolles Gebäude erbaut und am 22. März 1854 eingeweiht. — Endlich

die Kleinkinderbewahrungsanstalt. Sie wurde 1842, ebenfalls von der Fürstin Mathilde gestiftet und ist in der ganzen Unterherrschaft die einzige Anstalt dieser Art. Von Michaelis 1847 bis 1848 erfuhr sie eine Unterbrechung; seitdem aber besteht sie ununterbrochen fort.

4. Das Rathhaus. Die Zeit, wann hier zuerst ein Rathhaus gegründet wurde, ist unbekannt; es mag aber schon sehr früh geschehen sein, da bereits ums Jahr 1568 das damalige Rathhaus so alt und baufällig war, daß es abgerissen und von 1568 — 1570 neu erbaut wurde. Das damals erbaute Rathhaus hatte einen hübschen Thurm, der mit Kupfer gedeckt war; auf demselben war eine Schlaguhr, und die Seigerglocke soll einen so hellen, schönen Ton gehabt haben, daß man sie ganz deutlich vor dem Bendeleber Holze hören konnte. Da, wo jetzt die Wage ist, war damals eine Apotheke. Bei dem großen Brande 1621 wurde auch das Rathhaus bis auf das Mauerwerk eingeäschert. Dieses baute man dann wieder aus und setzte ein hölzernes Stockwerk darauf; einen Thurm erhielt es aber nicht wieder. Durch den Brand 1658 wurde auch die Ostseite des Rathhauses zerstört. Im Jahr 1794 wurde die Ecke vom Rathskellereingang nach dem Marktplatze zu neu erbaut. Im Jahr 1848 erfuhr die obere Etage einen gänzlichen Umbau, zu welchem auch ein Theil des großen Saales, der früher häufig als Tanzsaal benutzt worden sein soll, verwandt wurde. In dieser Etage befinden sich gegenwärtig die Sessionszimmer für den Stadtgemeindevorstand, für den Gemeinderath, das Bureau für den Rendanten, das Polizeibureau u. s. w. In einem Seitenbau ist die Wohnung für den Rathsdiener und das Stadtgefängniß. In dem zweiten und untersten Stockwerk befinden sich die Gast= und Wohnzimmer des Rathskellerwirthes. — Ein westlicher Anbau, das sogenannte Treppen= oder Batzenhaus, ist ebenfalls eine Schenkwirthschaft, verbunden mit einem Kramladen;

daſſelbe iſt gegen Ende des vorigen Jahrhunderts errichtet worden. An der Stelle derſelben befand ſich vorher ein kleines einſtöckiges Häuschen, und zwar unmittelbar vor den beiden auf den Rathhausſaal führenden Treppen, von denen die an der nördlichen Seite noch vorhanden iſt. Auch in dem alten Hauſe war ein Kramladen, und zugleich wurden daſelbſt die Pflaſter-, Brücken- und Wegegelder entrichtet. Von ſeiner Lage erhielt es den Namen Treppenhaus und von der Pachtſumme, täglich einen Batzen betragend, den Namen Batzenhaus.

5. Das **Rathsvorwerk** liegt theils in der Jecha-, theils in der Vorwerkſtraße. Die zu demſelben gehörige Länderei nebſt Wieſen, 147 Morgen betragend, iſt ſeit 1848 parcellirt worden. Die mit dieſem Gute verbundene Stadtſchäferei iſt verpachtet, und deren Pachter bewohnt einen Theil der früheren Gutsgebäude; die übrigen Räume ſind vermiethet. Die Schäfereigebäude liegen vor dem Wipperthore.

6. Das **Hospital St. Spiritus** liegt nordöſtlich von der Stadt an der nach Stockhauſen führenden Chauſſee und iſt eine ſehr alte Stiftung; denn in einer Urkunde des Landesarchivs vom Jahre 1358 wird ſchon „von dem Siechenhauſe der geplagten Leuthe vor dem Wipfrathore an der Nordhäuſer Straße" geſprochen. Späterhin ſoll es eine Herberge für arme Pilger und Reiſende geweſen ſein, die in demſelben unentgeldliche Aufnahme fanden. Indeſſen ſcheint es ſeine urſprüngliche Beſtimmung nicht ganz verloren zu haben, oder doch derſelben bald wieder zurückgegeben worden zu ſein; denn in einer Urkunde vom Jahre 1573 verordnet Graf Johann Günther I. dem Spital zum heiligen Geiſt gegen 300 Gulden und einen Acker Holz oder 12 Schock Reisholz und ebenſo der Stadtrath einen Acker Holz oder 12 Schock Reisholz. — Die Zahl derjenigen, welche in dem Hoſpitale Aufnahme finden, wofür ſie nach Verhältniß ihres Alters eine größere oder kleinere Summe einzuzahlen haben, iſt nicht beſtimmt, wie dies bei mehreren ſolcher Anſtalten der Fall iſt, und außer den Beiträgen aus der Hoſpitalcaſſe gehen den Hoſpitaliten noch milde Gaben zu. Zu dieſem Zwecke ſind ihnen Einſammlungen durch den ſogenannten Klingelkorb geſtattet, welche wöchentlich zu Himmelsberg, Schernberg, Thalebra, Hohenebra, Nieder- und Oberſpier, Hachelbich, Berka, Jecha, Badra, Stockhauſen, Jechaburg, Bebra und Sondershauſen Statt finden. Beſorgt werden dieſe Einſammlungen durch 2 jüngere Perſonen, welche für dieſe Dienſtleiſtungen nicht bloß Wohnung in dem Hoſpital, ſondern auch Antheil an den Einkünften haben.

Außer dieſem Hoſpitale gab es früher hier noch ein anderes, das **Hospital zum heiligen Kreuz**[*]) genannt.

---

[*]) Das Hoſpital St. Crucis oder zum heiligen Kreuz ſtand neben der Kreuzkirche und zwar da, wo jetzt das Zuchthaus ſteht, und wurde bald nach dem Jahre 1570 von dem Grafen Johann Günther I. und deſſen

7. Das **Krankenhaus**, am südwestlichen Ende der Carlsstadt gelegen, ist ein neues, von 1848 bis 1850 erbautes, sehr ansehnliches Gebäude. Das frühere Krankenhaus befand sich in dem neuen Gottesacker am Jechathore und war ein thurmähnliches Gebäude; aber sowohl die innere Einrichtung, als auch die Räume desselben entsprachen dem Zwecke so wenig, daß man auf ein anderes Haus Bedacht nehmen mußte. Da aber ein entsprechendes Gebäude nicht ohne bedeutende Kosten erworben oder erbaut werden konnte, so schenkte der jetzt regierende Fürst der Stadt zum Neubau eines Krankenhauses 10,000 Thaler, wodurch es möglich wurde, jenes Gebäude zu errichten.

Noch sind zu erwähnen:

Das **Schützenhaus**, welches auf der sogenannten Gänseweide, südöstlich von der Stadt, liegt. Schon in frühern Zeiten lag hier ein den Schützenbrüdern gehöriges Haus; allein es war sehr klein und diente einzig zu Schießübungen. Da kein Wirth in demselben wohnte, so wurden zur Zeit des Vogelschießens in einer dabei erbauten Laube oder Bude Getränke u. s. w. feil gehalten. Die Vogelstange befand sich auf der sogenannten Gänsespitze. — Das jetzige Schützenhaus wurde 1797 von dem Fürsten Günther Friedrich Carl I. erbaut und der Bürgerschaft oder eigentlich der Schützenbrüderschaft als Eigenthum übergeben. Den Sinn des bürgerfreundlichen Fürsten drückt die Inschrift an der westlichen Front des Gebäudes aus: „Meinen lieben treuen Bürgern zum Vergnügen." Das Gebäude, welches auf einem Roste von Pfählen errichtet worden ist, enthält außer dem Schießstande mehrere Gast- und Wohnzimmer, sowie einen schönen Saal. Der Platz, auf welchem dasselbe steht, ist seit etwa 10 Jahren sehr verschönert worden. — Westlich von demselben, aber durch einen Arm der Wipper getrennt, ist der Schützengarten, der vor einigen Jahren sehr vergrößert und mit einem Pavillon, sowie mit mehreren Lauben versehen wurde.

Das **Badegebäude**, neben dem Krankenhause befindlich, wurde im Jahre 1848 auf Actien gegründet. Der jetzt regierende Fürst schenkte der Gesellschaft dazu das frühere Bauamtsgebäude und den

---

Gemahlin neu erbaut und reichlich dotirt. Nach einem Schuldregister im Landesarchiv [betrug im Jahre 1610 der Capitalstock dieses Hospitals 9679 Gülden 19 Groschen 6 Pfennige, und es wurde dieses Capital verzinst 1) mit 332 Gülden 12 Groschen 10 Pfennige, 2) mit 3 Marktscheffel 5 Scheffel Weizen, 41 Marktscheffel 8 Scheffel Roggen und 39 Marktscheffel Gerste. (Der Werth des Geldes im Verhältniß zur Frucht stellt sich so heraus, daß 100 Gülden, während sie mit 5 oder 6 Gülden baar Geld verzinst wurden, an Früchten entweder 16 Scheffel Weizen oder 24 Scheffel halb Roggen und halb Gerste Zinsen gaben.) Außerdem hatte das Hospital noch 4 Marktscheffel Weizen, 20 Marktscheffel Roggen, 15 Marktscheffel Gerste und 2 Marktscheffel Hafer legirte Zinsen. — Dieses Hospital bestand bis 1621, in welchem Jahre es abbrannte. Die sehr beträchtlichen Einkünfte wurden nach Aufhebung des Hospitals der Collectur zugewiesen.

dazu gehörigen Grund und Boden, welcher durch Ankauf noch erweitert wurde. Es können in demselben kalte und warme Bäder genommen werden.

Das Vereinsbad zu kalten Wellen= und Douche=Bädern wurde im Jahre 1841 neben der Schleifhütte errichtet und zwar ebenfalls auf Actien; im Jahre 1850 wurde dasselbe jedoch von hier nach der Pfortenmühle verlegt.

IV. Städtische Behörden und Anstalten.

An der Spitze der Bürgerschaft steht nach der am 1. Juli 1850 ins Leben getretenen Gemeindeordnung ein Gemeinderath und ein Gemeindevorstand. Der Gemeinderath besteht aus 24 Mitgliedern, das Personale des Gemeindevorstandes aus 2 Bürgermeistern, einem Rendanten — neben ihm fungirt jetzt noch ein besonderer Mahlsteuereinnehmer —, einem Schriftführer, einem Büreau= und 2 Polizeidienern; die Marktordnung handhaben vornämlich 2 Marktmeister. Das städtische Forstwesen besorgt ein Förster.

Als Wappen führt die Stadt einen goldenen Löwen zwischen rothen Hirschgeweihen*) im blauen Felde.

Außer den Verwaltungs= und Polizeiangelegenheiten, welche den städtischen Behörden, wie allen Gemeindebehörden, zustehen, sind hier als ihrer Oberaufsicht untergeben noch anzuführen: die Mathildenpflege, die Kleinkinderbewahrungsanstalt, die Fortbildungsschule, das Hospital, das Krankenhaus; die Sparcasse und die Armencasse. Ueber die beiden letztern wäre hier noch kürzlich zu berichten.

Die Sparcasse. Diese Anstalt ist auf Befehl des jetzt regierenden Fürsten im Jahre 1836 von fürstlicher Cammer errichtet worden; sie wurde jedoch 1840 städtische Anstalt, steht seitdem unter städtischer Gewährleistung und des Stadtraths Aufsicht und wird von einem Revisor (Controleur) und einem Rendanten besorgt. Ursprünglich war sie nur für die Bewohner der Stadt bestimmt; sie gestattet aber auch, was mit Dank anzuerkennen ist, den Landbewohnern Einlagen, und erfreulich ist es, daß dieselben auch von dieser Vergünstigung Gebrauch machen. — Eine gewiß wohlthätige Einrichtung würde es sein, wenn in allen Ortschaften Zweigcassen gebildet würden, welche auch die kleinsten Summen aufnähmen und monatlich die Gesammtsumme der hiesigen Sparcasse zuführten. — Die Einzahlungen vom 1. Juli 1853 bis dahin 1854 betrugen 20,978 Thaler 21 Silbergroschen 6 Pfennige, die Auszahlungen 19,604 Thlr. 18 Sgr. 9 Pf., und das Guthaben der Sparcassengläubiger belief sich am 1. Juli 1854 auf 39,522 Thlr. 3 Sgr. 3 Pf.

---

*) Ursprünglich bestand das Wappen aus einem goldenen Löwen zwischen Schafscheeren.

Noch fehlt es aber an einer Leihanstalt, einer Anstalt, welche sehr segensreich wirken würde, indem durch eine solche dem bedauerlichen Wucher gesteuert werden könnte. Es sind auch schon oft Vorschläge zu einer solchen gemacht worden, aber bis jetzt hat noch keine derartige Anstalt ins Leben gerufen werden können.

Die Armencasse und Armenpflege. Eine Armencasse wurde hier zuerst 1785 gegründet. Um nämlich das Betteln ganz abzustellen, verpflichteten sich viele Bürger zu einem wöchentlichen Beitrage, welcher von Seiten des Stadtraths eingesammelt und an ganz arbeitsunfähige alte Leute vertheilt wurde. Im Jahre 1794 ließ sodann der Fürst Christian Günther zur noch zweckmäßigern Versorgung der betagten armen Frauen ein Spinnhaus einrichten; diese Anstalt wurde jedoch schon einige Jahr nachher auf Befehl des letztverstorbenen Fürsten wieder aufgehoben und das Haus verkauft. Dagegen bewilligte der Fürst nicht blos jährlich 200 Thlr. aus der Cammercasse, sondern es wurden auch noch viele Arme aus der fürstlichen Küche gespeist. Auch von Seiten der Bürgerschaft betheiligte man sich immer mehr an der Armencasse, und späterhin wurde festgesetzt, daß jeder Hausbesitzer alljährlich mindestens einen halben Thaler beizusteuern habe. Diese Beiträge belaufen sich jetzt auf etwa 500 Thlr. jährlich. Außerdem aber erhält die Casse nicht selten bedeutende Geschenke, durch welches Alles es ihr möglich gemacht wird die Armen der Stadt ansehnlich zu unterstützen. Zugleich hatte sie mehrere Jahre hindurch ein Holzmagazin angelegt, aus welchem nicht bloß kleine Portionen dürres gespaltenes Holz für Geld, sondern an Bedürftige auch unentgeldlich verabreicht wurden. — Mit der Armencasse ist auch eine Speiseanstalt verbunden. Die Errichtung derselben wurde von dem jetzt regierenden Fürsten befohlen und ihr die jährliche Summe von 1000 Thaler aus der Cammercasse angewiesen. Sie war ursprünglich für diejenigen bestimmt, welche bis dahin aus der fürstlichen Küche Speisen verabreicht worden waren.

Die Bewilligung der Unterstützungen an Arme geschieht durch die Armencommission, welche seit 1851 aus 7 Mitgliedern besteht, nämlich aus den beiden Bürgermeistern, aus drei Gemeinderathsmitgliedern und aus zwei von dem Gemeindevorstand dazu gewählten Bürgern. Den Vorsitz führt der Oberbürgermeister und das Protocoll der Schriftführer des Gemeindevorstandes. Das Rechnungswesen besorgt ein von den städtischen Behörden gewählter Rendant, und ein Collecteur besorgt die Einsammlung der Beiträge.

Der Frauenverein. Dieser Verein wurde im Jahre 1831 gestiftet und steht gegenwärtig unter der Protection der Prinzessin Elisabeth. Es war mit demselben anfangs eine Arbeitsschule für arme Mädchen verbunden; diese hörte aber auf, zu bestehen, als die Mathildenpflege ins Leben gerufen wurde (1836). — Jede Theilnehmerin am Frauenvereine zahlt monatlich mindestens 2 Sgr. 6 Pf., und der Zweck desselben ist hauptsächlich, die augenblickliche Noth einer Person oder einer Familie zu lindern. Einige arme und kränkliche Personen erhalten jedoch auch fortwährend bestimmte Unterstützungen, die theils in Geld, theils in Brod bestehen. Zur Confirmation erhalten alljährlich aus der Vereinscasse mehrere arme Mädchen Unterstützungen.

V. Privatanstalten und Vereine.

Die Wittwen- und Waisen-Pensionsanstalt der fürstlichen Hofcapelle, welche im Jahre 1841 gegründet wurde, und deren Fonds gegenwärtig etwa 6000 Thaler beträgt. Gebildet wurde derselbe durch einen Zuschuß aus der fürstlichen Cammercasse, durch den Ertrag von Concerten, ferner dadurch, daß jeder Theilhaber als Eintrittsgeld eine Monatsgage erlegt und ebenso den Betrag eines Monats von jeder Zulage entrichtet. Die jährlichen Beiträge richten sich nach dem Unterschiede, welcher zwischen dem Alter des Mannes und dem der Frau Statt findet und sie differiren demgemäß von 2 bis 4 Thaler. Theilhaber sind die Musikdirectoren bei der Capelle und dem Militairhautboistencorps, die Cammermusiker, der Stadtmusikus und die Stabs- und Contingentshautboisten.

Die Wittwen- und Waisen-Pensionsanstalt der fürstlichen Hof- und Stallbedienten, welche 1842 gegründet wurde, und an welcher die Heiducken, Portiers, Hofbedienten, Stallbedienten, Haus- und Küchenknechte Antheil haben. Die jährliche Pension einer Wittwe beträgt 30 Thaler, sobald der Verstorbene 5 Jahr Theilhaber war. Der jährliche Beitrag ist 1 Thlr. 10 Sgr. Im Fall die Casse die Ausgaben nicht zu bestreiten vermag, werden die Beiträge bis auf 2 Thlr. erhöht.

Der Begräbnißcassen-Verein. Dieser Verein wurde von der Liedertafel im Jahre 1844 gegründet und war ursprünglich auf 126 wirkliche Mitglieder berechnet; durch die im Jahre 1853 neu entworfenen Statuten wurde die Beschränkung der Mitgliederzahl aufgehoben. Beim Eintritt zahlt ein Mitglied 15 Sgr., die Mitglieder der Liedertafel aber, sowie ihre Frauen nur die Hälfte. Der Beitrag bei einem Todesfalle wird nach der Zahl der Mitglieder berechnet. Stirbt ein Mitglied, so erhalten die Erben desselben im ersten Jahre seines Beitritts 10 Thlr., im zweiten 15 Thlr. und im dritten 20 Thlr.

Der Gewerbeverein wurde im Jahre 1837 gestiftet. Anfangs hatte er sich einer regen Theilnahme zu erfreuen; allein allmählich erkaltete der Eifer bei vielen Vereinsmitgliedern. Mit dem Jahre 1841 fand er wieder mehr Anklang, die Betheiligung wurde immer größer, und so wurde derselbe 1842 neu organisirt und auch der gleich anfangs gehegte Wunsch ausgeführt, nach bestimmten Grundsätzen zu verfahren, Statuten zu entwerfen und sie dem landesherr-

lichen Schutze unterzustellen. Die Statuten erhielten nicht blos die
erbetene fürstliche Genehmigung, sondern der Fürst übernahm auch das
Protectorat über denselben. — Der Zweck des Vereins ist: Belebung
und Veredlung des Sinnes für Kunst, Industrie und Gewerbe und
besonders theils Beförderung und Vervollkommnung des Gewerbewe=
sens, theils Veröffentlichung und Mittheilung von Entdeckungen und
Verbesserungen, welche im Gebiete der Industrie, wie der Gewerbe
gemacht worden. Zu diesem Zwecke ist auch ein Lesezirkel mit dem=
selben verbunden, und auch mit einer Bibliothek ist der Anfang ge=
macht worden. — Zur Bestreitung der nöthigen Ausgaben zahlt jedes
Mitglied jährlich 20 Silbergroschen, und die Staatsregierung gibt
eine Unterstützung von 25 Thalern. Versammlungen sind alle 8 Tage.
Der Verein, welcher sich fort und fort einer regen Theilnahme zu er=
freuen hat — gegenwärtig sind es 112 Mitglieder —, gab beson=
ders ein schönes Zeichen seiner Thätigkeit und seines Gedeihens durch
die Gewerbeausstellung im Herbst des Jahres 1848.

Mit dem Gewerbeverein wurde am 1. Juli 1854 eine Vor=
schußcasse verbunden, deren Bestimmung ist, den mittlern und klei=
nen selbstständigen Gewerbtreibenden Sondershausens verzinsliche Geld=
darlehen bis zur Höhe von 25 Thlr. vorzustrecken, um sie nicht nur
in Fällen vorübergehender Noth in den Stand zu setzen, ihr Gewerbe
ununterbrochen fortzuführen, sondern auch, um ihnen Gelegenheit zu
geben, dasselbe zu erweitern. Gegründet wurde diese Casse durch ein
Capital von 300 Thlr., welches die städtischen Behörden aus den
Verwaltungsüberschüssen der Sparcasse auf 10 Jahr gegen 1§ Ver=
zinsung dargeliehen, und der Fonds derselben wird vermehrt durch
einen jährlichen Zuschuß, welchen das Ministerium des Innern für die
laufende Finanzperiode bewilligt hat, und zwar 100 Thlr. für das
abgelaufene Jahr und je 75 Thlr. für die beiden übrigen Jahre*).

Der Gesellen=Bildungsverein. Im Jahre 1844 trat ein
Gesellenverein ins Leben, dessen Zweck, wie es in den damaligen Sta=
tuten hieß, war, theils sich in sittlicher Hinsicht zu vervollkommnen,
theils in allgemeinen, für jeden Menschen nothwendigen, theils in ge=
werblichen Kenntnissen und Fertigkeiten sich fortzubilden. Er hatte sich
unter die besondere Leitung des Gewerbevereins gestellt, der es sich auch
angelegen sein ließ, denselben möglichst zu fördern. Als es späterhin
an einem geeigneten Locale zu den Versammlungen fehlte, so unter=
blieben diese zwar, aber der Verein bestand doch eigentlich fort. Im
Jahre 1848 regte sich das Verlangen, denselben wieder frisch auf=
leben zu sehen. Es wurden zu dem Ende neue Statuten entworfen,
nach welchen der frühere Zweck im Ganzen beibehalten worden ist;
auch stellte sich der Verein unter den Schutz des Gewerbevereins.

---

*) Das Genauere ersehe man: Regierungsblatt für 1854, pag. 203 ꝛc.

Von den segensreichen Folgen des Vereins zeugte namentlich eine Ausstellung im Frühjahre 1851, sowie eine von demselben gestiftete Krankenunterstützungs- und eine Sparcasse.

Die fürstliche Capelle. Von ihr und ihren Leistungen war schon oben die Rede.

Das städtische Musikchor. Dasselbe wird von dem Stadtmusikus gehalten und besoldet, dem dafür das Recht zusteht, nicht bloß bei Bällen in der Stadt Sondershausen, sondern auch an den sogenannten Ehrentagen in allen Ortschaften der ganzen Unterherrschaft aufzuspielen.

Gesangvereine. Es bestehen hier zwei solcher Vereine, die Liedertafel und der Liederkranz; jene wurde 1841, dieser 1844 gestiftet. Von ihrer Tüchtigkeit haben sie schon öfters rühmliche Proben abgelegt, namentlich bei größern Gesangfesten und auch bei besondern feierlichen Ereignissen der Stadt.

Literarische Anstalten. Obwohl es hier mehrere Bibliotheken gibt, so ist doch keine sehr reichhaltig; am meisten zeichnet sich die Kirchenbibliothek durch seltene werthvolle Bücher aus. Von ihrer Gründung war schon oben bei der Trinitatiskirche die Rede. Bei dem großen Brande 1621 wurde sie glücklicherweise gerettet, seit der Zeit im Canzleigebäude aufbewahrt, aber späterhin wieder in die Kirche verlegt. — Außerdem befinden sich noch Bibliotheken bei jeder Behörde, so wie bei den verschiedenen Schulanstalten, namentlich bei dem Gymnasium und der Realschule.

Die Hofbuchhandlung ist bedeutend und mit derselben eine Leihbibliothek verbunden, welche die neuesten und besten belletristischen Werke enthält. Mit letzterer ist auch ein Almanachs-, Journal- und ein französischer Lesezirkel verbunden.

Die Hofbuchdruckerei ist von ziemlich ansehnlichem Umfange, enthält eine Schnell- und zwei Handpressen und beschäftigt 20 bis 30 Menschen.

Eine politische Zeitung, der Deutsche, im Jahre 1814 unter dem Namen Teutonia gegründet, erscheint jetzt wöchentlich dreimal; mit ihr wird wöchentlich ein Unterhaltungsblatt, einen Bogen umfassend, ausgegeben.

Jeden Sonnabend erscheint ein Regierungs- und Intelligenzblatt, ein Organ für alle Bekanntmachungen der Regierung und anderer Behörden, so wie für Privatanzeigen.

Außerdem kommt hier ein Hauskalender heraus.

Nachträglich noch werde hier eines Vereins gedacht, dessen Sitz zwar auch Sondershausen ist, der sich aber auf das ganze Fürstenthum bezieht. Es ist dies der Verein für deutsche Geschichts- und Alterthumskunde. Gegründet wurde derselbe im Jahre 1853 von dem jetzt regierenden Fürsten und hat den Zweck, die in unserm Fürstenthume vorhandenen Werke der Kunst, der Literatur und der

Geschichte der frühern Zeit zu ermitteln, für ihre Erhaltung zu sorgen, sie zu erläutern und das Interesse für dieselben nach Möglichkeit zu beleben, zu fördern und zu regeln. Die Mitglieder desselben sind theils **ordentliche**, theils **correspondirende**, und an ihrer Spitze steht ein Director. Die Ernennung desselben, so wie die der übrigen Mitglieder geht von dem Fürsten aus, und die unmittelbare Aufsicht über den Verein steht der Ministerialabtheilung für Kirchen= und Schulsachen zu.

Fabriken. Fabriken in der gewöhnlichen Bedeutung des Worts gibt es, außer etwa der Wetzlar'schen Wattenfabrik, weder in Sondershausen, noch in der ganzen Unterherrschaft. Als nur dahin gehörig sind hier zu erwähnen: zwei Bierbrauereien mit etwa 140 Braugerechtigkeiten — dazu sind in neuerer Zeit 6 Felsenkeller erbaut, von denen der städtische, in den Lohberg eingehauen, der größte ist; — zwei Ziegelhütten, die eine vor dem Jechathore, bis unlängst Staats=, jetzt Privateigenthum, und die andere unweit der Schleifhütte, ebenfalls Privatbesitzung und erst 1851 angelegt — eine dritte, nordwestlich vom Park, ist noch im Entstehen —; sechs Mühlen in und bei der Stadt, von denen vier, die **Schloß=, Vorwerks=, Scherr=** und eine **Fourniersschneidemühle**, von der Bebra, zwei aber, die **Loh=** und **Wippermühle**, von der Wipper getrieben werden. In jeder der beiden letzten findet sich auch ein nach amerikanischer Weise eingerichteter Mahlgang; mit der Wippermühle ist außerdem noch ein Oelgang verbunden.

Westlich von der Stadt liegt noch eine siebente Mühle, die **Schleifhütte**. Früher war sie eine Oelmühle, 1842 wurde sie neu erbaut und ursprünglich zur Papiermühle bestimmt, wurde aber dann wieder zur Oelmühle eingerichtet. Mit ihr ist eine Lohmühle verbunden.

Handel und Verkehr. Obwohl hier, wie bereits erwähnt, kein Handel en gros, sondern nur detail Statt findet, so wird derselbe doch mit so viel Regsamkeit betrieben, daß der Umsatz in Colonialwaaren nicht unbedeutend ist. Außer dem gewöhnlichen täglichen Verkehr finden hier wöchentlich 2 Märkte, am Mittwoch und Sonnabend, Statt und zwar für Getreide, Hülsenfrüchte, Gemüse ⁊c. Im Jahre 1851 betrug der Umsatz an Getreide auf diesen Wochenmärkten gegen 14,000 Scheffel. Alljährlich werden hier 3 Hauptmärkte gehalten; früher waren deren nur zwei. Gegen das Ende des 17. Jahrhunderts hatte der Fürst Christian Wilhelm der Stadt auch das Recht ertheilt, während der 6 Fastenwochen hier Viehmärkte zu halten. Sie sind späterhin wieder eingegangen, ihre Erneuerung dürfte aber für die Stadt eben so vortheilhaft, als für die Umgegend wünschenswerth sein.

Gesellige Vergnügen. Im Sommer bieten die schönen Umgebungen Sondershausens und namentlich die Berggärten die beste Gelegenheit, sich zu erheitern; vom Pfingstfeste an bis Michaelis gewährt an den Nachmittagen und Abenden der Sonntage das Loh, in welchem die fürstliche Capelle die trefflichsten Compositionen aufführt, einen herrlichen Genuß. Im Winter aber finden öfters Concerte und Bälle Statt, und einige Monate hindurch ist Theater. Einige geschlossene Gesellschaften haben ihre besondern Gesellschaftslocale, und von ihnen werden auch von Zeit zu Zeit Concerte und Bälle veranstaltet.

VI. Flur und Umgebung.

Die Flur der Stadt beträgt 2300 Acker Land, 24 Acker Wiesen, 596 Acker Gärten und 1600 Acker Bürgerwaldung. Zur Domaine gehören: 1157 Acker Land, von dem ein Theil in der Jechaer und Bebraer Flur gelegen ist, 72 Acker Wiesen in der Jechaer und 61 Acker Wiesen in der Auleber Flur.

Aus den nächsten Umgebungen der Stadt sind noch zu erwähnen:

1) Der Fürstenberg, ein Landhaus mit den nöthigen Wirthschaftsgebäuden, von einem zum Theil parkähnlich angelegten Garten umgeben, der mit dem dazu gehörigen Stückchen Wald etwa 24 Morgen umfaßt und am nordöstlichen Abhange des Göldners gelegen ist. Die Gemahlin des Fürsten Christian Günther kaufte sich hier zuerst an; aber sie besaß nur einen kleinen Berggarten mit einem kleinen Berghause. Späterhin wurden noch einige Berggärten dazu gekauft und die jetzt noch vorhandenen Gebäude errichtet. Das Meiste verdankt dieser Landsitz dem Prinzen Albrecht, dem zweiten Sohne des Fürsten Christian Günther, welcher lange Zeit daselbst wohnte und dort auch am 23. Juni 1833 sein Leben beschloß. Jetzt ist der Fürstenberg verpachtet.

2) Die Spatenburg, auch Spartenburg, gewöhnlich die alte Burg oder Ohlenburg genannt, war eine Burg, südwestlich vom Fürstenberge auf dem Gipfel des Göldners, Spatenberg genannt, gelegen, von welcher jetzt nur noch einige Stücke Grundmauer zu sehen sind. Sie ist von nicht bedeutendem Umfange, aber sehr fest gewesen, und noch gegenwärtig sieht man Spuren von doppelten Wallgräben; die dazu gehörigen Ställe und Nebengebäude lagen ziemlich weit östlich von derselben und viel tiefer. Die eigentliche Burg wurde 1073 vom Kaiser Heinrich IV. erbaut, als er die Thüringer und Sachsen, die sich empört hatten, unterwerfen wollte. Die kaiserliche Besatzung verübte aber viele Räubereien, weshalb die Burg schon gegen Ende des Jahres 1073 von den Thüringern erobert und 1074 zufolge eines mit dem Kaiser zu Goslar geschlossenen Vertrages völlig geschleift wurde. Als der Kaiser 1075 die Thüringer und Sachsen bei Langensalza besiegt hatte, baute er unsere Burg wieder auf; sie wurde jedoch einige Jahre nachher abermals geschleift, späterhin aber zum dritten Male wieder hergestellt. Nachmals wurde sie ein Besitzthum der Grafen von Anhalt, und im Jahre 1263 oder

1266 verkaufte eine Gräfin von Anhalt das Vorwerk Stockhausen und die Spatenburg für 50 Mark Silber den Grafen von Hohnstein. In dem Kriege, welchen der Kaiser Adolph von Nassau gegen die Söhne des Landgrafen Albrecht führte, wurde sie abermals zerstört und seitdem nicht wieder aufgebaut. Als die Grafen von Hohnstein den Landgrafen im Kriege mit seinen Söhnen unterstützten, wurde ihnen von letztern die Spatenburg genommen, 1319 aber erhielten sie dieselbe — Burgstädel wird sie im Vertrage genannt — wieder.

Möller's Berg (Berggarten), auch das „Waldschlößchen" genannt. Derselbe befindet sich westlich vom Fürstenberge, ebenfalls am Göldner, und ist das Sommerlocal für die Gesellschaft „Natur". Die Aussicht von hier auf die Stadt und die nächste Umgebung derselben, so wie noch darüber hinaus auf das Harzgebirge ist entzückend, weshalb namentlich die Fremden, welche diesen Ort besuchen, sich ganz überrascht finden.

Das Rondel. Noch reizender ist die Aussicht vom Rondel, einem Puncte am obersten Rande des Göldners, welcher südwestlich von dem eben genannten Berge liegt und gegen 1200 Fuß hoch ist. Von hier aus überblickt man nicht nur das Wipperthal und den nördlichen Gebirgszug unseres Landes bis zum Kyffhäuser, sondern es liegt auch das ganze Harzgebirge mit dem Brocken vor dem Blicke ausgebreitet.

Das Jagdschloß zum Possen und der Possenthurm. Vom Rondel weiter nach Süden und etwa eine halbe Stunde von demselben entfernt befindet sich das eben genannte Jagdschloß und der Possenthurm, wohin eine Chaussee führt. Das Schloß, namentlich aber der Thurm liegen auf dem höchsten Puncte der Hainleite, gegen 1360 Fuß hoch. Das Jagdschloß wurde um das Jahr 1736 vom Fürsten Günther XLIII. erbaut, und zu dem Namen desselben soll die Stiefschwester des Fürsten, die Prinzessin Christiana Wilhelmine, Veranlassung gegeben haben.

Als nämlich das Schloß vollendet war, beschloß der Fürst, dasselbe durch ein Fest einzuweihen. Da ihm aber seine Stiefgeschwister wegen des Primogenitur= (Erstgeburts=) Rechtes, das mit ihm zuerst in Kraft trat, zürnten, so lud er sie nicht dazu ein. Gleichwohl erschien die oben genannte Prinzessin, die mit mehreren Geschwistern auf dem Schlosse zu Ebeleben wohnte, von dem Feste gehört hatte und sich in ihrer fröhlichen Laune über die obwaltenden Verhältnisse wegsetzte, bei demselben und überreichte dem Fürsten ein gleichsam zur Entschuldigung verfertigtes Gedicht, welches mit den Worten begann: „Ich komme Euch zum Possen!" Der Fürst, welcher überdies seinen Geschwistern nie gezürnt hatte, freute sich nicht bloß über die Gegenwart der Schwester und ihr Gedicht, sondern gab den Anfangsworten des letztern auch dadurch noch eine besondere Bedeutung, daß er das Schloß „zum Possen" nannte.

Das Schloß mit den Nebengebäuden und dem von ihnen eingeschlossenen Hofe nimmt einen Raum von etwa 2 Acker Landes ein und enthält einen Speisesaal, 16 Stuben, 22 Kammern, 2 Küchen, 1 Schlachthaus, 3 Keller, 4 Remisen, 2 Scheuern und Stallung für 57 Pferde.

Der in der Nähe befindliche freistehende Thurm wurde erst später und zwar unter dem Fürsten Christian Günther, etwa 1766, erbaut, und die Veranlassung dazu war, daß, während der Fürst auf dem Possen sich aufhielt, mehrmals in Sondershausen Feuer ausgekommen war, ohne daß man dort das Geringste davon wahrgenommen hatte. Durch einen hohen Thurm glaubte man dem vorbeugen zu können; allein umsonst. Der Thurm ist übrigens ziemlich hoch, nämlich 151 Fuß, und 213 Stufen führen auf sein plattes mit Blei belegtes Dach, und man genießt oben eine sehr weite Aussicht, indem man den ganzen Thüringerwald, das ganze Harzgebirge, über den Kyffhäuser hinaus in die Grafschaft Mannsfeld, kurz wohl 10 Meilen weit im Umkreise, nur nicht die zu nahe unter dem Berge liegende Residenz, sehen kann.

Bald nach Erbauung des Jagdschlosses ließ der Fürst Günther einen Wildgarten anlegen, dessen Umfang 3 Stunden betrug, und Christian Günther ließ späterhin die ganze Hainleite umgattern. Der letztverstorbene Fürst ließ das kleine Gatter abnehmen und das große ganz herstellen, dessen Umfang 166,510 Fuß betrug. Auch ließ derselbe 1820 sämmtliches Hochwild aus den links von der Wipper gelegenen Waldungen mittelst Barrieren, die zwischen Sondershausen und Jecha durchführten, in die Hainleite treiben, bei welcher Gelegenheit mancherlei Festlichkeiten veranstaltet wurden. Unter dem jetzt regierenden Fürsten ist das große Gatter abgenommen und in der Nähe unseres Jagdschlosses ein kleiner Wildgarten angelegt worden.

Von dem Possen ist noch zu erwähnen, daß Günther Friedrich Carl I., nachdem er im August 1835 der Regierung entsagt hatte, hier seine noch übrigen Tage verlebte und auch daselbst am 22. April 1837 verschied.

Unter dem jetzt regierenden Fürsten ist Manches für die Verschönerung des Schlosses gethan worden; insbesondere wurden die Zimmer neu decorirt und mit geschmackvollen Möbeln ausgestattet. Unter den Zimmern zeichnet sich namentlich das aus, in welchem alle Möbel und Geräthschaften bis zum Schreibzeug aus Hirschgeweih verfertigt sind. Das Schloß wird fast täglich vom Fürsten besucht, zuweilen hält die fürstliche Familie hier auch längere Zeit Hof.

Eine Reihe von Jahren war hier auch ein ziemlich ansehnliches Gestüt.

Schersen, ein der Stadt gehöriges Gut, liegt etwa eine Stunde weit nordöstlich von der Stadt, unweit des Weges nach Badra. Das Gut umfaßt, einschließlich des Grundes und Bodens, auf welchem die

Gebäude stehen, 320 preuß. Morgen Feld und Garten und 17 Morgen Wiesen. Im Jahre 1852 kaufte die Stadt vom Staate dazu noch den in der Nähe gelegenen Scherfenteich, der mit den Dämmen 34 Morgen umfaßte, dessen Wasserspiegel aber 25 Morgen betrug. Gegenwärtig ist derselbe, wie bereits angedeutet, ausgetrocknet und in Ackerland verwandelt worden.

Das Gut gehörte früher den Herren von Merode und war ein Lehen der Grafen von Beichlingen. Jene hatten ihren Wohnsitz zu Questenberg und überließen im Jahre 1381 Schersen, das in dem noch vorhandenen Briefe ein Dorf genannt wird, gegen Entrichtung eines jährlichen Erbzinses von 2 Fastenhühnern der Stadt Sondershausen, und die Grafen von Beichlingen genehmigten diese Schenkung. Sowohl in dem Schenkungs-, als auch in dem Lehnbriefe wird eines Kirchleins Erwähnung gethan, und noch gegenwärtig sieht man Spuren von demselben. Nach einer, freilich unverbürgten, Nachricht sollen früher zu Schersen 18 Hufen Land, der Teich und 10,000 Acker Waldungen gehört haben, davon aber späterhin 6 Hufen Land und 700 Acker Holz, der Schwalbenzahl genannt, an Fritz von Bendeleben verkauft, der Teich aber an die Herrschaft gekommen sein. Ebenso erzählt man, daß das Dorf Schersen im dreißigjährigen Kriege nebst dem Dorfe Zitterode, im Brückenthale gelegen, zerstört worden sei.

Der Name Schersen rührt wahrscheinlich von seiner Lage in der Nähe des Teiches — schier am See — her.

Auf der Anhöhe, ehe man zum Teiche kommt, stand sonst ein Gasthof, der sehr berüchtigt war. Es wurde daselbst viel Unfug getrieben, namentlich hielten sich daselbst Werber auf, welche die jungen Bursche, die in diesem Gasthofe einkehrten, theils durch Ueberredung, theils durch List zu Soldaten machten. Zu Anfange des vorigen Jahrhunderts ist er abgebrochen worden.

VII. Geschichtliches.

Die Stadt Sondershausen ist ums Jahr 530 und zwar von den Sachsen gegründet worden, mithin um dieselbe Zeit, in welcher Frankenhausen und Sachsenburg entstanden. Daß aber die Sachsen, die nördlichen Nachbarn Thüringens, hier im Innern des eben genannten Landes eine Stadt gründeten, oder doch den ersten Grund zu derselben legten, darüber gibt uns die Geschichte folgenden Aufschluß.

Seit dem 4. Jahrhunderte bildete Thüringen, dessen Grenzen sich damals bis an die Elbe, die Weser, die Werra, den Main und die Elster erstreckten — nach Andern noch weiter —, ein eigenes Königreich, welches im Jahre 500 in drei kleinere Königreiche zerfiel, von denen eins etwa das spätere Thüringen umfaßte und den Hermanfried oder Irminfried zum Könige hatte, während die beiden andern Reiche von dessen Brüdern Baderich und Bertharich beherrscht wurden. Auf

Antrieb seiner stolzen, ländergierigen Gemahlin Amalberga, Tochter des Vandalenkönigs Trasimund in Africa und Nichte des ostgothischen Königs Theodorich in Italien, in Liedern und Sagen gewöhnlich Dietrich von Bern genannt, streckte der schwache Hermanfried seine Hand auch nach dem Erbe seiner Brüder aus und entriß denselben mit Hülfe des ostfränkischen Königs Theodorich auch wirklich Thron und Leben. Ueber das eroberte Land kam es aber zwischen Hermanfried und Theodorich zum Streit, in welchem der Letztere, von seinem Bruder Chlotar, Könige der Westfranken, und von den Sachsen unterstützt, den Sieg davon trug. Dies geschah ums Jahr 528 und zwar bei Burgscheidungen an der Unstrut.

Die Sachsen erhielten für den geleisteten Beistand den nördlichen Theil des eroberten Reiches, der sich von der Unstrut und Wipper bis zur Elbe erstreckte; doch behielten sich die Franken in diesem Landestheile die Salzquellen vor. Zur Bezeichnung und zum Schutze der Grenzen legten die Sachsen sofort Burgen an, so unfern der Unstrut die Sachsenburg und an der Wipper eine Burg oder ein Haus, das sie, weil durch dasselbe das sächsische und fränkische Thüringen von einander geschieden und gesondert wurde, Sondershausen nannten.

Sondershausen und das dazu gehörige Gebiet, der Wippergau, kam sodann unter dem Namen einer Landvoigtei unter Freiherren, die sich von dieser Zeit an Herren zu Sondershausen nannten, ein Beweis, daß sie diesen Landesstrich, wenn auch unter sächsischer Oberhoheit, erb- und eigenthümlich erhalten hatten. Sie residirten in der wahrscheinlich von ihnen erbauten und auf dem Schloßberge gelegenen Burg, die mit Wallgräben umgeben war. Als am Schlusse des 8. Jahrhunderts der Frankenkönig Carl der Große sich die Sachsen unterwarf, wurde das bis dahin getrennte Thüringen wieder vereinigt, und es kam somit auch die Herrschaft Sondershausen unter fränkischer Oberhoheit, unter der es auch blieb, als Deutschland im 9. Jahrhundert ein selbstständiges Reich wurde, da dessen erster König, Ludwig der Deutsche, ein Enkel Carls des Großen, mithin ein Franke war. Thüringen blieb auch den nächstfolgenden Kaiserhäusern unterworfen, bis im 12. Jahrhundert die Landgrafen von Thüringen ein so großes Ansehen gewannen, daß sie die Oberhoheit fast über ganz Thüringen, folglich auch über die Herrschaft Sondershausen erhielten.

Im Jahre 1248 starb die Familie der Freiherren von Sondershausen aus, und sowohl die Grafen von Schwarzburg, deren Ahnherr, Günther der Eremit, schon im 11. Jahrhundert in dieser Gegend begütert gewesen sein soll, als auch die Grafen von Hohnstein, deren Grafschaft an Sondershausen grenzte, trachteten nach dem Besitze dieser Herrschaft, weshalb Albert II., der dritte Sohn des Grafen Heinrich II. von Schwarzburg, und Heinrich II., Graf von Hohnstein, einander dieselbe mit den Waffen streitig machten. Albert trug den Sieg davon, indem er 1248 Sondershausen eroberte*). Allein nur 12 Jahr verblieb diese Herrschaft den Grafen von Schwarzburg, indem sie 1260 von Dietrich II. von Hohnstein erobert wurde**). Die Grafen von Hohnstein, welche die Herrschaft Sondershausen allmählich noch bedeutend vergrößerten, indem sie die Spatenburg, Greußen, den Straußberg und andere Besitzungen mit derselben vereinigten, blieben 96 Jahre, von 1260 bis 1356, Herren derselben, worauf sie wieder an Schwarzburg kam. Im Jahre 1325 und aufs neue 1347 schloß nämlich der Graf Heinrich V. von Hohnstein mit seinen beiden Schwiegersöhnen, Heinrich XII. und Günther XXV. von Schwarzburg, über die Herrschaft Sondershausen einen Erbvertrag, dem zufolge dieselbe nach seinem Tode an die genannten Grafen von Schwarzburg fallen sollte. Der Landgraf von Thüringen bestätigte diesen Vertrag noch 1347 und der Kaiser Carl IV. im Jahre 1349. Im Jahre 1356 starb der Graf Heinrich V., und die Grafen von Schwarzburg setzten sich sogleich in den Besitz der Herrschaft. Allein die andern Grafen von Hohnstein, Vettern des Verstorbenen, machten ihnen dieselbe streitig; die Landgrafen Friedrich und Balthasar glichen jedoch zu Weißensee den Streit aus, bei welchem Vergleiche den Grafen von Hohnstein wahrscheinlich die Grafschaft Clettenberg überlassen wurde, wenn nicht Heinrich V. dieses schon vorher bestimmt hatte. Die Grafen von Schwarzburg wurden somit Besitzer der Herrschaft Sondershausen, weshalb sie sich nun auch Herren von Sondershausen nannten, welche Benennung unsere Fürsten noch heute in ihrem Titel führen. Von dieser Zeit an ist Sondershausen bei dem Hause Schwarzburg geblieben, also bereits fast 500 Jahr.

Von dem, was Sondershausen im Laufe der Zeit erfuhr, dürfte Folgendes erwähnenswerth sein:

---

*) Junghans in seiner Geschichte der Schwarzb. Regenten pag. 35 rechnet zur Herrschaft Sondershausen auch Greußen, Spatenberg, Clettenberg und Straußberg und läßt bei dieser Gelegenheit die drei ersten der genannten Orte von Graf Heinrich II. von Hohnstein erobern. Allein nach den hierüber vorhandenen Urkunden hatten diese Orte damals noch ihre eigenen Herren. Greußen gehörte damals noch den Landgrafen von Thüringen und kam bald nachher auf gütlichem Wege an die Grafen von Hohnstein. Spatenberg war im Besitze der Fürsten von Anhalt und wurde späterhin von den Grafen von Hohnstein gekauft. Clettenberg hatte die Grafen von Clettenberg zu Herren, die nicht im 11., sondern im 13. Jahrhundert ausstarben, und wurde 1260 von dem letzten Grafen von Clettenberg, Conrad, noch bei Lebzeiten dem Grafen Dietrich V. von Hohnstein abgetreten, nachdem diesem schon von dem Vater Conrad's, Albert III., der Besitz der Grafschaft Clettenberg zugleich mit Conrad zur gesammten Hand übergeben worden war.

**) Nach Junghans eroberte Dietrich auch den Straußberg; allein auch hierin hat er, oder haben die Chronisten, denen er folgte, geirrt, indem der Straußberg erst zu Anfange des 14. Jahrhunderts von den Kämmerern von Straußberg an Graf Dietrich III. von Hohnstein verkauft wurde.

Kriegsereignisse. Als im Jahre 933 die Hunnen (Magyaren, Ungarn) gegen den deutschen Kaiser Heinrich I. heranstürmten, weil dieser ihnen den bisher entrichteten Tribut verweigerte, zog eine Heeresabtheilung derselben gen Sondershausen, wurde aber südlich vom Frauenberge geschlagen, bei welcher Gelegenheit auch Sondershausen viel zu leiden gehabt haben soll. — Im Jahre 1248 wurde, wie kurz zuvor erwähnt, Sondershausen von dem Grafen Albert II. von Schwarzburg eingenommen und geplündert, und ein gleiches Schicksal hatte unsere Stadt, als 12 Jahr nachher Graf Dietrich II. von Hohnstein sich in den Besitz derselben setzte. — Im Bauernkriege 1525 verband sich mit Thomas Münzer, welcher von Mühlhausen über Ebeleben daherzog, ein großer Theil der Bewohner Sondershausens und plünderten namentlich das Stift Jechaburg. Darauf zogen Münzers Raubschaaren gegen das hiesige Schloß — es war dies noch das alte —, verlangten von dem damaligen Grafen Heinrich XXXI. die Auslieferung des Canzlers und Decans Hermann Riethmann, und da dieser bereits durch den Grafen in Sicherheit war, so zerstörten sie das Burgthor und zogen dann nach der Canzlerwohnung in der Burggasse, in welcher sie Alles zerschlugen, was sie nicht mit sich nehmen konnten. Ein gleich trauriges Schicksal hatten auch die Kirchen. Da, wie gesagt, sich auch viele Sondershäuser Bürger bei diesen Greuelthaten betheiligt hatten, so mußte die Stadt, nachdem der Aufruhr in der Schlacht bei Frankenhausen gedämpft war, als Strafe eine bedeutende Geldsumme erlegen. — Im Jahre 1546 den 28. December wurde Sondershausen von dem Churfürsten Johann Friedrich von Sachsen eingenommen, so daß der damals regierende Graf Günther XL. sich genöthigt sah, zu flüchten. Der Churfürst hatte nämlich als das Haupt des schmalkaldischen Bundes den Grafen Günther aufgefordert, ihn gegen den Kaiser mit den schuldigen Mannschaften zu unterstützen. Dies that nun Günther zwar, mußte aber auch auf Befehl des Kaisers Carl V. bald nachher sein Reichscontingent zu den Truppen des Herzogs Moritz von Sachsen stoßen lassen, welcher die Reichsacht gegen Johann Friedrich vollziehen sollte. Die in Langensalza versammelten Truppen des Herzogs wurden aber vom Churfürsten überrumpelt und gefangen genommen, und alsobald forderte dieser auch den Grafen Günther auf, wegen der Besitzungen, die er vom Herzog Moritz zu Lehen habe, jetzt ihm zu huldigen. Günther konnte dieses, als wider sein Gewissen streitend, nicht thun und sandte, theils um sich entschuldigen zu lassen, theils um den Churfürsten zur Rücknahme seines Befehls zu bewegen, zwei Abgeordnete, den Dr. Reinhard und Heinrich von Witzleben, an ihn. Umsonst! Der Churfürst kam, nahm die Stadt ein, und legte dem unterherrschaftlichen Landestheile eine Brandschatzung von 15000 Gülden auf, erklärte denselben für sein Eigenthum und ließ sich huldigen. Alle Sühneversuche schlugen fehl, und erst nach der Schlacht bei

Mühlberg, am 24. April 1547, in welcher Johann Friedrich vom Kaiser geschlagen und gefangen genommen worden war, erhielt Günther sein Land wieder und kehrte in dasselbe zurück. — Im dreißigjährigen Kriege hatte, gleich fast allen andern Ländern Deutschlands, auch Schwarzburg und mit demselben Sondershausen viel zu leiden. So fiel am 7. Februar 1639 ein Streifcorps des schwedischen Feldmarschalls Banner, aus 600 Mann bestehend, hier ein, plünderte die Stadt und zündete die Neustadt an. Ebenso wurde am 30. April 1640 die Stadt wieder von 1500 schwedischen Reitern heimgesucht; sie wurden zwar, nachdem sie aber schon bedeutend geplündert hatten, wieder zur Stadt hinausgejagt, brachen aber durch das unbesetzt gebliebene Gottesackerthor abermals herein und begannen das Schloß zu stürmen. Sie wurden jedoch durch Doppelhaken*) und Musketen zurückgetrieben, zündeten aber die Stadt an und flüchteten erst nach dem Walde, als ein Officier derselben von einem Bürger erschossen worden war.

Im siebenjährigen Kriege hatte die Stadt ebenfalls viel zu erdulden. So ging 1757 nach der Schlacht bei Roßbach der Prinz Soubise mit einem großen Theile der französischen Armee hier durch; das ganze piemontesische Regiment nebst dem Lazareth blieb aber acht Tage hier liegen. Am Weihnachtsfeste 1760 rückte der preußische Oberst Lölhöfel mit 2 Regimentern Cürassiere hier ein, blieb 5 Wochen lang hier und auf den benachbarten Dörfern liegen und trieb eine starke Contribution hier ein, bis er von den Franzosen und Sachsen, welche das zu Ebeleben und Rockstedt gelegene Freibataillon von Wunsch aufgehoben hatten, verjagt wurde. Außerdem kamen während des ganzen Kriegs unaufhörlich Kriegszüge hier durch, deren Einquartierung der Stadt viel kostete.

Große Drangsale hat Sondershausen auch 1806 nach der Schlacht bei Jena von den Franzosen zu erleiden gehabt, indem diese hier den König Friedrich Wilhelm III. von Preußen zu finden und gefangen zu nehmen gehofft hatten, dieser aber bereits durch eins der vortrefflichen Gespanne des Fürsten Günther Friedrich Carl I. in Sicherheit gebracht worden war. Der Marschall Soult, welcher bald nachher mit bedeutenden Truppen hierher kam, nahm sein Quartier im Schlosse, und obgleich der Fürst, der persönlich gegenwärtig war, Alles that, um ihn und seine Leute zufrieden zu stellen, und obgleich jener auch das Versprechen gegeben hatte, daß keine Gewaltthätigkeit ausgeübt werden sollte, so hatte die Stadt dennoch unendlich viel durch Raub und Plünderung zu leiden. Nicht viel besser erging es dem Schlosse, ja, aus dem fürstlichen Marstalle wurden gegen 80 Stück der schönsten Pferde geraubt.

---

*) Doppelhaken sind Feuerröhren, die bis zu 8 Loth Blei schießen.

Im Jahre 1809 nahm Hieronymus, König von Westphalen, von seinem ganzen Hofstaate begleitet, auf seinem Marsche durch Sondershausen, in dem hiesigen Schlosse mehrere Tage sein Hauptquartier. Er war von etwa 800 Mann verschiedener Waffengattungen begleitet, größtentheils schöne Leute in glänzenden Uniformen. Auf dem Lustgarten hielt er täglich Musterung.

Bald nach der Schlacht bei Leipzig kamen bedeutende Durchmärsche von Kosacken und nahmen große Lieferungen an Pferden, Tuch u. s. w. in Anspruch.

Um dieselbe Zeit, am 26. October 1813, kam der Kronprinz von Schweden hierher. Sein Empfang war sehr feierlich, indem der Fürst ihm mit allen Cavalieren entgegenritt und ihn, als einen der Retter der deutschen Freiheit, mit Glockengeläute empfing. Die ihn begleitenden Truppen bestanden, ohne Generalität und Officiere, aus 7800 Mann. Er hielt hier Rasttag, marschirte aber, da Couriere aus dem Hauptquartiere seinen Abzug beschleunigten, schon am andern Morgen wieder ab. Auf Verwendung des Fürsten verzichtete er auf die zu 20,000 Thaler veranschlagte Lieferung.

Unglücksfälle durch Feuersbrünste und Wasserfluthen.

Im Jahre 1454 wurde zu wiederholten Malen von einigen Mordbrennern in Sondershausen und andern schwarzburgischen Orten Feuer angelegt, bis es gelang, einige derselben zu ergreifen und zu bestrafen. — Neun Jahre später, 1463, brannte ein großer Theil der Stadt ab; von der St. Cruciskirche blieben nur die Mauern stehen. — Im Jahre 1481 kam in der langen Gasse bei dem Ketzerthurme Feuer aus, welches fast die ganze Mittelstadt und einen großen Theil der Neustadt verzehrte; auch die St. Andreaskirche nebst Thurm und Glocken wurde gänzlich eingeäschert. — In den Jahren 1596 und 1610 wurde die Stadt wieder durch Brandunglück heimgesucht, und zwar brannte es in der langen Gasse und in der Neustadt. — Am 3. Juni 1621, am 1. Sonntage p. Trin., Morgens gegen 9 Uhr, als eben der Superintendent Bermelius*) seine Antrittspredigt hielt, kam in einem kleinen Hause in der Bebragasse Feuer aus, welches innerhalb 6 Stunden fast die ganze Stadt in Asche legte, namentlich die erst am 11. Juni 1620, also vor noch nicht ganz einem Jahre, eingeweihte Trinitatiskirche, ferner die St. Cruciskirche, die Pfarr- und Schulgebäude, das Rathhaus, die Wippermühle, das herrschaftliche Vorwerk, das Rathsvorwerk, die Schäferei und sogar das Hospital

---

*) Derselbe fiel vor Schrecken auf der Kanzel in Ohnmacht und würde vielleicht ein Opfer der Flammen geworden sein, wenn nicht der Kirchner es bemerkt und ihn in Sicherheit gebracht hätte.

St. Spiritus. Es lagen 380 schoßbare Häuser in Asche, und es standen nur noch das Schloß, der Marstall, das Bottichhaus in der Lohgasse, etwa 10 unbedeutende Häuser bei dem Jechathore, ebensoviel in der Bebragasse, die Wunderburg und die Hospitalkirche. — Während des dreißigjährigen Kriegs wurde die Stadt zweimal von den Schweden angezündet, und zwar, wie schon erwähnt, 1639 und 1640; das erste Mal brannten 40 Häuser in der Neustadt, das zweite Mal die lange Gasse, die Kirchgasse von der Stubengasse bis an das Brauhausthor ab. — Im Jahr 1657 den 29. April kam wieder Feuer in der Burggasse aus, durch welches 143 Häuser von der Mittelstadt und der Neustadt verzehrt wurden, darunter wiederum die Pfarr= und Schulgebäude. — Seit dieser Zeit, also fast 2 Jahrhunderte hindurch, hatte unsere Stadt glücklicher Weise kein bedeutendes Brandunglück zu erdulden, obwohl noch einige Mal, so 1825, ferner am 23. Januar 1848, dann 1853 am 5. Januar und am 7. Februar, Feuer auskam. Es brannten aber jedes Mal nur wenige Gebäude ab.

Im Jahre 1613 am 29. Mai, an demselben Tage, an welchem durch furchtbare Gewitterregengüsse fast ganz Thüringen durch Wasserfluthen ungeheuren Schaden erlitt, welche Fluth daher auch die thüringische Sündfluth heißt, wurde auch Sondershausen durch die Wipper von der Neustadt bis an die Burggasse bedeutend unter Wasser gesetzt, indem sich die Wipper mannshoch zum Wipperthore hereinwälzte. Ein, in einen Stein des nunmehr abgebrochenen Wipperthores eingehauenes, Kreuz bezeichnete die Höhe des Wasserstandes. — Am 5. Februar 1655 wurde die Stadt nach gewaltigen Regengüssen wieder sehr von Wasserfluthen heimgesucht, indem das Wasser durch das Loh= und Bebrathor so stark in die Stadt lief, daß das Pflaster aufgerissen und der Fahrweg beim Rathhause so ausgehöhlt wurde, daß er gar nicht befahren werden konnte.

Im Jahre 1727 kam nach sehr starken Gewittergüssen von Bebra her eine furchtbare Wassermasse, welche in der Stadt besonders dadurch eine bedeutende Höhe erreichte, daß dieselbe die Flügel des Badestubenthores zuschlug und dadurch am Abfließen verhindert wurde. — Die Höhe des damaligen Wasserstandes findet sich noch jetzt an dem Bertram'schen Hause an der Stubengassenecke durch ein Kreuz und die Jahreszahl bezeichnet.

Späterhin erlitt Sondershausen noch einige Mal, so namentlich im April 1807, durch Wasserfluthen beträchtlichen Schaden, wenngleich nicht in einem so hohen Grade, wie früher.

Ein furchtbares Gewitter, begleitet von einem entsetzlichen Orkan, von Hagelschlag und Regengüssen, fand am 26. Mai 1852 Statt. Zwar hatte Sondershausen selbst, sowie seine Flur, davon nicht bedeutend zu leiden, desto mehr aber fast die ganze Unterherrschaft und die angrenzenden Länder. Ganze Fluren wurden von Hagelschlag vernichtet, ganze Heerden Schafe wurden von den Wasserfluthen mit fortgerissen, und selbst mehrere Menschen büßten in den letzteren das Leben ein.

Theurung und Hungersnoth.

Im Jahre 1348 war eine so große Theurung, daß ein Erfurter Malter Roggen 4 Mark Silber kostete (der Scheffel etwa 3 bis 3½ Thlr.) und selbst für diesen Preis kaum zu beschaffen war.

Im Jahr 1592 war ein so kalter Winter, daß nicht bloß Wein und Hopfen, sondern auch fast alles Getreide erfror, weshalb die Preise des Getreides und des Hopfens eine bedeutende Höhe erreichten. Der Scheffel Weizen stieg bei uns von 7 Gr. auf 18 Gr., der Roggen von 1 Gr. 6 Pf. auf 14 Gr. und der Hopfen von 1 Gr. 6 Pf. auf 15 Gr.

Im dreißigjährigen Kriege, namentlich vom Jahre 1639 an war das Getreide mehrere Jahre hindurch überaus theuer, so daß der Scheffel Roggen 1½ Thlr. kostete, und die übrigen Nahrungsmittel wurden ganz in demselben Verhältnisse bezahlt; es trugen dazu namentlich auch die schlechten Geldsorten bei.

Eben so stieg im Jahre 1694, während Deutschland gegen die Türken zu kämpfen hatte, und der König von Frankreich die Pfalz verwüsten ließ, der Preis eines Scheffels Roggen bis auf 2 Thlr., ja es kam solcher so wenig zum Verkauf hierher, daß fast alle Bewohner Sondershausens ihr Brod von den Bäckern kaufen mußten. Diese Theurung veranlaßte, außer dem Kriege, auch das herabgesetzte Geld.

Gegen Ende des siebenjährigen Krieges war die Theurung so groß, daß der Scheffel Roggen mit 5, ja mit 6 Thlrn. bezahlt werden mußte, wozu zum Theil ebenfalls die schlechten Geldsorten beitrugen. Nach dem Frieden wurden diese auch herabgesetzt, und zwar so bedeutend, daß ein Achtgroschenstück nur noch 3 Gr. und ein Groschen nur 2 Pf. galt.

Theurung war ferner im Jahre 1805, der Scheffel Roggen kostete 5 Thlr., der Scheffel Hafer über 2 Thlr.; — in den Jahren 1816 und 1817, der Scheffel Roggen kostete 4 Thlr. — von da an aber fiel das Getreide so, daß der Scheffel Roggen einige Jahre nur 12 Gr. galt —; im Jahre 1843, der Scheffel kostete 3 Thlr., und im Jahre 1847. In diesem Jahre erreichte zufolge der im vorhergehenden Jahre sehr gering ausgefallenen Ernte der Preis aller Nahrungsmittel eine sehr bedeutende Höhe, so daß der Scheffel Weizen mit 5½, der Scheffel Roggen mit 4½, der Scheffel Gerste mit 3, der Scheffel Hafer mit 1½ und der Scheffel Kartoffeln ebenfalls mit 1½ Thlr. bezahlt werden mußte. Für je einen Silbergroschen erhielt man 16 Loth schwarzes, 12 Loth weißes Brod und 8 Loth Semmeln. Mit Sehnsucht blickte man daher auf die Zeit der Ernte hin, die diesmal auch ungewöhnlich früh herbeikam. Am 26. Juli wurde deshalb auch der erste Erntewagen feierlichst eingeholt, und es war dieser Tag überhaupt ein Tag des Dankes und der Freude*). — Auch im Jahre 1854 erreichte der Preis des Getreides eine bedeutende Höhe; Roggen nahe an 3½ Thlr., Weizen gegen 4 Thlr., Gerste über 2 Thlr., Hafer gegen 1½ Thlr., Kartoffeln über 1 Thlr. Die Noth drückte aber um so mehr, als die Kartoffeln in Folge einer Krankheit äußerst gering eingekommen waren.

Pest und andere Krankheiten.

Thüringen, so wie überhaupt ganz Deutschland, wurde sonst öfters von der Pest und andern ansteckenden Krankheiten heimgesucht; namentlich soll in den Jahren 807 und 1007 die Pest so schrecklich gewüthet haben, daß man fürchtete, das menschliche Geschlecht würde aussterben. Im Jahre 1349, als in ganz Europa mehrere ansteckende Krankheiten, z. B. die Pest und der schwarze Tod, grassirten, starben in Thüringen und den angrenzenden Landstrichen 124,431 Menschen, und zwar gewöhnlich so plötzlich, daß Mancher, der sich noch gesund zu Tische setzte, während der Mahlzeit umfiel und starb; ja selbst vierfüßige Thiere und Vögel wurden von diesen Krankheiten ergriffen und dahin gerafft. Um den Schrecken noch zu vermehren, bemächtigte sich der Menschen der Wahn, die Juden wären an diesem allgemeinen Sterben Schuld, indem sie Brunnen, Bäche, Wiesen ec. vergiftet hätten, und man wüthete deshalb auf eine schaudererregende Weise gegen diese unschuldigen Schlachtopfer. Namentlich war dies am Rhein der Fall; aber auch in Thüringen verfuhr man so gegen dieselben, und selbst in Sondershausen sollen damals alle Juden erschlagen worden sein. Noch mehrmals verbreitete sich die Pest bis nach Thüringen, und in Sondershausen sollen an derselben gestorben sein:

840 Personen von Johanni bis Michaelis 1551,
204 „ im Jahr 1566,
237 „ „ „ 1577,
470 „ „ „ 1598; in diesem Jahre wurde daher die Regierung nach Großenehrich verlegt.
411 „ „ „ 1611,
460 „ „ „ 1626,
195 „ „ „ 1639.

Zum letzten Mal soll sich bei uns die Pest 1680, und zwar in Wenigenehrich gezeigt, dieselbe sich jedoch, zufolge der von der Obrigkeit getroffenen Anordnungen, nicht weiter verbreitet haben.

Die Religion und die Kirche Betreffendes.

Das Heldenthum soll hier bis ums Jahr 731 geherrscht haben, um welche Zeit Bonifacius, wie an andern Orten der Unterherrschaft,

---

*) Man vergleiche das Regierungsblatt vom Jahre 1847, pag. 309 u. f.

so auch hier die christliche Lehre verkündigte; anfangs soll jedoch dieselbe hier wenig Eingang gefunden, ja, Bonifacius sich genöthigt gesehen haben, zu flüchten, als er den Altar der Göttin Jecha auf dem Frauenberge zerstört hatte. — Wann aber nun in Sondershausen das Christenthum wirklich eingeführt und eine Kirche oder Capelle daselbst erbaut worden ist, darüber findet sich nicht die geringste Nachricht. Erst in weit späterer Zeit wird hier die Magdalenen- und die Schloßcapelle (im alten Freiherrenschlosse), sowie die Kirche St. Andreas erwähnt.

An der Andreaskirche waren schon während der katholischen Zeit **drei Geistliche**, nämlich ein Pfarrer und zwei Capellane angestellt; der erstere führte auch zuweilen den Titel **Probst** und **Decan**. Der erste Geistliche in Sondershausen, welcher namentlich angeführt wird, ist *Theodorich Plebanus*, 1322. Im Jahr 1358 wird Rüdiger vom Hain oder von Hagen (er selbst nennt sich **ab indagine**) als Pfarrer hierher berufen. Er war vorher Provisor des dem Erzbischof von Mainz zugehörigen Vorwerks zu Erfurt. — Einer der letzten katholischen Geistlichen mag wohl Hermann Riethmann gewesen sein. Dieser machte im Jahr 1501 mit dem seit 1471 hier angestellten Pfarrer Johann Wagner oder Wegner einen Vertrag, nach welchem der Letztere jenem das Pfarramt an der Andreaskirche sammt aller Obrigkeit, geistlichen und weltlichen Lehen mit Consens des Grafen Heinrich XXXI. gegen 40 Schock Groschen jährlich (der Groschen zu 3 Pfennigen gerechnet) abtrat. Der Pfarrer Wagner lebte noch ums Jahr 1511. Der Decan Hermann Riethmann war späterhin zugleich gräflicher Secretair und nachher Canzler.

In den letzten Jahrhunderten vor der Reformation hatte auch Sondershausen unter dem Drucke mancherlei Aberglaubens und der damit in Verbindung stehenden sittlichen Entartung zu leiden. So wird namentlich in dem Jahre 1454 ein höchst unsittliches Treiben erwähnt, dem der Graf Heinrich XXVI., der sich persönlich davon überzeugt hatte, Einhalt that. Freudig mochten daher unsere Grafen und alle Bessern die Reformation begrüßen, und wir finden auch, daß sie sich schon frühzeitig derselben zuneigten; allein der Bauernkrieg, 1525, dessen gewaltthätige Uebergriffe als in unmittelbarer Verbindung mit der Reformation stehend betrachtet wurden, machte unsere Grafen etwas bedenklich gegen den neuen geistigen Aufschwung, und sie vermochten daher bei diesem Mißtrauen das frischere, regere Geistesleben, welches in der Reformation seine ersten Keime und Blüthen trieb, nicht sogleich vorurtheilsfrei zu würdigen, weshalb sich die wirkliche Einführung der Reformation in S. bis zum Jahre 1541 verzögerte. Nachdem aber in dem eben erwähnten Jahre Günther XL. und Heinrich XXXIV. sich auf dem Reichstage zu Regensburg öffentlich für die Reformation entschieden hatten, gab der Graf Günther seinen Kindern einen protestantischen Lehrer in der Person des Magister Heinrich Schillingstadt. In demselben Jahre mag nun wohl die Reformation auch in Sondershausen selbst eingeführt worden sein. Als der erste protestantische Hof- und Stadtprediger wird uns Johann Mortitius, aus Meißen gebürtig, genannt, der im Jahr 1567 starb. Ob er aber schon 1541 hierher berufen wurde, wird uns nicht gesagt; wohl aber finden wir ums Jahr 1545 hier einen Geistlichen Namens Johann Choler, neben welchem jedoch jener immer auch fungirt haben kann.

Merkwürdige Männer*), welche in Sondershausen geboren sind.

Salomon Glaß oder Glassius wurde am 21. Mai 1593 hier geboren, bildete sich bis zum Jahre 1609 in seiner Vaterstadt aus, besuchte dann ein Jahr lang die Schule in Arnstadt und darauf die Schule in Gotha. Hierauf studirte er drei Jahre in Jena und setzte seine Studien in Wittenberg fort. Im Jahr 1616 begab er sich wieder nach Jena, wo er die Vorlesungen des Dr. Gerhard besuchte und unter dessen Vorsitz 8 Mal öffentlich disputirte. Im folgenden Jahre wurde er daselbst Magister und hernach Adjunctus philosophiae. Sein Fleiß und seine Gelehrsamkeit bewogen die theologische Facultät, ihm die Doctorwürde anzutragen. Da er sie ausschlug, schrieben die Professoren an die Grafen von Schwarzburg, um ihn durch diese zur Annahme jener Würde zu bewegen. Diese thaten es und bestritten auch die Kosten, welche damit verbunden waren. Er wurde examinirt und hielt seine Inauguralpredigt und Disputation; seine Promotion verzögerte sich aber noch einige Zeit. Vier Jahre lang wirkte er sodann als Professor der griechischen und hebräischen Sprache zu Jena, worauf er, am 10. October 1625, von der Stadt Sondershausen die Vocation als Pfarrer und von den Grafen die als Superintendent erhielt. Als solcher**) verblieb er hier 13 Jahre, worauf er als Professor der Theologie nach Jena ging. Im Jahre 1640 wurde er Generalsuperintendent in Gotha, wo er im 64. Jahre seines Lebens, am 27. Juli 1656, starb. Er hat sehr viele Werke geschrieben und hatte besonders viel Streit mit der mystischen Secte der Weigelianer, zu denen wahrscheinlich auch der Magister Harprecht,

---

*) Da hier wegen Beschränktheit des Raumes nur die bekanntesten in S. gebornen Männer, die sich in wissenschaftlicher Hinsicht ausgezeichnet haben, angeführt werden können, so wird eine große Zahl von Sondershäusern, die zu ihrer Zeit ebenfalls einen literärischen Ruhm erlangt haben, hier unerwähnt bleiben müssen, nicht minder auch diejenigen, welche in S. wirkten und mit Ehren genannt zu werden verdienten, aber nicht daselbst geboren sind.

**) In dem Consistorium saßen während der Amtsführung des Superintendenten Glaß außer ihm der Archidiaconus Schunk, der Pfarrer Joh. Müller in Jechaburg und der Pfarrer Stephan Röser zu Berka.

ein Prediger der Sondershäuser Inspection, gehörte, mit welchem er ebenfalls viel stritt.

Ernst Anton Nicolai, geb. am 7. September 1722, studirte unter Friedrich Hoffmann in Halle Medicin, wurde 1745 daselbst Doctor der Medicin, 1749 königl. preuß. Hofrath und außerordentlicher Professor daselbst, 1758 aber als ordentlicher Professor der Medicin nach Jena berufen, woselbst er 1802 starb. Er war zuletzt herzoglich weimar. und fürstl. schwarzburg.-sondersh. und der vier gemeinschaftlich regierenden Fürsten von Solms-Braunsfeld Hofrath, auch der vier zuletzt genannten Fürsten Leibarzt, der Academie Senior, so wie kaiserlicher Hofpfalzgraf. Von seinen vielen medicinischen Schriften mögen hier folgende Erwähnung finden: Pathologie, 6 Theile, Halle 1769—79, und Fortsetzung 3 Bände, ebendas. 1781—84. Recepte und Curarten, 5 Bde., Jena 1780—94, neue Aufl. 1799. Theoretische und praktische Abhandlung über Entzündung rc., 2 Bde., Jena 1786. Auch gab er zu seines Lehrers Dr. Hoffmann Opera omnia die Supplementbände heraus.

Gottfried Christian Cannabich, geb. den 27. April 1745, erhielt theils durch seinen Vater, der eine Zeitlang Rector in Breitenbach war, dann aber, wegen Kränklichkeit emeritirt, in Jecha lebte, theils auf der Schule zu Sondershausen seine academische Vorbildung und studirte von 1764 bis 1766 in Jena Theologie. Schon 1767 wurde er Waisenprediger in S., 1768 Diaconus, 1770 Archidiaconus und 1772 Assessor des Consistoriums. Im Jahr 1783 wurde ihm und dem Diaconus John die Verwesung der Superintendentur überübertragen, 1794 aber wurde er Oberpfarrer und Superintendent mit dem Titel Kirchenrath. Durch eine schwere Krankheit, an der er von 1807 bis 1809 litt, sah er sich genöthigt, 1809 dem Berufe als Prediger zu entsagen, verwaltete aber seine übrigen Geschäfte noch bis 1813, in welchem Jahre sie ihm abgenommen wurden. Seitdem lebte er im stillen häuslichen Kreise den Wissenschaften bis zu seinem Tode, den 23. September 1830. — Er war ein sehr liebenswürdiger, biederer und rechtlicher Mann, dessen man noch immer mit der größten Achtung gedenkt. Als Theolog gehörte er zu den Vorkämpfern des Rationalismus, wurde deshalb vielfach angefeindet und in manche literarische Fehde verwickelt, aus denen er aber immer siegreich hervorging. Unter seinen zahlreichen Schriften steht oben an: Kritik der alten und neuen Lehre der christlichen Kirche, Zerbst und Leipzig, 1790; 2. Auflage 1800. Außerdem sind noch zu erwähnen: Predigten über die Sonn- und Festtagsevangelien, 5 Bde., Sondershausen, 1795—1804. — Predigten über den Werth und Gebrauch der Reformation zur Beförderung einer edlen Denk- und Gewissensfreiheit, Leipzig, 1795. — Vollständiger Unterricht in der christlichen Religion, Erfurt, 1796; 2. Auflage 1803, und Anleitung zur gehörigen und dem Geiste des Zeitalters gemäßen Einrichtung der christlichen Religionsvorträge, Leipzig, 1806.

Johann Carl Wetzel, geb. am 31. October 1747, studirte von 1764 an in Leipzig die Rechte, beschäftigte sich aber mehr mit den schönen Wissenschaften. Im Jahr 1769 wurde er Hofmeister bei einem Grafen von Schönburg in der Lausitz und kam auf den Reisen, welche er mit seinem Zöglinge machte, nach Berlin, Hamburg, London, Paris und Wien. In Wien blieb er und war daselbst eine Zeitlang Theaterdichter, als welcher er die vorzügliche Gunst des Kaisers Joseph II. genoß. Späterhin ging er nach Leipzig zurück, verfiel daselbst aber leider in eine Gemüthskrankheit, die bald in völlige Geisteszerrüttung ausartete. Er hielt sich für einen Gott und gab den von ihm verfaßten Büchern die Ueberschrift: Opera Dei Wezelii. Seit 1786 lebte er 33 Jahre lang in seiner Vaterstadt, wo er durch die Wohlthaten des Hofes und anderer theilnehmenden Menschen sein Leben fristete. Er starb 1819.

Wetzel war zu seiner Zeit einer der fruchtbarsten Romanschreiber und Lustspieldichter. Gewandtheit des Geistes, lebhafte Phantasie, Witz und treue Schilderung empfehlen seine literarischen Arbeiten, in denen nur einzelne Partien oft zu gedehnt durchgeführt sind. Viele Leser fanden zu ihrer Zeit seine Romane: Lebensgeschichte Tobias Knaut's des Weisen, Leipzig, 1774 u. 75, 4 Bde.; Belphagor, ebend. 1776, 2 Thle.; Peter Marks und die wilde Betty, ebend. 1779; Hermann und Ulrike, ebend. 1780, 4 Thle.; Wilhelmine Ahrend, Dessau 1781, 2 Thle. — Lustspiele, Leipzig, 1778—86, 4 Bde. — Er übersetzte auch Robinson Crusoe, Leipzig, 1779 u. 80, 2 Thle., u. m. A. aus dem Englischen. Seine Schrift: Ueber Sprache, Wissenschaft und Geschmack der Teutschen, Leipzig, 1781, verwickelte ihn mit Platner in eine literarische Fehde, die wenigstens theilweise zu seinem nachherigen traurigen Gemüthszustande mitwirkte.

Adolph Felix Heinrich Posse, geb. am 14. April 1760, studirte die Rechte, war dann Privatdocent in Göttingen, 1789 außerordentlicher Professor des Staatsrechts in Erlangen, 1805 desgleichen zu Rostock, wo er 1825 starb. Er schrieb: Ueber das Einwilligungsrecht teutscher Unterthanen in Landesveräußerungen, Frankf., 1786. Ueber die Sonderung reichsständischer Staats- und Privatverlassenschaft, Göttingen, 1790. Die Erbfolge in Lehn- und Stammgütern ohne den Unterschied zwischen Erbfolgerecht und Erbfolgeordnung, Rostock, 1800. 2. Auflage 1806. Abhandlung einiger vorzüglichen Gegenstände des teutschen Staats- und Privatrechts, ebend., 1802—4, 2 Hefte.

Johann Gottfried Friedrich Cannabich, Sohn des oben Genannten, wurde am 21. April 1777 geboren. Seine Vorbildung zur Universität erhielt er theils durch seinen Vater, theils auf dem Gymnasium seiner Vaterstadt, und studirte von 1794 bis 1797 Theologie in Jena. Von 1807 bis 1819 war er Rector in Greußen und von 1819 bis 1835 Pfarrer zu Niederbösa, worauf er von dem Major von Uckermann als Pfarrer nach Bendeleben berufen wurde. Während seiner Amtsführung daselbst wurde er vom Fürsten zum Consistorial-Assessor ernannt, nahm aber gegen Ende des Jahres 1848 einen Substituten und lebt seitdem in Sondershausen, wo er noch mit ungeschwächter Kraft als geographischer Schriftsteller thätig ist. — Schon in seinem Knabenalter verrieth er große Vorliebe für die Geographie, und er nährte und pflegte dieselbe so, daß wir in ihm einen der verdienstvollsten Geographen der neuesten Zeit besitzen. Er war nächst Stein der Erste, welcher eine Geographie herausgab, in welcher sich die bedeutenden Veränderungen angegeben fanden, welche die Länder in Bezug auf politische Abgrenzung durch den Friedensschluß 1815 erfahren hatten. Sein „Lehrbuch der Geographie nach den neuesten Friedensbestimmungen" (Sondershausen, 1816) hat die 17. Auflage (Weimar, 1853) und seine „Kleine Schulgeographie" (Sondershausen, 1818) ebenfalls die 17. Auflage (Weimar, 1851) erlebt. Für das „Vollständiges Handbuch der Erdbeschreibung", das er im Vereine mit Gaspari, Hassel, GutsMuths und Ukert herausgab (23 Bde., Weimar, 1819—27), lieferte er Frankreich, die Niederlande und Westindien. Unter seinen übrigen geographischen Arbeiten mögen noch erwähnt werden: Statistische Beschreibung des Königreichs Preußen, 6 Bde., Dresden, 1827 u. 28; neue Ausgabe, 1835. — Statistische Beschreibung des Königreichs Würtemberg, 2 Bde., Dresden, 1828. — Neuestes Gemälde von Frankreich, 2 Bde., 1831 u. 32. — Neuestes Gemälde des europ. Rußlands und des Königreichs Polen, 2 Bde., 1833. — Hülfsbuch beim Unterricht in der Geographie, 3 Bde., Eisleben, 1833—38; 2. Aufl. 1838—40. — Leitfaden zum methodischen Unterricht in der Geographie, 2. Auflage, Eisleben, 1836. —

Greußen.

Greußen, die zweite Stadt der Unterherrschaft und der Sitz eines Bezirksvorstandes, so wie eines Justizamtes, ist 4 Stunden von Sondershausen entfernt und wird in alten Urkunden Chrichigruzzi (Kirchgreußen), Gruizen, Gruzen, Gruzin, Griusin, Griutzen, etwas später Marctgruzen, Marcgrusen, Marketgrüssin und Marktgrüssen genannt. Sie liegt in einer Tiefebene und an 2 Armen der Helbe, von denen der eine sie an der Südseite nur berührt, mit einem Nebenarme aber fast die ganze Mittelstadt umfließt, der andere sie in zwei ungleiche Theile theilt.

Gr. hat 382 H. und 2753 Einw., die sehr betriebsam sind und sich vom Ackerbau, Handel, Flachsspinnen und von Gewerben aller Art nähren. Die Stadt ist hübsch und freundlich, besteht großentheils aus neuen Gebäuden und wird in die Alt-, Mittel- und Neustadt eingetheilt, welche letztere durch einen Arm der Helbe, den sogenannten Steingraben, von der Mittelstadt getrennt und durch eine hölzerne Brücke, welche über denselben führt, mit derselben verbunden ist. Als ein besonderer Stadttheil waren früher die vor dem Clingenschen Thore angebauten neun Häuser, deshalb gewöhnlich Neunhausen genannt, zu betrachten, die aber — jetzt sind es 10 Häuser — durch Abtragung des erwähnten Thores mit der Neustadt vereint worden sind. Die Mittel- oder innere Stadt war früher von einer hohen, mit Thürmen besetzten Mauer umgeben, die zum Theil noch erhalten ist, und wurden von den beiden andern Stadttheilen durch 2 Thore getrennt, das Altstädter und Neustädter Mittelthor. Jenes wurde 1820 abgebrochen, dieses 1834 durch den großen Brand zerstört und dann gänzlich abgetragen. Beide hatten einen thurmähnlichen Ueberbau, und auf dem des letztern war eine Schlaguhr*). Von 3 Seiten, gegen O., S. und W., war sie von einem tiefen Graben umgeben, den man nachmals theilweise in Gärten umgewandelt hat. Der dahinter sich erhebende Damm bietet jetzt einen angenehmen Spaziergang dar. — Außer den erwähnten innern Thoren hatte die Stadt auch noch 4 äußere Thore, das Clingensche, Grüninger, Erfurter und Ritterthor, welche aber alle abgetragen worden sind, wodurch die Eingänge zur Stadt sehr an Freundlichkeit gewonnen haben.

Die Straßen der Stadt, mit Ausnahme der Hintergasse und einiger kleinen Nebenstraßen, sind meistens breit und gerade, und namentlich ist die durch die ganze Stadt führende Hauptstraße breit und eben. Mit Ausnahme der Hintergasse, welche früher auch gepflastert war und jetzt nur einen gepflasterten Fußweg hat, und des Brühls, sind alle Straßen gepflastert. Da die Chaussee von Sondershausen nach Erfurt durch die Stadt geht, so wurde in jüngster Zeit die Hauptstraße auf Staatskosten gepflastert.

---

*) Auf einem Hause neben diesem Thore, und zwar nach der Neustadt zu, war, wie Toppius in seiner Topographie erzählt, in früheren Zeiten eine kunstreiche Singuhr, welche 1570 von dem Uhrmacher und Bürgermeister Heinrich König gefertigt worden war. Zwanzig Glöckchen nämlich, welche alle Töne einer bestimmten Choralmelodie darboten, wurden nach jeder Viertelstunde von eben so vielen mit dem Uhrwerke in Verbindung stehenden Hämmerchen so getroffen, daß innerhalb einer Stunde die Melodie zweimal gespielt wurde. An der Außenseite des Hauses stand eine männliche Figur, welche den Tact dazu schlug, und neben derselben befanden sich 2 Ziegenböcke, welche die Viertelstunden durch Stöße auf eine zwischen ihnen befindliche Glocke anzeigten. Oben auf dem Dache stand der Ritter St. Georg, welcher nach jeder Stunde einem neben ihm liegenden Lindwurme einen Stich versetzte. — Als diese Uhr im dreißigjährigen Kriege beschädigt und mehrere Glöckchen geraubt worden waren, stellte der Sohn des Verfertigers sie wieder her; durch den Brand 1687 soll sie dann ganz zerstört worden sein.

Heimathskunde, I.

Plätze. In der Mitte der Mittelstadt befindet sich der hübsche, mehr lange, als breite Marktplatz mit dem Rathhause, welches fast die südliche Grenze desselben bildet. Auf diesem Platze werden die 3 nicht unbedeutenden Jahrmärkte und wöchentlich einmal Getreide-, Gemüse- und Viehmarkt gehalten. — Ein anderer Platz ist der Kirchplatz, der mit 2 Reihen schöner, die Kirche umgebender Linden besetzt ist. Dieselben wurden 1746 gepflanzt.

Brunnen. Oeffentliche Brunnen gibt es hier 8; das Wasser derselben ist aber meistens bedeutend kalkhaltig. Dagegen enthält ein am Steingraben befindlicher Brunnen ein ziemlich kalkfreies Wasser, weshalb man dasselbe vielfach, namentlich zum Kochen der Hülsenfrüchte, gebraucht.

Die Stadt wird in 2 Canälen vom Wasser durchflossen. Dasselbe kommt bei dem Ritterthore aus der sächsischen Helbe und theilt sich bei dem Schieferhofe in 2 Arme. Der eine geht durch die Rittergasse, wendet sich dann zur Mittelstadt und durchläuft diese in ihrer ganzen Ausdehnung. Der andere wendet sich erst westlich bis unweit der Lochmühle, geht dann nördlich vermittelst eines hölzernen Gerinnigs über den vormaligen Wallgraben zum Brauhause, fließt dann um die Kirche und die Herrengasse entlang, worauf er sich östlich nach dem Marktplatze wendet, sich daselbst mit dem zuerst erwähnten vereinigt und mit ihm in die Helbe fällt. Beide Arme werden durch einen gemauerten, oben offenen Canal durch die Stadt geleitet*).

An Straßenbeleuchtung fehlt es noch theilweise, indem nur die Hauptstraße des Abends durch einige auf Brunnen befindliche Laternen erleuchtet wird.

Die Stadt hat verhältnißmäßig viele große und ansehnliche Privat- und öffentliche Gebäude. Die vorzüglichsten sind:

Die Stadtkirche, welche im südwestlichen Theile der Stadt liegt und im Jahre 1691 erbaut wurde, nachdem die alte, in dem Zeitraume von 1424 bis 1483 erbaute Kirche bei dem großen Brande am 2. Juli 1687 ein Opfer der Flammen geworden war. Sie ist dem heiligen Martin geweiht. Das Innere derselben ist recht hübsch, und sie würde noch bei weitem freundlicher sein, wenn die Fenster nicht aus kleinen runden, nicht mehr ganz hellen Scheiben beständen. Die Decke ist mit verschiedenen Gemälden, die sich auf die biblische Geschichte beziehen, geziert, von denen aber eins, das sich auf der

---

*) Früher lief dieses Wasser breit durch die Straße, und das Flußbett diente zugleich als Fahrweg, in welchem für die Fußgänger zum Uebersetzten in gewissen Entfernungen große Steine eingemauert waren. Die Straße war aber bei dieser Einrichtung nicht bloß immer sehr schmutzig, sondern auch, namentlich im Winter, für Fußgänger und Fuhrwerk gefährlich. Daher wurde das Wegewasser in der Hauptstraße von 1819 bis 1821 einem gemauerten Canale zugewiesen.

linken Seite des Orgelchors befindet und den Teufel und die Hölle darstellt, kein würdiger Schmuck einer evangelischen Kirche ist. — Schön ist der in corinthischem Stile erbaute Altar. In einer Nische desselben befinden sich drei schätzenswerthe Oelgemälde; das unterste, die Auferstehung Christi vorstellend, ist vom Maler Beck in Erfurt; das mittlere, Jesus mit dem Kreuze, ist vom Medicinalrath **Dr. Klemm** in Greußen gemalt und der Kirche geschenkt worden, das oberste, das Brustbild Jesu in Lebensgröße, ist ein Werk und Geschenk des vormaligen Bürgermeisters Klemm in Greußen. — Am zweiten Pfeiler von der Kanzel her hängt ein aus Marmor gemeißeltes Brustbild Luthers nach Lucas Kranach, ebenfalls ein Werk des Bürgermeisters Klemm.

Die Orgel, ursprünglich ein bloßes Positiv, ist durch zweimalige Vergrößerung und Verbesserung ein gutes Werk geworden. Im Jahre 1847 erfuhr sie eine bedeutende Reparatur, durch welche sie sehr gewonnen hat.

Der Thurm befindet sich auf der westlichen Seite der Kirche. Die auf demselben hängenden Glocken bilden ein schönes Geläut und wurden 1690 gegossen; die große wiegt 38 Ctr., die mittlere 18 Ctr. und die kleine 9 Ctr. Aus der früher auf dem Rathhause hängenden sogenannten Bürgerglocke ist die jetzige Taufglocke gegossen worden.

An dieser Kirche sind 2 Geistliche angestellt, ein Oberpfarrer und ein Diaconus — letzterer führte bis in neuere Zeit auch den Titel Caplan, — von denen jener die Frühpredigt, dieser die Nachmittagspredigt zu halten hat.

Die **Hospitalkirche***), eine kleine Capelle, befindet sich in dem Hospital St. Spiritus; in derselben wird jeden Donnerstag Gottesdienst gehalten. Die geistlichen Geschäfte besorgt dabei der Diaconus.

Sonst war die Hospitalcapelle ein besonderes Gebäude und stand da, wo jetzt der Hospitalgottesacker ist; sie wurde 1705 sammt dem daneben stehenden Hospitale abgebrochen, da diese Gebäude baufällig waren, und in dem neuen Hospitale wurde nun ein Zimmer zur Capelle eingerichtet.

Der **Gottesacker**. Früher war der Gottesacker bei der Kirche, wurde jedoch 1576 vor das Grüninger Thor verlegt, wo er sich noch gegenwärtig befindet, zu welchem Zwecke die Bürgerschaft vier Acker Land erkauft hatte. Nachdem derselbe mit einer Mauer umgeben worden war, kaufte sich jede Familie auf demselben einen Begräbniß-

---

*) Ehemals hatte Gr. noch 2 Capellen. Die eine, dem heiligen Kreuz geweiht, gründete 731 Bonifacius bei den sogenannten 3 Linden an dem Wege, der von der Neustadt nach Clingen führt, und die andere, die Liebfrauencapelle, wurde 1437 erbaut, stand am nördlichen Ende des Marktes, da, wo das Wegewasser aus der Herrengasse nach dem Markte sich wendet, und wurde 1558 auf gräflichen Befehl abgebrochen.

platz, und einige reichere Bürger, die ihre Begräbnißplätze an der nördlichen Mauer hatten, ließen dieselben mit einem Ueberbau, den sogenannten Schwibbogen, versehen. Im Jahr 1608 ließ sodann der Oekonomie-Verwalter Joh. Schmidt in Schlotheim, der von Greußen stammte, auf dem Gottesacker einen Predigtstuhl erbauen und denselben auch malen. Im Jahr 1687 beabsichtigte man auch, daselbst eine Kirche zu erbauen; allein der große Brand in demselben Jahre vereitelte das Vorhaben. Im Jahr 1834 wurden auch die Schwibbogen ein Raub der Flammen.

Die Pfarr- und Schulgebäude. Sie sind in der Herrengasse gelegen und bilden gleichsam ein einziges aus 4 Häusern bestehendes Gebäude. Die Wohnung des Oberpfarrers bildet das nördliche, die des Diaconus das südliche Ende desselben; zwischen diesen liegen die beiden Schulhäuser, in denen früher der Rector und Conrector zugleich ihre Wohnungen hatten.

Bis in das 16. Jahrhundert stand das Schulgebäude für Knaben am Kirchhofe — wo, ist ungewiß, vielleicht aber an derselben Stelle, an der sich späterhin das Schulhaus für die Mädchen befand —; da es aber zu klein und auch baufällig war, so wurde das zwischen den beiden Predigerwohnungen gelegene Haus gekauft und zur Schule eingerichtet. Im Jahre 1607 wurde dasselbe neu erbaut, brannte aber 1687 sammt den Pfarrgebäuden ab, worauf diese Gebäude so gebaut wurden, wie sie noch gegenwärtig sind. In der innern Einrichtung haben sie aber manche Veränderung erfahren; denn das Rectorat, in welchem früher nur 2 Classenzimmer waren, hat jetzt 4 Classenzimmer, 3 in der untern, eins in der obern Etage, und eine Lehrerwohnung. Das ehemalige Conrectorat hatte in der obern Etage 2 Classenzimmer, in der untern die Lehrerwohnung; dies ist im Ganzen so geblieben, nur daß die Zimmer zur Mädchenschule genommen worden sind.

Das Schulgebäude für Mädchen befand sich, so weit man nachkommen kann, südlich von der Kirche, in welchem Gebäude auch zugleich der Lehrer seine Wohnung hatte. Als im Jahre 1828 die große Zahl der Mädchen eine Trennung in 2 Schulen mit je 2 Classen nöthig machte, wurde für die 2. Abtheilung ein Haus gemiethet. Als aber die Verringerung der Classen an der Knabenschule, sowie die Vermehrung der Classenzimmer in den Schulgebäuden derselben auch für die Mädchenschule die nöthigen Räumlichkeiten darbot, so wurde letztere in die Prima und Secunda des frühern Lyceums verlegt und das Schulgebäude für Mädchen verkauft.

Das Rathhaus. Wann und wo das erste Rathhaus hier gegründet wurde, ist unbekannt. Doch ist es wahrscheinlich, daß es an derselben Stelle stand, wo sich das gegenwärtige befindet. Das älteste Rathhaus, von dem man genauere Kunde hat, ist bald nach dem Jahre 1491, nachdem das alte durch den Brand in dem erwähnten

Jahre zerstört worden war, erbaut worden, und dieses war ein stattliches Gebäude mit einem schönen Thurme, der an der Nordseite desselben stand. Auf demselben hing eine nicht unbedeutende Glocke, die Bürgerglocke, auf deren Ruf sich die Bürger auf dem Rathhause versammelten. Da diese Glocke bei dem Brande 1687 erhalten geblieben war, so wurde sie nach Vollendung des Kirchthums auf denselben gebracht, bis die neuen Glocken fertig waren, worauf sie umgegossen und als Taufglocke ebenfalls auf den Kirchthurm kam. — Die Treppe, welche zum zweiten Stockwerke des Rathhauses führte, war auswendig angebracht. — Im Jahre 1687 brannte dieses Rathhaus bis fast auf den Grund ab; nur die Keller waren unversehrt geblieben. Es wurde sodann auf derselben Stelle ein neues Gebäude aufgeführt, dasselbe auch mit einem schmucken Thurme versehen, der im Hangwerk auf dem Dachstuhle des Gebäudes stand. Auf demselben war eine Uhr nebst 3 Seigerglocken. In der Nacht vom 16. zum 17. October 1834 brannte auch dieses Rathhaus bis auf die starken Mauern ab, wurde sodann wieder hergestellt, auf demselben auch wieder ein Thurm errichtet. Letzterer ist mit Kupfer gedeckt und mit einer Gallerie versehen. Auch auf diesem Thurme ist eine Uhr mit 2 Seigerglocken, und das ganze Gebäude ist eine Zierde des Marktplatzes und der Stadt überhaupt. — Im untern Stockwerke des Rathhauses ist links eine Schenkwirthschaft, rechts sind die Sessionszimmer der städtischen Behörden; in der obern Etage ist in der Mitte ein großer Saal, links sind die Sessionszimmer des Bezirksvorstandes, rechts die des Justizamtes.

Das städtische Brauhaus und die dazu gehörigen Gebäude liegen an der Südwestseite der Stadt, aber noch innerhalb der Stadtmauer und sind von ziemlich bedeutendem Umfange, jedoch alt.

Das Hospital St. Spiritus, welches, wie schon oben erwähnt, 1705 neu erbaut worden ist, war ursprünglich zur Aufnahme armer Pilger bestimmt und als solches schon im 14. Jahrhundert vorhanden. Gegenwärtig ist es zur Aufnahme von 14 Personen eingerichtet, die, um in dasselbe aufgenommen zu werden, nach Verhältniß ihres Alters eine bestimmte Summe einzuzahlen und dagegen bis an ihr Lebensende an den Einkünften und milden Spenden des Hospitals Antheil haben. Dem Hospitale ist erlaubt, wöchentlich durch den sogenannten Klingelkorb in Greußen und den umliegenden Ortschaften milde Gaben einsammeln zu lassen. Derjenige, welcher im Namen der Hospitaliten die Einsammlungen besorgt, hat freie Wohnung im Hospitale und Antheil an den Gaben.

Das Armenhaus ist am Grüninger Thore gelegen und seit 1834, in welchem Jahre es abgebrannt war, neu erbaut. Schon in den frühesten Zeiten war das Haus zur Aufnahme armer und kranker Leute bestimmt. Späterhin wurde dasselbe zwar dem Todtengräber zur Wohnung überlassen, ein Zimmer in demselben blieb aber immer für

diesen wohlthätigen Zweck bestimmt. Bei dem Wiederaufbau ist es
größer und geräumiger geworden; ein Theil desselben ist dem Todtengräber und dem Flurdiener zur Wohnung überwiesen, die übrigen
Räume werden armen Leuten unentgeldlich zur Wohnung überlassen.

Privatgebäude.

Das **Schützenhaus**, Eigenthum der Schützencompagnie, liegt vor
dem Grüninger Thore. Ehemals stand das Haus zu den Schießübungen an der Neustädter Brücke. Da dasselbe aber als Versamm-
lungsort aller Schützenbrüder zu klein war, baute man 1732 ein nur
zu diesem Zwecke bestimmtes Haus an die Stelle, wo das jetzige steht,
erweiterte dasselbe dann 1811 und errichtete darin auch eine Schenkwirthschaft. In den Jahren 1825 und 1828 wurden einige daran
stoßende Stücke Land gekauft und in einen freundlichen Garten verwandelt. Im Jahre 1834 brannte das Haus ab, wurde aber bald
nachher wieder aufgebaut.

Voigt's Kaffeehaus, 1825 erbaut, liegt vor dem Clingenscheu
Thore und bietet mit dem dazu gehörigen schönen Garten seinen Gästen
einen sehr freundlichen Aufenthaltsort.

Günther's Höhe, ebenfalls ein dem geselligen Vergnügen bestimmtes Gebäude, wurde einige Jahr später, als das eben genannte,
erbaut und liegt an der Südwestseite der Stadt. Auch bei diesem
Gebäude befindet sich ein schöner Garten.

Der Felsenkeller. Unter diesem Namen hat man nicht bloß den
südlich von der Stadt in den sogenannten Warthügel gegrabenen
Felsenkeller zu verstehen, sondern auch eine Bierbrauerei mit den dazu
gehörigen Gebäuden, so wie einige freundliche Gastzimmer. Das Ganze
ist von parkähnlichen Anlagen umgeben. Der Keller, so wie alles
Uebrige wurde in den Jahren 1846 und 1847 hergerichtet und gehört 6 Bürgern von Greußen eigenthümlich zu. — Das hier gebraute
Lagerbier genießt eines vorzüglichen Rufes und wird weit verschickt.

Der sächsische Hof, auch Schieferhof genannt, liegt an der
Südwestseite der Stadt und ist mit seinen 2 großen, gegen 8 Acker
haltenden, Gärten gegenwärtig Privateigenthum eines Kunstgärtners;
man findet hier einige gut eingerichtete Gewächshäuser. — Ehemals
war es ein Rittterlehngut und mag wohl das älteste Gebäude der Stadt
sein, da es, der Sage nach, bald nach dem Untergange des König-
reiches Thüringen, also schon im 6. Jahrhunderte, erbaut wurde. Im
14. Jahrhunderte war diese Besitzung Eigenthum des Klosters Hersfeld, kam 1436 in den Besitz der Herren von Hopffgarten, 1468 in
den der Herren von Lugelin oder Lügeln, 1482 der Herren von Nied-
esel und im folgenden Jahre des Hauses Sachsen; späterhin wurde
es Eigenthum von Privatleuten. Im Jahre 1822 kaufte es der Fürst
von Schwarzburg-Sondershausen von der Familie Schuchardt; nach-

mals wurde es, jedoch ohne die ihm früher zustehenden Rechte, verkauft. Seine Besitzer haben seitdem öfters gewechselt.

Der Waidhof, an der nordwestlichen Seite der Mittelstadt, hat unstreitig seinen Namen von dem vormals bei Greußen und in der Umgegend viel gebauten Waid*). Vielleicht wurde der Waid in den Gebäuden des Waidhofes zubereitet, oder es befand sich daselbst eine Niederlage davon. — Ursprünglich soll aber das in Rede stehende Gebäude ein Kloster gewesen und noch jetzt ein unterirdischer Gang vorhanden sein, der, wie man sagt, bis zu den sogenannten 3 Linden sich erstreckt. Allein Genaueres hierüber findet sich nirgends angeführt.

Die Lochmühle, an der Südwestseite der Stadt, hat ihren Namen von dem in der Mitte mit einer ziemlich bedeutenden Oeffnung oder Loche versehenen Steine, welcher in das Flußufer der sächsischen Helbe eingesetzt ist und der Mühle nur so viel Wasser zuführen kann, als durch seine Oeffnung in das Wasserbett der Mühle fließt.

Die Stadtmühle, an der östlichen Seite der Stadt, wird von demselben Wasser getrieben, welches zur Lochmühle fließt, und es mag wohl eben zu diesem Zwecke das Bett dieses Wassers fast ganz um die innere Stadt geführt worden sein.

Städtische Behörden und Anstalten.

Die Angelegenheiten der Bürgerschaft werden nach der neuen Gemeindeordnung berathen und geleitet von einem Gemeinderath und von einem Gemeindevorstand, welcher letztere aus dem Bürgermeister und seinem Stellvertreter besteht. Außerdem finden wir als städtische Beamte noch einen Rendanten oder Steuereinnehmer, der zugleich Schriftführer des Gemeindevorstandes ist, einen Rathsdiener und Polizeidiener. Die Marktordnung hält ein Marktmeister aufrecht.

Die Gesundheitspflege überwacht ein Stadtphysikus, der auch zugleich Bezirksphysikus ist.

Die Armenpflege wird durch eine Armencommission besorgt, bei welcher der Gemeindevorstand den Vorsitz führt. Die Unterstützungen werden aus den regelmäßigen Beiträgen gewährt, welche die wohlhabendern Bürger geben. Gegründet wurde die Armencasse im Jahre 1847.

---

*) Waid ist eine zweijährige Farbepflanze, deren Blätter als Farbematerial verwendet werden und eine blaue, dem Indigo ähnliche Farbe geben. Ehe der Indigo eingeführt wurde, war der Waidbau in Deutschland, namentlich in Thüringen, sehr bedeutend. Erfurt, Gotha, Langensalza, Tennstedt und Arnstadt trieben einen so starken Handel mit Waid, daß sie vorzugsweise die fünf Waidstädte genannt wurden.

Die Schulanstalten. Die Knabenschule. In der zweiten Hälfte des 16. Jahrhunderts — so weit nur lassen uns nämlich die vorhandenen Urkunden zurückgehen — war hier für die männliche Jugend eine Schule mit 3 Lehrern und 3 Classen, mit einem Rector für die erste, einem Cantor für die zweite und einem Kirchner für die dritte Classe. Letzterer besorgte bis zum Jahre 1622 auch den Organistendienst, für welchen von dieser Zeit an ein besonderer Organist angestellt wurde. Im Jahre 1654 wurde noch eine vierte Classe errichtet, die der Kirchner erhielt, während für die dritte Classe ein neuer Lehrer mit dem Titel Collaborator angestellt wurde. Im Jahre 1696 erhielt dieser die zweite Classe und hatte von dieser Zeit an den Titel Conrector. Im Jahre 1728 wurden noch 2 Classen, die fünfte und sechste, errichtet, die aber nur von einem Lehrer, dem Sextus, unterrichtet wurden. Durch die Thätigkeit der Lehrer hob sich die Schule bald so, daß die beiden obern Classen zu einem Lyceum erhoben wurden, in welchem sich die jungen Leute für die Universität wohl vorbereiten konnten; es war daher dasselbe in der letzten Hälfte des 18. und zu Anfange des 19. Jahrhunderts ziemlich gut besucht. Das Lyceum, auf welchem außer denen, die sich den Wissenschaften widmen wollten, auch Landschullehrer gebildet wurden, bestand bis zum Jahre 1837, zu welcher Zeit die Schule, ohne Verminderung der Classen, zur bloßen Volksschule erklärt wurde. Im Jahre 1841 wurde indessen eine Classe, die zweite, aufgehoben. Gewann nun die Anstalt als Volksschule auch dadurch, daß jede der beiden untersten Classen, welche bisher zwar von 2 Lehrern, aber in einem Zimmer unterrichtet wurden, ein besonderes Classenzimmer erhielt, so erkannte man doch bald, daß die geringe Zahl der Classen den Anforderungen, welche unsere Zeit an den gebildeten Bürger macht, nicht mehr genügen könne, und so wurde im Herbste 1852 die zweite Classe wieder hergestellt.

Die Mädchenschule. Bis zum Jahre 1740 wurde der Unterricht der Mädchen von Frauen besorgt, von dieser Zeit an dann durch einen Schulmeister. Lange Zeit wurden die Mädchen nur von einem Lehrer in 2 Classen unterrichtet; als aber die Zahl derselben immer größer wurde, und die Classen überfüllt waren, so stellte man im Jahre 1828 noch einen zweiten Lehrer an und schied die beiden Classen, von denen eine jede wieder in 2 Abtheilungen zerfiel. Im Jahre 1853 wurde noch eine dritte Classe errichtet und an derselben ein besonderer Lehrer angestellt.

Kunstanstalten und Vereine.

Das städtische Musikchor. Dasselbe steht unter einem Stadtmusikus, der von der Stadt besoldet wird und die Tanz- und andere Musik theils durch seine eigenen Leute, theils durch Dilettanten aufführt.

Der Gesangverein wurde schon vor mehreren Jahren gegründet; der Musikverein besteht seit 1850.

Eine lithographische Anstalt, die einzige in der Unterherrschaft, besteht hier schon seit einer Reihe von Jahren. Eine Buchdruckerei wurde hier 1848 gegründet; in derselben erscheint wöchentlich ein Blatt, die „Schwarzburgische Zeitung."

Fabriken. Außer den Bierbrauereien finden sich hier noch bedeutende Webereien in Leinewand und baumwollenen Zeuchen. Früher wurde hier eine nicht unbeträchtliche Menge Tuch und anderer wollenen Zeuche gewebt, so wie eine große Quantität Waid gebaut und zubereitet.

Handel und Verkehr. Die Bewohner der Stadt sind, wie schon oben angedeutet, sehr gewerbthätig und treiben einen nicht unbedeutenden Kleinhandel. Der Umsatz an Wolle, Getreide, Hülsenfrüchten und Gemüse ist sehr ansehnlich. — Alljährlich werden hier 3 Märkte gehalten; der erste ist Dinstags nach Lichtmeß, der zweite den 2. Dinstag nach Pfingsten, der dritte am Dinstag nach Mar. Geburt. Im Jahre 1852 ist der Stadt auch noch ein Viehmarkt im Herbst bewilligt worden. — Wochenmarkt ist jeden Montag.

Flur der Stadt und nächste Umgebung. Die Stadt und deren Flur, gegen S., O. und theilweise auch gegen N. an Preußen grenzend, liegt größtentheils in einer Tiefebene, weshalb das Klima sich hier durch seine Milde auszeichnet und die Ernte so zeitigt, daß dieselbe 14 Tage früher begonnen werden kann, als in den im W. und N. W. der Unterherrschaft gelegenen Ortschaften. In dieser Tiefebene oder diesem Thalgrunde und namentlich von Westgreußen bis Grüningen — dem ersten östlich von Gr. gelegenen preußischen Dorfe — sind reiche Lager von Süßwasserkalk oder Tuffstein, der von hier nach verschiedenen Gegenden hin zum Bauen abgeholt wird. — Die Flur umfaßt gegen 3900 Acker meist gutes Land, 65 Acker Wiesen, und früher gehörte der Stadt auch die Unterholznutzung von 1600 Acker Wald in der Hainleite, die jedoch im Jahr 1808 mit 1300 Thlr. abgelöst worden ist.

In der hiesigen Flur sollen früher 3 Dörfer gelegen haben; das eine, Rüllhausen, lag zwischen Gr. und Ottenhausen und soll im Bauernkriege, 1525, zerstört worden sein. Die zu diesem gehörige Ländereien ist an Gr., Ottenhausen und Grüningen gekommen, wohin sich die Einwohner geflüchtet hatten. Ein zweites Dorf, Enzelhausen, soll vor dem Clingenschen, ein drittes, Pfaffenhausen, vor dem Ritterthore gelegen haben.

Nach Gr. eingepfarrt sind zwei, etwa eine Viertelstunde davon an der preußischen Helbe gelegene, Mühlen, die Steinfahrtsmühle, nordöstlich, und die Krämermühle, nördlich von der Stadt. Letztere war früher herrschaftlich, wurde dann in Erbpacht gegeben und ist jetzt Eigenthum des früheren Erbpächters. — Dahin eingepfarrt ist ferner noch die Ziegelhütte, neben der Krämermühle, also nördlich von der Stadt gelegen; sie war früher herrschaftlich, jetzt aber ist sie Privateigenthum. — In frühern Zeiten stand an der Südseite der Stadt noch eine Kalkhütte.

Geschichtliches. Gr. hat ein ziemlich hohes Alter und ist wahrscheinlich schon im sechsten Jahrhundert gegründet worden. Der bereits erwähnte Schieferhof mag wohl das älteste Gebäude der Stadt sein, in dessen Nähe man sich dann anbaute und so den Grund zu der nachmaligen Stadt legte, weshalb auch dieser Stadttheil die Altstadt heißt. — Wer aber der erste Besitzer von Gr. war, läßt sich [aus] Mangel an urkundlichen Nachrichten schwer bestimmen; wahrscheinlich waren die Besitzer des Schieferhofes auch zugleich die Herren des um denselben sich erhebenden Ortes. Sehr nahe liegt es nun, für die Besitzer der Stadt die Herren von Greußen zu halten, die unter den Rittergeschlechtern Thüringens öfters genannt werden; allein es ist zweifelhaft, ob sie von unserem Greußen den Namen haben, da sie meistens bei den die Oberherrschaft betreffenden Verträgen vorkommen. Erwähnt finden wir im Jahre 1220 einen Ritter Hermann, 1265 die Ritter Heinrich, Dietrich und Otto von Greußen. Im Jahre 1413 kaufte der Graf Günther XXIX. von Schwarzburg von Hans und Lutz von Greußen das halbe Dorf Niederbösa, ihr väterliches Erbtheil. — Ob diese Ritterfamilie nun in näherer Verbindung mit unserem Gr. stand, muß dahin gestellt bleiben; gewiß aber ist, daß Gr. im 12. Jahrhunderte Eigenthum der Landgrafen von Thüringen war, und daß es im 13. Jahrhunderte von diesen als ein Lehen an die Grafen von Hohnstein, Herren von Sondershausen, kam, seit welcher Zeit es zur Herrschaft Sondershausen gehörte. Im Jahre 1319 wurde, nachdem über die vom Landgrafen Albrecht an Hohnstein überlassenen Besitzungen Streit entstanden war, Heinrich III. von Hohnstein von dem Landgrafen Friedrich I. mit Greußen förmlich belehnt. Von den Grafen von Hohnstein erhielt Gr. Stadtrechte und Mauern; 1356 kam es sodann mit der Herrschaft Sondershausen an das Haus Schwarzburg, bei welchem es auch ununterbrochen geblieben ist.

Gr. erfuhr im Laufe der Zeiten auch manches bittere Geschick, wovon hier noch Einiges Platz finden mag.

Krankheiten und Seuchen. Im Jahre 1349 wüthete hier die Pest und der schwarze Tod, und gegen 600 Menschen wurden ein Opfer dieser Krankheiten; eben so wurden hier von der Pest Viele dahin gerafft in den Jahren 1518, 1529, 1552, 1564, 1582, 1597, 1598 und zum letzten Mal 1625, in welchem Jahre 843 Menschen an derselben starben.

Feuersbrünste und Wasserfluthen. Eine bedeutende Feuersbrunst fand hier 1454 Statt, welche von derselben Bande Mordbrenner angelegt worden war, die in Sondershausen, Frankenhausen und einigen andern Orten Brand gestiftet hatte, aber noch in demselben Jahre zu Wiedermuth und den benachbarten Dörfern eingefangen wurde. — Im Jahre 1491 wurde von dem Bürger Hans Gerwig Feuer angelegt, welches fast die ganze Stadt innerhalb der Ringmauern sammt dem Rathhause verzehrte; nur 12 Häuser blieben stehen. Da durch diesen Brand die meisten Einwohner fast Alles verloren hatten und nicht im Stande waren, ihre Häuser wieder aufzubauen, so verließen sie die Stadt, worauf der Graf Günther XXXVI. bekannt machen ließ, daß diejenigen, welche ihre Häuser wieder aufbauten, 10 Jahre lang von allen Abgaben frei bleiben sollten. Die damaligen Steuern der Stadt Gr. betrugen 7000 Gülden — Im Jahre 1540 kam in der Neustadt Feuer aus, das nicht bloß diesen Stadttheil bis auf drei Häuser verzehrte, sondern auch innerhalb der Stadtmauer, wohin Feuerbrände geflogen sein sollen, 40 Häuser in Asche legte. — Unter den Feuersbrünsten 1561, 1616, 1662 und 1687 war die letzterwähnte die bedeutendste, indem die Kirche, die Pfarr- und Schulgebäude, das Rathhaus und ein großer Theil der Stadt durch dieselbe verzehrt wurde. Durch den damaligen Wiederaufbau gewann Gr. sehr an Nettigkeit, und besonders angenehm war für das Auge das Ebenmaaß, welches die Stadt dadurch erhielt, daß fast alle Häuser von gleicher Höhe erbaut wurden. — In den Jahren 1695, 1719, 1730, 1798, 1806, 1817, 1825, 1833 und 1834 wurde Gr. abermals durch Feuersbrünste heimgesucht, unter denen wiederum die letzte die bedeutendste und überhaupt eine der größten war, welche dasselbe traf. Das Feuer kam in der Nacht vom 16. zum 17. October aus, und es wüthete in derselben ein so furchtbarer Sturm, daß das Feuer nach den verschiedensten Seiten hin getrieben wurde, und auf diese Weise nicht bloß fast die ganze innere Stadt mit dem Rathhause, sondern auch das Schützenhaus und ein großer Theil der Neustadt in Asche sank. Zum Glück blieben die Kirche, die Pfarr- und die Schulgebäude unversehrt.

Eben so litt die Stadt öfters durch große Wasserfluthen. Am 18. Februar 1579 entstand durch Thau- und Regenwetter eine so große Wassersluth, daß das Wasser eine Elle hoch über die Neustädter Brücke floß, die Thür des Zwingers im Brühle aufstieß und daselbst zu einer solchen Höhe stieg, daß alle Häuser daselbst mit dem untersten Stockwerke unter Wasser standen. Aehnlich waren die Fluthen 1595, 1624, 1652 und 1653. Noch größer war die im Jahre 1654, durch welche fast die ganze Stadt unter Wasser gesetzt wurde, dasselbe sogar aus dem Brühle in die Herrengasse lief, an mehreren Stellen die Stadtmauer unterwühlte, so daß sie einstürzte, und überhaupt die ganze Umgegend einem See glich. Die Brücken bei Westgreußen, Clingen und in Gr. waren mit fortgerissen worden, so daß die Communication mit andern Orten einige Zeit unterbrochen war. — Ziemlich bedeutend waren auch die Fluthen 1688 und 1693.

Im Jahre 1536 entlud sich hier auch ein heftiges mit Hagel verbundenes Gewitter, welches in das unterste Gewölbe des Kirchthurms einschlug und eine daselbst aufbewahrte Quantität Pulver entzündete, wodurch eine Explosion entstand, welche das Gewölbe nach oben zersprengte und Alles, was in demselben war, namentlich die Rathsurkunden und besten Briefe, Hauptverschreibungen und alle Schadlosbriefe, welche der Rath und die Gemeinde von der Obrigkeit bis zu jenem Tage erhalten hatte, vernichtet wurden.

Kriegsbedrängnisse. Wie über die meisten Orte Deutschlands, so brachte der 30jährige Krieg auch über Gr. mancherlei Noth und Ungemach. Zuerst zogen 1626 unter dem General von Merode, der hier sein Hauptquartier nahm, die Kaiserlichen ein, plünderten viel und blieben 8 Wochen in der Stadt liegen. Die Bürger hatten ihre beste Habe in die Kirche und den Thurm gebracht, die so angefüllt waren, daß der Gottesdienst in der Hospitalkirche und in der Pfarrwohnung gehalten werden mußte. — Der schrecklichste Tag in diesem ganzen Kriege war für Gr. der 29. Mai 1631, der Pfingstmontag, an welchem Tilly mit seinen Truppen, von Magdeburg nach Erfurt ziehend, hier einrückte und schrecklich hausete. Auch die Kirche wurde erbrochen und aus derselben 5 silberne Becher und eine silberne Kanne geraubt, so wie die Orgel ganz verwüstet. — Im Jahre 1663 zog der Herzog Wilhelm von Weimar als schwedischer General mit seiner ganzen Armee durch Gr., und in demselben Jahre erfuhr die Stadt wieder eine kurze, aber sehr drückende Plünderung durch Pappenheim. — Im Jahre 1634 wurde eine Compagnie Schweden hierher verlegt, die fast ein ganzes Jahr hier blieben, und deren Erhaltung der Stadt monatlich 230 Thlr. kostete. — Nachdem auch die folgenden Jahre nicht ohne Plünderung theils von schwedischen, theils von kaiserlichen Truppen geblieben waren, rückten 1639 wieder 200 schwedische Reiter vor das Grüninger Thor; allein diesmal widersetzten sich die Bürger und nöthigten auch wirklich die Soldaten zum Abzuge, wobei indessen einige Bürger das Leben einbüßten. — Im Jahre 1640 mußte die Stadt an die Schweden 1000 Gülden und 2 Pferde liefern, und vom 4. November 1641 bis zum 17. Januar 1642 kostete der Stadt die Einquartierung über 1700 Thlr. — Durch die bisher erduldeten und noch fortdauernden Plünderungen und Lieferungen aller Habe beraubt, verließen in den nächsten Jahren 80 Bürger die Stadt und mit ihr Haus, Hof und Acker. Der Geldmangel war so groß, daß die besten Aecker kaum auf 6 bis 8 Gülden, die geringern nur auf 1 und 2 Gülden taxirt wurden; allein es mochte und konnte sie Niemand kaufen. Gleichwohl dauerten die Einquartierungen bis zum Ende des Kriegs fort und wurden um so empfindlicher, als sie auch noch das Wenige, was man besaß, verzehrten, und man eben darum, weil man Nichts geben konnte, viel Bitteres zu erdulden hatte.

Wie im dreißigjährigen Kriege, so hatte Gr. auch im siebenjährigen Kriege durch Einquartierungen und Durchmärsche viel zu leiden; noch lange nachher wurden die traurigen Folgen schmerzlich empfunden.

Nicht weniger unheilbringend war für Gr. das Jahr 1806, indem nach der Schlacht bei Jena erst die fliehenden Preußen unter Kalkreuth mit ihrem unglücklichen Könige und dann die durch ihren Sieg übermüthigen Franzosen unter Soult hier durchkamen. Ja, es kam hier sogar noch zwischen beiden Truppen zu einem vierstündigen Scharmützel, während welchem die Bürger in der größten Angst schwebten. Plündernd und raubend zogen sodann die Franzosen durch die Stadt und, um den Schrecken voll zu machen, kam in der Nacht des 17. Octobers in der Altstadt Feuer aus, das aber zum Glück, trotz der geringen Hülfe, nur 8 Häuser mit den Nebengebäuden verzehrte. Am folgenden Tage, den 18. October, endeten zwar die Durchmärsche und Einquartierungen, aber viele Bürger haben in dieser kurzen Zeit ihre beste Habe verloren.

Abermalige Durchmärsche und Einquartierungen hatte Gr. im Jahre 1813 und zwar von den Russen. Nachdem am 22. October mehrere russische Cavallerie-Regimenter, als Kosacken, Kirgisen, Kalmücken, Baschkiren mit schwer bepackten Cameelen und Dromedaren durch die Neustadt gezogen waren, kamen am Abend desselben Tages 36,000 Mann Kosacken, die sich zwischen Gr. und Clingen lagerten und namentlich in den Gartenhäusern schrecklich hauseten, da ihnen nicht so viel geliefert werden konnte, als sie verlangten. — Auch nachher kamen noch mehrmals Truppen durch Gr., aber diese verursachten nur die gewöhnlichen Kriegslasten. Die größte Last in dieser Zeit war, daß man das Schützenhaus in ein Lazareth verwandelte, in welchem gegen 200 Mann kranke Russen und Preußen verpflegt wurden. —

Religiöses und Kirchliches.

Bis ins 8. Jahrhundert scheint hier das Heidenthum geherrscht zu haben, und sollte das Christenthum hier schon früher verkündigt worden sein, da allerdings im 6. und 7. Jahrhundert Verkündiger desselben nach Thüringen kamen*), so hatte dasselbe doch noch nicht so tiefe Wurzel geschlagen, daß es das Heidenthum ganz verdrängt hätte. Im Jahre 731 kam aber Winfried oder Bonifacius auf seiner Bekehrungsreise durch Thüringen auch hierher, verkündigte die christliche Lehre und legte, da er wahrscheinlich freudigen Anklang fand, nordwestlich von der Stadt die bereits oben erwähnte Capelle

---

*) cf. Apfelstedt, die Einführung der Reformation in den schwarzburgischen Landen. Sondershausen, 1841, bei F. A. Eupel, pag. 8 rc.

an. Nachmals wurde Gr. — damals gewöhnlich Martgrüssen (Marktgreussen) genannt — eins der 11 Erzpriesterthümer der Erzprobstei Jechaburg, und es gehörten zu demselben 45 Ortschaften und Klöster, von denen folgende in der jetzigen Unterherrschaft lagen: Martgrüssen, Clingen, Krobern (Krobern, Krabern oder Grobern lag zwischen Gr.-Ehrich und Westgreußen), Rohnstedt, Ehrich, Bliederstedt, Thalheim (Wasserthaleben), Pfaffenhofen, Westerengel, Feldengel und Holzengel.

Die Reformation wurde hier und zwar schon 1524 oder 1525 durch Johannes Thal, aus Ottenhausen gebürtig, vorbereitet. Er predigte ganz im Sinne Luthers an verschiedenen Orten, so in Ehrich und im Amte Clingen, fand auch vielen Anklag, wurde aber bald in seinem edlen Wirken unterbrochen, indem er auf Befehl des Herzogs Georg von Sachsen gefangen genommen und nach Sangerhausen geführt wurde, wo er hingerichtet werden sollte. Da aber einige vom Adel, namentlich ein Ritter von Tottleben, sich bei dem Herzog sehr für Thal verwandten, so wurde er seiner Haft entlassen. Er kehrte darauf wieder in die Gegend seiner frühern Wirksamkeit zurück und wurde bald nachher Pfarrer zu Greußen. Als solcher soll er hier bis zum Jahre 1543 gewirkt haben und nachher bis 1551 Pfarrer an der Kaufmannskirche in Erfurt gewesen sein.

Noch ist hier zu bemerken, daß von 1658 bis 1681 die Oberpfarrer in Gr. Mitglieder des Consistoriums zu Ebeleben und Inspectoren über die Kirchen des Ebeleber Landestheiles waren.

Im Jahre 1711 wurde dem Pfarrer zu Greußen und ebenso denen in den meisten zur damaligen Sondershäuser Landesportion gehörigen Ortschaften, nämlich in Badra, Bellstedt, Bodungen, Bothenheilingen, Bruchstedt, Clingen, Ebeleben, Gr.-Ehrich, Hachelbich, Hohenebra, Holzengel, Holzsußra, Nieder- und Oberspier, Niederbösa, Rohnstedt, Trebra und Westgreußen von der königlich-polnischen und churfürstlich-sächsischen Regierung je 2 oder 3 Mann Executionstruppen geschickt, weil diese Pfarrer in der Fürbitte des Kirchengebetes den Ausdruck Landesherr gebraucht hatten. Sie mußten die Soldaten beköstigen, jedem Mann täglich 4 Groschen bezahlen und sollten sie so lange im Quartiere behalten, bis sie 25 Thlr. Strafe erlegt hätten. Eine sächsische Commission, welche zugleich mit im Lande erschien und vor der die Pfarrer erscheinen mußten, erließ ihnen die Strafe gegen das Versprechen, fortan statt Landesherr nur Fürst und Herr zu sagen. Die Commission nebst der Mannschaft kam von Tennstedt.

Schließlich werde hier noch einiger von den Männern gedacht, welche in Gr. geboren wurden und sich durch eine wissenschaftliche Bildung auszeichneten.

Jacob Tentzel, geb. 1630, studirte seit 1647 zu Wittenberg Theologie, wurde 1649 Magister und 1652 Doctor der Theologie.

Im Jahre 1655 ward er Diaconus in seiner Vaterstadt, 1659 Oberpfarrer und Superintendent daselbst und zugleich seit 1658 Mitglied des Ebeleber Consistoriums, anfangs als Assessor, nachher als Präsident. Im Jahre 1671 wurde er als Superintendent nach Arnstadt berufen, wo er 1685 starb. Er hatte den Ruf eines ausgezeichneten Gelehrten.

Wilhelm Erst Tentzel, Sohn des Vorigen, geb. 1659, studirte seit 1677 in Wittenberg, wo er schon 1682 als Schriftsteller auftrat, wurde 1685 Lehrer am Gymnasium zu Gotha, Aufseher des Münzcabinets und der Kunstkammer und 1702 Rath und Historiograph in Dresden, welche Stelle er aber bald wieder aufgab. Er starb 1707.

Adolph Friedrich Höpfner, geb. 1760, studirte in Jena, privatisirte dann 4 Jahre lang in seiner Vaterstadt, worauf ihm 1786 seines Vaters Lehramt, das Rectorat daselbst, übertragen wurde. Er starb 1806 und hinterließ den Ruf eines höchst thätigen, kenntnißreichen Schulmannes, eines guten Schriftstellers im Erziehungsfache und eines biedern Mannes.

Immanuel Gottlieb Huschke, geb. 1761, studirte von 1780—84 zu Jena, lebte sodann als Hauslehrer in Liefland, begleitete später seine Zöglinge nach Jena, wo seiner Leitung auch ein junger holländischer Graf anvertraut wurde, den er nach vollendeten Studien nach Holland begleitete. Nachdem er daselbst einige Jahre als Hofmeister gewirkt hatte, ging er nach Göttingen, woselbst er privatisirte und Mitarbeiter an verschiedenen Zeitschriften war, bis er 1806 als Professor der griechischen Sprache nach Rostock berufen wurde. Er ist Verfasser mehrerer philologischen Werke.

Großen=Ehrich.

Großen=Ehrich, in alten Urkunden Erike, Herike, auch Ericha genannt, die dritte Stadt der Unterherrschaft, ist 4 St. südlich von Sondershausen und 2 St. westlich von Greußen gelegen. Die Stadt liegt auf einer Hochebene und unweit des Bennebaches, welcher hier durch den Klingen, den Ausfluß des offenen Stadtbrunnens, verstärkt wird.

Gr. Ehrich hat 93 H. und 1023 Einw., die sich von Ackerbau, Handel und Gewerben nähren. — Die Stadt ist alt und unansehnlich, und nur ein Anbau in dem ehemaligen Gutsgarten, die Friedrichsstraße, ist neu. Die Straßen der Stadt sind zwar zum Theil breit, aber doch meist winkelig und schlecht gepflastert; im Jahre 1590 wurden sie zuerst gepflastert. Die Mauer, welche die Stadt noch jetzt zum größern Theile umgiebt, hat man 1592 zu bauen angefangen. Die drei Thore, welche zur Stadt führen, heißen: das Capell=, das Nieder= und Greußener Thor.

Brunnen. Außer dem bereits erwähnten offenen Marktbrunnen findet man hier derer noch drei.

Die vorzüglichsten Gebäude sind:

Die Kirche St. Crucis. Sie ist von 1846 bis 1851 fast ganz neu erbaut und am 6. December 1851 feierlich eingeweiht worden*). Die alte Kirche soll schon zu Carl des Großen Zeiten gegründet worden sein und im Jahr 1678 eine bedeutende Reparatur erfahren haben. Der Thurm wurde 1708 und in neuerer Zeit abermals reparirt.

In früheren Zeiten stand vor dem Thore an der Westseite der Stadt noch eine Capelle, von welcher dieses Thor auch den Namen erhielt; im Jahre 1639 wurde sie zu einem Brauhause umgewandelt, später aber das Gebäude ganz abgebrochen.

Das Rathhaus mit einem Thurme, auf welchem sich eine Uhr befindet, ist im Jahre 1831 erbaut worden. Das frühere Rathhaus, ein stattliches Gebäude, wurde 1570 erbaut und 1765 reparirt.

Die Domaine. Dieselbe bestand früher aus 2 adligen Gütern, dem Oberhof oder dem Obergut, das nebst einem Freigute der Ritterfamilie von Tottleben gehörte, und dem Untergute. Jenes ging zum größern Theile dem Hause Schwarzburg-Sondershausen, zum kleinern dem Stift Gandersheim zu Lehen; dieses lehnte ebenfalls dem Fürsten von Schwarzburg-Sondershausen und theilweise auch dem Herzog von Braunschweig. Späterhin wurden beide vereint und waren längere Zeit Eigenthum des Cammeraths Schall in Frankenhausen; im Jahre 1851 erkaufte das Ganze der Staat.

Außerdem sind hier noch zu erwähnen: mehrere Freigüter, darunter der Rappenstein, ein Gandersheimer Stiftsgut, das in der Geschichte unserer Stadt öfters erwähnt wird; das Brauhaus, Eigenthum der Stadt, eine Ziegelhütte, welche letztere nordwestlich von der Stadt liegt und im Jahre 1848 neu angelegt worden ist, und eine Oelmühle, die von dem Klingen getrieben wird.

Die Schulanstalten. Es gibt hier 2 Schulen, eine für die Knaben und eine für die Mädchen, an denen je ein Lehrer arbeitet. Das Schulgebäude wurde 1700 erbaut. Früher war der Knabenlehrer ein Studirter und führte den Titel Rector, und während dieser Zeit gab es hier einen besonders angestellten Organisten, der zugleich Stadtschreiber war; die Mädchen aber wurden bis zum Jahre 1677 von Frauen unterrichtet. Der erste Mädchenschulmeister hieß Gottfried Roß.

Es wird hier alljährlich ein Vieh- und Krammarkt gehalten und zwar Dinstags vor Michaelis.

Die Flur ist sehr groß und beträgt an 200 Hufen Land, von welchem ein großer Theil zu der Domaine und den Freigütern gehört.

---

*) Vergleiche das Regierungsblatt von 1851, pag. 394 und 395.

Der Boden besteht größtentheils aus guter schwarzer Erde mit fettem Thon vermischt; ein Theil des Landes aber ist steinig und thonig und hat viele wilde Quellen und Flugerde, trägt jedoch auch ziemlich gut. Wiesen fehlen fast ganz; doch gehören zur Domaine Wiesen in Großballhausen, Kleinballhausen und Gebesee. Waldung besitzt nur die Domaine, nämlich im Groll bei Rohnstedt und im Allmenhäuser Forste.

In dem nahen Thale des Bennebaches liegen 8 Mühlen, die zu Gr.-Ehrich gehören, nämlich: die **Feldmühle**, **Brückenmühle**, **Bornmühle**, **Weidenmühle**, **Bergmühle**, **Feldölmühle**, **Faulmühle** und **Rosen- oder Rosenthalsmühle**; nordöstlich von der Stadt liegt eine erst in neuerer Zeit erbaute **Windmühle**.

Geschichtliches. Gr.-Ehrich gehörte nebst Wenigenehrich und Rohnstedt in den ältesten Zeiten dem Stift Gandersheim, welches diese Ortschaften zum Theil schon 875 vom König Ludwig I. bekommen haben soll; der Schenkungsbrief darüber findet sich in der geschriebenen Chronik des Mönchs Bodo im Kloster Clus. Späterhin wurde das Stift von dem Kaiser Otto I. und zwar in den Jahren 946, 956 und 972 und von Otto II. 975 und 979 völlig damit beschenkt. Die Schutzgerechtigkeit über Gr.-Ehrich hatten nachmals die Grafen von Hohnstein, Herren von Sondershausen. Im zweiten Viertel des 13. Jahrhunderts erhielt der Graf Heinrich III. von Schwarzburg durch seine Gemahlin Sophie, eine Gräfin von Hohnstein, Gr.-Ehrich nebst einigen andern Ortschaften als Mitgift; im Jahre 1259 fielen diese Besitzungen wieder an Hohnstein zurück, und 1356 wurde mit der Herrschaft Sondershausen unsere Stadt Eigenthum der Grafen von Schwarzburg.

Vor Alters gab es hier 2 Schlösser, welche die alte und die neue Burg genannt wurden und zur Grafschaft Kirchberg gehörten. Diese gingen nachmals in den Besitz der Landgrafen von Thüringen über; denn 1270 versprach der Landgraf Albrecht dem Grafen Heinrich von Hohnstein, der, wie gesagt, hier auch begütert war, als eine Gnade, weder die alte, noch die neue Burg zu Gr.-Ehrich wieder aufzubauen, woraus ihm und seiner Grafschaft einiger Nachtheil widerführe.

Im Jahre 1513 brannte fast die ganze Stadt ab; 1525 am Sonntage Lätare war hier, wie kaum ein halbes Jahr vorher, eine Feuersbrunst, welche 47 Häuser nebst Scheuern und Ställen verzehrte, und bald darauf, Dinstag nach Palmarum, kam hier wieder Feuer aus. Der Graf Günther XL. erließ der so sehr heimgesuchten Stadt auf 8 Jahr die Steuern. Am 18. Juli 1590 brannten wieder mehrere Häuser ab. Im Jahre 1751 am 31. Mai wurden wieder 24 Häuser mit Scheuern und Ställen eingeäschert. Am 5. April 1807 brannte hier ein Haus ab; ebenso kam hier 1851 und 1852 Feuer aus.

In Gr.-Ehrich wüthete vormals auch öfters die Pest und forderte viele Opfer. So starben an derselben 1577 in 6 Monaten 120 Personen, 1578 wieder 128 Pers., 1597 starben 60, 1609 st. 83, 1610 und 1611 st. 292, 1613 st. 193 und 1625 wieder 454. Als im Jahre 1598 in Sondershausen die Pest furchtbar graffirte, soll hierher die Regierung verlegt worden sein.

Vor der Reformation übte hier das Stift Gandersheim das Patronatrecht aus und setzte außer dem Pfarrer noch 3 Vicare ein, welche letztere auf dem Stiftsgute, dem sogenannten Rappenstein, wohnten, dem Pfarrer bei dem Gottesdienste assistirten und die Predigten sammt den übrigen kirchlichen Handlungen in den damals mit Gr.-Ehrich verbundenen Ortschaften zu besorgen hatten. Diese Orte waren wahrscheinlich Rohnstedt und Wenigenehrich. Auch nachmals war das letztere ein Filial von Gr.-Ehrich, wurde aber zwischen 1570 und 1580 dem Pfarrer Balthasar Lantz zu Rohnstedt auf Lebenszeit übergeben. Ob aber nach dessen Tode, der 1611 erfolgte, Wenigenehrich wieder zu Gr.-Ehrich kam, und wie lange, darüber finden wir keine bestimmte Nachricht.

Die Reformation wurde hier durch den schon in der Geschichte der Stadt Greußen erwähnten Johannes Thal, wenn nicht eingeführt, so doch vorbereitet.

Die hiesigen Prediger waren während der Zeit, daß in Ebeleben für den Schwarzburg-Ebeleber Landesantheil ein Consistorium war, nämlich von 1658 bis 1681, bei der Kirchen- und Schulinspection Consistorial-Commissarii für das katechetische Examen. —

Zu Gr.-Ehrich wurde 1723 der als Canzelredner und überhaupt als gelehrter Theolog berühmte Gabriel Christoph Benjamin Mosche geboren. Er studirte seit 1744 zu Jena, erhielt 1748 das Diaconat zu Greußen und 1749 dasselbe Amt an der Predigerkirche zu Erfurt, wurde 10 Jahre nachher als Superintendent und Consistorialrath nach Arnstadt und 1773 als Senior des geistlichen Ministeriums nach Frankfurt am Main berufen, wo er 1791 starb.

Zwischen Gr.-Ehrich und Westgreußen soll ein Schloß — vielleicht auch ein Dorf dabei — Namens Grobern, nach Rohnstedt zu ein Dorf Namens Neustadt oder Neustedt, so wie nordöstlich von der Stadt das Dorf Faula gestanden haben. — Grobern, auch Grabern, Krobern und Krabern genannt, wird unter den Burgen erwähnt, welche der Kaiser Rudolph von Habsburg 1290 in Thüringen zerstören ließ; ebenso wird es unter den zum Erzpriesterthum Greußen gehörigen Ortschaften aufgeführt. — Das Dorf Faula — von Einigen wird die Schreibart Vaula für richtiger gehalten und dieser Name von Vaul, Vogel, abgeleitet, weil sich in dem dabei befindlichen Hölzchen gern Vögel aufgehalten hätten — soll im Kriege zwischen Adolph von Nassau und den Söhnen des Landgrafen Albrecht von Thüringen zerstört worden sein. Von ihm hat die Faulmühle, das Faulgehölz, so wie der Faul-Geschoß den Namen.

2. Beschreibung der vier Marktflecken.

Clingen,

Stadt- oder Marktflecken, 4 St. südlich von Sondershausen und ¼ St. westlich von Greußen, Sitz eines Rentamtes, liegt an der südlichen Grenze einer Ebene, der Flattig genannt, und wird von einem Nebenarm der Helbe durchflossen, während südlich die sächsische Helbe und eine kleine Strecke davon gegen N. der sogenannte Steingraben vorüberfließt. Im N. wurde vormals ein großer Theil des Orts von einem Teiche, der jetzt trocken gelegt ist, begrenzt; nach S. hin erhebt sich der Boden allmählich.

Cl. hat 178 H. und 1056 Einw., die von Ackerbau, Handel und Gewerben leben; unter den Gewerbtreibenden gibt es namentlich viele Weber. Hier findet man auch einen Bildhauer, den einzigen in der Unterherrschaft, und als solche zeichnete sich früher eine Reihe von Jahren hindurch die Familie Klemm aus, die theils hier, theils in Greußen lebte, und von welcher man noch an verschiedenen Orten der Unterherrschaft kunstvolle Grabsteine antrifft.

Unser Marktflecken ist zwar alt, hat aber zum Theil breite gerade Straßen mit ansehnlichen Häusern. Er war und ist zum Theil noch mit Mauern umgeben und hatte zwei Thore, die aber jetzt abgetragen sind.

Die vorzüglichsten Gebäude sind:

Die Kirche St. Gumberti. Sie ist ein schon sehr altes Gebäude und soll bereits 1207 erbaut worden sein, hat aber mehrmals bedeutende Reparaturen erfahren, so namentlich im Jahre 1673 und zuletzt 1824. Die Orgel wurde 1774 neu erbaut. Der Thurm ist 1840 halb abgetragen und neu aufgeführt worden; er hat oben eine Gallerie mit einem eisernen Geländer.

Die Schulgebäude. Es giebt hier 2 Schulgebäude, eins für die Knaben und eins für die Mädchen. Der Knabenlehrer ist zugleich Cantor, der Mädchenschulmeister aber Organist. Früher führte der Knabenlehrer den Titel Rector und mußte Universitätsstudien gemacht haben. Die Mädchen wurden auch hier lange Zeit von Frauen unterrichtet, und noch 1674 wird einer Mägdleinschulmeisterin gedacht. Den Organistendienst versah damals der Stadtschreiber. Vom Jahre 1662 an hatte der Organist täglich 2 Stunden Unterricht in der Rectorschule zu geben, und späterhin wurde dieser dann Mädchenlehrer.

Die Domanialgebäude, auch das Schloß genannt, liegen an der Südwestseite unseres Orts. Das alte Schloß muß schon sehr früh gegründet worden sein, denn im 16. Jahrhunderte wird dasselbe als alt und baufällig erwähnt. Daher ließ Günther XL. im Jahre 1542 den Anfang mit der Erbauung eines neuen Schlosses machen, und es wurde noch in demselben Jahre das Oberhaus vollendet. Im folgenden Jahre wurde das nördliche und 1546 und 1547 das Haus nach dem alten Schlosse zu erbaut. In dem letzterwähnten Jahre wurde sodann das alte Schloß nebst dem Thurme abgebrochen. Doch blieb noch ein zu demselben gehörendes Gebäude stehen, welches noch jetzt zu landwirthschaftlichen Zwecken verwendet wird. — Zur Domaine gehört auch eine Schenkwirthschaft, die Ohmschenke, und ein Brauhaus. — Vor dem Schlosse befindet sich ein breiter Rasenplatz.

Einen nicht unbeträchtlichen Zuwachs erfuhr die Domaine dadurch, daß 1793 das Heinrici'sche Gut mit derselben vereint wurde. Dasselbe fiel nämlich als Mannslehen nach dem Absterben des Ausschußfähndrichs Heinrici in gedachten Jahre heim; die Ansprüche der Wittwe wurden mit 1955 Thlr. abgekauft. Ebenso wurde 1838 das Weinmann'sche Gut für 5400 Thlr. dazu gekauft.

Außer dem fürstlichen Gute gibt es hier noch 4 Freigüter.

Das Rentamt, dem Schlosse gegenüber, ist ein ansehnliches Gebäude und ganz aus Steinen erbaut. Bis zum 1. April 1847 war es das Justizamtsgebäude, und es waren in demselben, außer den Wohnzimmern des ersten Beamten, auch die Sessionszimmer, die Gefängnisse u. s. w.

Das Rathhaus mit einem Thurme, auf welchem eine Schlaguhr ist, liegt am südlichen Ende des Marktplatzes und ist ein bereits sehr altes Gebäude.

Ferner gibt es hier 5 Mühlen, nämlich eine Papiermühle — die einzige in der Unterherrschaft —, 2 Oelmühlen und 2 Mahlmühlen. Die 3 ersten liegen südlich vom Flecken; von den letztern liegt die Neumühle nordwestlich und zwar ganz in der Nähe desselben, die Pfaffenhofmühle aber wohl $\frac{1}{4}$ Stunde weiter nördlich an der preußischen Helbe. Die eben genannte Mühle erkaufte 1672 Graf Christian Wilhelm von Schwarzburg-Sondershausen für 100 Mfl. von dem Kammerherrn und Oberstwachtmeister von Krombholz in Ottenhausen. Gegenwärtig ist sie Eigenthum des frühern Pächters.

Die Flur besteht aus 90 und einigen Hufen Land mit meistens gutem, theils aus Lehm, theils aus schwarzem, mit Sand vermischtem Boden. Zur Domaine gehören 36 Hufen artbares Land und 66 Acker Wiesen. Letztere liegen zum kleinern Theile in der Flur von Greußen, zum größeren bei Gebesee und Großballhausen. Zur Domaine gehören ferner noch 18 Acker Gärten, welche treffliche Obstsorten enthalten. Ueberhaupt gedeiht bei Cl. das Obst sehr gut. Daß früher in hiesiger Flur der Weinbau ziemlich stark getrieben wurde, ist schon weiter oben gesagt worden.

Zwischen Cl. und Greußen sind 2 nahe bei einander fließende Arme der Helbe dicht mit Bäumen, namentlich mit Erlen, bepflanzt; diese Strecke heißt der alte Garten und ist ein recht angenehmer Spaziergang.

Geschichtliches. Unser Flecken war bis 1282 ein Dorf, erhielt aber in diesem Jahre Stadtrecht und 1353 eigene Statuten. Im Jahre 1381 verpfändeten die Grafen von Schwarzburg, Heinrich XX. und Günther XXIX., Cl. nebst einigen andern Orten den Freiherren von Querfurt; im Jahre 1417 verpfändete Graf Heinrich XXIV. das Schloß Cl. für 600 Mark Silber Hauptgeld und 48 Mark Silber Zinsen an Heinrich von Sebeleben, Hermann Hochherzen und Hans Heilwich, Bürgern zu Erfurt. Im Jahre 1488 kam Cl. an den apanagirten Grafen Günther XXXIX., der hier auch eine Zeit lang Hof hielt.

In den Jahren 1577 und 1578 residirte hier der Graf Johann Günther I., weil in Sondershausen die Pest sehr wüthete. Im Jahre 1651 wurde hier von den drei gräflichen Brüdern, Anton Günther, Christian Günther II. und Ludwig Günther II., den Söhnen Christian Günthers I, wegen ihrer Erbvertheilung ein Convent gehalten.

Im Jahre 1663 erhielt Cl. von dem Grafen Anton Günther das Recht, 2 Jahrmärkte und einen Wochenmarkt zu halten; da sie aber, wahrscheinlich wegen der allzu großen Nähe der Stadt Greußen, fast gar nicht besucht wurden, so gingen sie wieder ein. Seit 1837 ist indessen der Herbstjahrmarkt, welcher Dinstag vor Gallus fällt, wieder hergestellt worden.

Bis zum 1. April des Jahres 1847 war Cl. und zwar mehrere Jahrhunderte hindurch der Sitz eines Justizamtes. Mit diesem Tage wurden jedoch seine Amtsdörfer zu dem damaligen Landgerichte Sondershausen geschlagen, mit Ausnahme dreier Ortschaften, welche zum Amte Ebeleben kamen. Seit 1850 hat das frühere Amt Cl. seinen Sitz in Greußen.

In Cl. sollen in frühern Zeiten auch die Tempelherren ein Besitzthum gehabt haben, und dieses lag, wie man erzählt, da, wo die Ohmschenke steht.

In dem Jahre 1550 wüthete hier die Pest sehr; in den Jahren 1598 und 1599 starben an derselben 162, im Jahre 1610 innerhalb 3 Monaten 81 und 1628 wieder 128 Personen.

An dem Aufruhr, der während des Bauernkrieges, 1525, auch in der Unterherrschaft ausbrach, betheiligten sich auch die Einwohner von Cl. und einigen andern Ortschaften dieses Amtes. Sie unterwarfen sich aber bald darauf wieder, namentlich auf die Nachricht, daß für die Bauern der Kampf bei Frankenhausen einen sehr unglücklichen Ausgang genommen habe.

Im Jahre 1550 hatte Cl. nebst mehreren Amtsdörfern viel Drangsale von den Soldaten des Herzogs Moritz von Sachsen zu leiden, die, nach der Belagerung Magdeburgs scheinbar entlassen, hier so lange hausten, bis sie Moritz gegen den Kaiser Carl V. führte. — Ebenso hatte Cl. im dreißigjährigen, siebenjährigen und den Kriegen von 1806 bis 1815 viel durch Plünderung, Einquartierung u. s. w. zu erdulden.

Im Jahre 1558 war hier ein bedeutender Brand, durch welchen unter andern Gebäuden auch das Pfarrhaus eingeäschert wurde. Der damalige Pfarrer, Jacob Weber, verlor fast Alles, auch seinen ganzen Viehstand. — Im Jahre 1817 brannten 3 Wohnhäuser und 2 Scheuern ab.

In frühern Zeiten gab es hier außer der bereits erwähnten Kirche St. Gumberti oder Humberti noch eine Kirche, die den heiligen Andreas gewidmet war. Von der erstern war bis 1509 die Kirche in Westgreußen die Filia (Tochterkirche). In dem genannten Jahre wurde jene Kirche aber von dem damaligen Pfarrer Nicolaus Schmied an Ernst Heinrich Ruhen als einen Diaconus gegeben, doch unter der Bedingung, daß derselbe dem Pfarrer zu Cl. in jeder Woche, wenn es nöthig wäre, in der St. Andreaskirche eine Messe zu halten schuldig sein sollte.

Die Reformation, obwohl schon 1524 und 1525 durch Johannes Thal vorbereitet, wurde hier 1555 eingeführt und der in diesem Jahre angestellte erste lutherische Pfarrer war Jacob Weber, aus Ohrdruff gebürtig.

Im December des Jahres 1689 hatte die Kirche in Cl. einen beträchtlichen Verlust, indem ihr alle heiligen Geräthe geraubt wurden. Es bestand aber dieser Kirchenraub in 2 silbernen, stark vergoldeten Kelchen, einem silbernen, ebenfalls stark vergoldeten Tellerchen, einer übersilberten Hostienschachtel, einem zinnernen Kelche und außerdem in allen Gedecken über den Altar, von denen eins erst kurz vorher und zwar von Frau Ch. Theuerkauf der Kirche verehrt worden war. Ebenso war der Gotteskasten erbrochen und das in demselben befindliche Geld, etwa 17 Gülden betragend, gestohlen worden. Trotz aller Bemühungen des Magisters Kalbitz, der damals Pfarrer in Cl. war, und der Behörden konnten die Thäter nicht entdeckt werden.

In der Nähe von Cl. und zwar da, wo die Pfaffenhofmühle liegt, stand früher ein Kloster, das Katharinenkloster genannt.

Der Marktflecken

Ebeleben mit Marksußra.

Ebeleben, in alten Urkunden Ebeleiben, Ebeleuben und Ebeleybin genannt, liegt 3 St. südwestlich von Sondershausen, 4½ St.

nordöstlich von Mühlhausen und 4 St. nördlich von Langensalza und ist der Sitz eines Bezirksvorstandes, eines Justizamtes und eines Rentamtes. Es liegt an dem nördlichen Abhange einer Anhöhe und an der Helbe, die es in 2 sehr ungleiche Theile theilt, welche durch eine hölzerne Brücke verbunden sind. Der Haupttheil des Orts liegt am rechten Ufer, der am linken Ufer besteht nur aus einigen Häusern.

E. hat mit dem hierher eingepfarrten und etwa 500 Schritt entfernten Dörfchen Marksußra 178 H. und 1146 Einw. (1717 hatten beide nur 500 und selbst noch 1797 nur 518 Einw.), die Ackerbau, Handel und Gewerbe treiben. — E. ist im Ganzen ein sehr lebhafter Ort, welcher durch die Chaussee, welche, von Sondershausen nach Mühlhausen führend, denselben durchschneidet, sehr gewonnen hat. Von N. oder N.-O. aus gesehen, gleicht E. mit seinen hochgelegenen Gebäuden, namentlich dem Schlosse und der Kirche, einem Städtchen, dem indessen das Innere nicht ganz entspricht. Doch hat sich auch dieses seit einigen Jahren sehr verbessert und zwar durch den Neubau mehrerer Häuser, so wie durch das Verbessern der Straßen. Wesentlich trägt dazu auch der im Jahre 1848 hergerichtete verdeckte Canal bei, der das Wasser, welches aus dem mitten im Orte liegenden Teiche fließt, aufnimmt und bis zur Helbe leitet. Vorher verschlechterte dieses Wasser den Fahrweg von Jahr zu Jahr, und im Winter, wo dasselbe auffror, machte es den Weg ganz unfahrbar.

Plätze. Der Marktplatz, auf welchem alljährlich 3 zum Theil sehr besuchte Märkte – den 1. Mai, den 17. October und Donnerstag nach dem 2. Advent — gehalten werden, ist groß und geräumig und würde noch schöner sein, wenn er gepflastert wäre; doch hat er dadurch, daß man ihn vor mehreren Jahren ebnete, schon bedeutend gewonnen. — Der Tummelplatz, welcher an den Marktplatz stößt und gewissermaßen schon außerhalb des Ortes liegt, ist ein hübscher Platz, der theilweise von Lindenbäumen umgeben ist und im Sommer öfters zu Tanzbelustigungen und andern Vergnügungen benutzt wird. — Ein anderer Platz ist der am linken Helbeufer befindliche Rasenplatz, gewöhnlich nur auf dem Rasen benannt. Er wird im Sommer zum Tuchbleichen benutzt.

Die vorzüglichsten Gebäude sind:

Die Kirche St. Bartholomäi, welche auf einer Anhöhe liegt, zu welcher 3 steinerne Treppen führen. Sie ist schon alt, hat aber im Laufe der Zeit mancherlei Verbesserungen und Verschönerungen erfahren, so daß man derselben ihr Alter nicht ansieht. Besonders viel für dieselbe that der Graf Christian Günther I. († 1642); er baute auch das Erbbegräbniß mit der Sacristei, welche letztere aber nicht als solche benutzt wird. Der darüber befindliche herrschaftliche Kirchenstand wurde 1700 von Christian Wilhelm gebaut, der außerdem der Kirche ein neues Dach geben, Fenster und Thüren vergrößern ließ und auch für ihre innere Verschönerung Manches that. Auch Fürst

August I. († 1750) that viel für dieselbe; ihm verdankt sie die innere Einrichtung, welche sie noch gegenwärtig hat, ebenso die Verbesserung der Orgel — diese wurde jedoch 1848 fast ganz neu erbaut — und des Geläutes. Letzteres gehörte auch unstreitig zu den schönsten in der ganzen Gegend; leider sprang die große Glocke, doch ist die 1835 neu gegossene der alten im Ton ziemlich ähnlich.

In der Kirche befinden sich mehrere in Stein gehauene Bildnisse der Ritter von Ebeleben, unter andern auch das des Ritters Hans von Ebeleben.

In das Erbbegräbniß wurde zuletzt der Fürst Günther Friedrich Carl I. und zwar auf seine ausdrückliche Bestimmung beigesetzt und deshalb von dem Jagdschlosse zum Possen, wo er am 22. April 1837 starb, hierher geleitet.

Im Jahre 1793 schlug der Blitz in den Thurm und zerschmetterte an der Abendseite den Hauptbalken und den Dachstuhl. Hierauf ließ der Fürst Christian Günther den Thurm mit einem Blitzableiter versehen.

Der Platz vor der Kirche gewährt einen lieblichen Anblick, seitdem er im Jahre 1851 mit Blumen und Gesträuchern bepflanzt worden ist.

Der Gottesacker. Derselbe befindet sich am linken Helbeufer, an der nordöstlichen Seite des Ortes. — Früher war er bei der Kirche; da derselbe aber ziemlich klein war, auch der Weg vom Schlosse über denselben zur Kirche führte, und öfters Todtengebeine auf den Gräbern lagen, so dachte die Herrschaft selbst an eine Verlegung desselben. Allein die Sache verschob sich, bis die Gräfin Anna, Gemahlin des Grafen Christian Günther I, das Unglück hatte, daß der Kopf ihres ersten Töchterchens fast einem Todtenschädel glich. — Die junge Gräfin lebte indessen von 1613 bis 1652. — Die Gräfin Anna kaufte aber gleich darauf das Land, aus welchem der jetzige Gottesacker besteht, ließ es mit einer Mauer umgeben und schenkte es der Gemeinde Ebeleben zum Friedhofe.

Das Schloß. Der älteste Theil desselben ist der an der Ostseite des obern Hofes gelegene, wird noch das Ebeleber Haus genannt und war bis gegen das Ende des 16. Jahrhunderts Sitz der Herren von Ebeleben*). — Nach dem Bauernkriege, in welchem es durch die von Mühlhausen über Ebeleben kommenden Schaaren viel gelitten hatte, mußten die Mühlhäuser, denen namentlich die Verwüstung des Schlosses zur Last gelegt wurde, auf Befehl des Herzogs Georg von Sachsen, an welchen sich Apel und Christoph von Ebeleben gewendet hatten, einen neuen Schloßflügel bauen. Es ist dies das Gebäude

---

*) Man vergleiche: Thüringen und der Harz, III., pag. 241 u. ff., in welchem Artikel der Director Dr. Gerber eine ausführliche Beschreibung von Ebeleben und Marksußra geliefert hat.

an der Nordseite des obern Hofes und wird noch jetzt das Mühlhäuser Haus genannt. — Besonders erweitert und verschönert wurde aber das Schloß, seitdem es Eigenthum des Hauses Schwarzburg war, indem fast immer eine Linie desselben auf ihm residirte. Am meisten jedoch hat das Schloß dem Grafen Ludwig Günther II zu verdanken, welcher 1621 hier geboren war und 1651 hier für seinen Landestheil eine besondere Regierung errichtete. Er baute nämlich den ganzen südlichen Flügel mit dem Schloßthurme und verband auch das alte Ebeleber Haus durch ein neues Gebäude mit dem Mühlhäuser Flügel, so daß der obere Hof dadurch ganz geschlossen ward. Auch die Canzlei, den Marstall und wahrscheinlich auch das daneben stehende Thürmchen ließ er errichten. Der Fürst August I., so wie Fürst Christian Günther, der Sohn desselben, thaten ebenfalls Vieles für das Schloß. Der Letztere ließ unter Andern, um dem Schlosse gutes Wasser zuzuführen, eine eiserne Röhrenleitung von Nockensußra bis zum Schlosse anlegen. — Sehr gern verweilte auf unserem Schlosse auch der letztverstorbene Fürst, Günther Friedrich Carl I., so daß er bis 1835 den größten Theil des Jahres hier residirte. Seit 1850 ist das Schloß dem Staate überlassen worden, und es haben in dem Hauptgebäude der Bezirksvorstand und das Justizamt die Sessionszimmer, so wie die Beamten derselben ihre Wohnungen, auf einem Nebengebäude ist das Rentamt. — Für den westlich an das Schloß grenzenden Schloßgarten hat das Meiste der Fürst Christian Günther gethan. Er ließ 1774 denselben nach französischem Geschmacke mit schattigen Gängen und Lauben, kühlen Grotten, Springbrunnen und Wasserfällen, mit Statuen und Treibhäusern versehen. Die letzten sind aus dem Holze von dem damals abgetragenen Schlosse in Keula erbaut worden, und in ihnen kamen 1793 und 1794 zwei Aloen von ausgezeichneter Größe und Schönheit zur Blüthe. Der so eingerichtete und mit einer herrlichen Orangerie versehene Garten war eine lange Reihe von Jahren weit und breit berühmt und wurde von vielen Fremden besucht. — Jetzt aber läßt er seine frühere Schönheit kaum noch ahnen.

Die Domanialgebäude. Die Wohngebäude sind schon alt, die Wirthschaftsgebäude aber größtentheils neu. Mit der Domaine ist auch eine Branntweinbrennerei, die aber jetzt nicht mehr betrieben wird, und eine bedeutende Bierbrauerei verbunden. Für letztere wurde 1851 ein ganz neues, am Teiche gelegenes Brauhaus erbaut. Das alte Brauhaus liegt noch weiter westlich, und daneben sind die sehr bedeutenden, aber alten Zinsböden. — Die Schäferei und mehrere Wirthschaftsgebäude liegen in Marksußra.

Außer der fürstlichen Domaine giebt es hier noch ein Freigut.

In der Mitte des Ortes liegt ein Teich.

Das Forsthaus liegt westlich vom Brauhause und grenzt an den Schloßgarten. Mit demselben war früher eine nicht unbedeutende

Brütanstalt für Fasanen und Rebhühner verbunden. Der große und
schöne, nordwestlich an den Schloßgarten grenzende, Fasaneriegarten ist 1849 ausgerodet und in Ackerland verwandelt worden.

Die Pfarrwohnung ist sammt den ansehnlichen Wirthschaftsgebäuden im Jahre 1827 größtentheils neu erbaut worden, nachdem
sie am 8. Juli 1826 durch einen Blitzstrahl angezündet und fast ganz
in Asche gelegt worden waren.

Das Schulgebäude, in welchem nicht blos die Classenzimmer
der Knaben und Mädchen, sondern auch die Wohnzimmer der Lehrer
sich befinden, ist das frühere Amtsgebäude und im Jahre 1851 von der
Gemeinde erkauft und seiner neuen Bestimmung entsprechend eingerichtet
worden. Die Knabenschule war vorher in dem ehemaligen Stiftsgebäude, die Mädchenschule aber, für welche ursprünglich ein Haus in
der Mühlgasse bestimmt war, wurde in einem Privathause gehalten. —
Das eben erwähnte Stiftsgebäude, welches nördlich von der Kirche
lag und in den Jahren 1851 und 1852 abgebrochen wurde, war
eine fromme Stiftung des Ritters Hans von Ebeleben. Als
nämlich 1551 das Kloster Marksußra aufgehoben wurde, stiftete der
oben genannte Herr von Ebeleben auf den Rath des dasigen Pfarrers,
M. Justus Winter, mit einem Theile der Klostergüter 1552 eine
Schule für Knaben, welche eine höhere wissenschaftliche Bildung erlangen wollten. Während ein Haus zu diesem Zwecke eingerichtet
wurde, nahm er noch in demselben Jahre 9 Knaben aufs Schloß
und ließ sie frei unterrichten und beköstigen. Im folgenden Jahre
wurde sodann der dazu eigens angenommene Lehrer — Anton
Stange hieß er — mit einer bis auf 15 erhöhten Anzahl von Knaben
in das Schulgebäude eingeführt. Dasselbe war aber seinem Zwecke
so wenig entsprechend, daß es 1557 ganz neu gebaut wurde; im
Jahre 1657 wurde die Wohnung für den Lehrer, der bis dahin mit
im eigentlichen Schulgebäude gewohnt hatte, angebaut.

Der Hauptlehrer, welcher anfangs den Titel Schulmeister, nachher
Rector führte, wurde beim Unterrichte durch den Cantor unterstützt,
weshalb auch dieser Universitätsstudien gemacht haben mußte. Es erhielt aber der Rector, welcher — ob gleich anfänglich, ist ungewiß —
auch für die Beköstigung der Schüler zu sorgen hatte, Folgendes:

1. anfangs 50, nach dem dreißigjährigen Kriege 70 meißn. Gülden Besoldung,
2. 100 meißn. Gülden Kostgeld für sich und 10 Schüler,
3. 12 Nordhäuser Scheffel Weizen,
4. 192 Nordhäuser Scheffel Roggen,
5. 110 (ursprünglich 120) Eimer Bier,
6. das nöthige Brennholz, etwa 60 Malter,
7. 2 Schock Schüttenstroh.

Außerdem hatte er einen Baumgarten und ein Krautgärtchen in
Benutzung. Jeder Schüler zahlte dem Rector beim Eintritt 1 Thlr.

6 Gr. und jährlich 2 Thlr. Quartalgeld. Für jeden Schüler war die Zeit des Genusses dieser Wohlthaten auf 5 Jahre festgesetzt. — Die anfänglichen 15 Freistellen, von denen bei dem Verkaufe Ebelebens 10 den Grafen von Schwarzburg überlassen wurden und 5 den Herren von Ebeleben verblieben, wurden späterhin auf 10 im Ganzen beschränkt, theils weil die Herren von Ebeleben die Stellen nicht besetzten, theils weil im dreißigjährigen Kriege die Gefälle schwer eingingen.

Im Jahre 1829 wurde diese Schule aufgehoben und mit dem neu errichteten Gymnasium in Sondershausen vereinigt, die Einkünfte derselben aber dem Schulfonds zugewiesen. Die Stiftsschule in Ebeleben hat somit 277 Jahre bestanden und vielen Segen gestiftet, da sie es manchem talentvollen, aber unbemittelten jungen Menschen möglich machte, zu studiren.

Unter den zum Theil sehr tüchtigen Rectoren sei hier besonders eines gedacht, der sich um die schwarzburgische Geschichte unvergängliche Verdienste erworben hat. Es ist dies Paul Jovius oder, wie er eigentlich heißt, Paul Götze. Derselbe wurde zu Themar, einem Städtchen im Hennebergischen, geboren, wo sein Vater, Johann Götze, Pfarrer war. Seine erste Schulbildung erhielt er in Schleusingen; als aber sein Vater 1588 als Decan und Oberpfarrer nach Sondershausen berufen worden war, bereitete er sich theils in seiner neuen Vaterstadt, theils in Braunschweig vollends zur Universität vor. Er studirte in Wittenberg, wo er 1598 Magister wurde, erhielt sodann das Conrectorat zu Arnstadt und 1616 das Rectorat in Ebeleben, wo er am 4. Julius 1633 starb. Er widmete dem Studium der schwarzburgischen Geschichte sehr viel Zeit und sammelte nicht bloß aus Chroniken, sondern benutzte auch die Urkunden im Arnstädter, Sondershäuser, Rudolstädter und Gleichenschen Archive. Seine schwarzburgische Chronik (Chronicon Schwarzburgicum) hinterließ er im Manuscript, und das Original davon wird im Archiv zu Sondershausen aufbewahrt. Gedruckt findet es sich in: **Schöttgen et Kreysig, diplomat. et scriptor. 1753.**

In der Nähe von Ebeleben, und zwar südlich vom Orte, liegen zwei Windmühlen, die zu der in Ebeleben liegenden Wassermühle gehören. Früher waren diese drei Mühlen herrschaftlich, wurden dann in Erbpacht gegeben, sind aber jetzt freies Eigenthum des früheren Erbpächters. — Etwa eine Viertelstunde westlich von E. liegt noch eine andere Mühle, die Teichmühle, welche hierher eingepfarrt ist. Südlich von derselben liegen zwei nicht unbedeutende Teiche; ein dritter wurde vor mehreren Jahren entwässert. Die Gegend bei diesen mit Bäumen und Buschwerk umpflanzten Teichen ist sehr angenehm.

Marksußra, in alten Urkunden Suzara, Suzere, auch Marketsuzere genannt, nordöstlich von Ebeleben und, wie schon erwähnt, etwa 500 Schritte davon entfernt, liegt an der von Sondershausen theils nach Langensalza, theils nach Mühlhausen führenden

Chaussee und bildet seit der Zeit der Reformation mit E. eine Gemeinde. Hier befindet sich die Schäferei der Domaine Ebeleben nebst mehreren Wohn- und Wirthschaftsgebäuden, und zwar an derselben Stelle, wo früher ein Cisterzienser-Nonnenkloster stand; ja, es sollen selbst noch einige Gebäude von jenem herrühren. — Das erwähnte Kloster wurde 1287 von dem Ritter Albert oder Albrecht von Ebeleben gegründet. Den Plan dazu hatte er schon 1272 gefaßt; da aber Marksußra ein Lehen der Grafen von Gleichen war, so mußte er, bevor er den Bau und die Dotirung des Klosters vornehmen konnte, erst um die Lehnserlassung nachsuchen, die er 1277 erhielt. Hierauf ließ er 10 adelige Jungfrauen und 4 Nonnen aus den Klöstern Büren und Annerode hierher kommen und erhielt sie bis zur Vollendung des Klosterbaues 2½ Jahr auf seine Kosten. Auf die Erbauung des Klosters verwandte er 25 Mark Silber und gab anfangs diesen Klosterfrauen eine jährliche Einnahme von 40 Malter Getreide, denen er späterhin noch 60 Malter Getreidezinsen, die er aus Rockstedt erhielt, hinzufügte. Nach seinem Tode erhielt das Kloster noch 70 Malter jährlicher Getreidezinsen aus Rockstedt und Thalebra. Außerdem schenkte er demselben einen Forst bei Ingestedt (Ingrestedt, Ingelstedt bei Holzthaleben), das Urthal oder Surthal von 100 Aeckern und die Harth bei Holzsußra; ferner zwei Weinberge, den Gänseberg und den Nonnenberg (letzterer war unter dem großen Weinberge gelegen), unter der Bedingung, daß die umliegenden armen Kirchen davon den nöthigen Wein erhalten sollten. Albrecht bestätigte diese Stiftung durch einen Schenkungsbrief und ließ dieselbe nicht bloß von seinem Bruder Heinrich, damals Erzbischof von Mainz, sondern auch vom Kaiser Rudolph I. bestätigen. — Im Jahr 1311 begabten 2 Herren von Ebeleben, beide Ludolph genannt, den der Jungfrau Maria, dem heiligen Gregor, dem heiligen Mauritius und allen Heiligen geweihten Altar in der St. Bonifaciuskirche*) mit 8 Marktscheffel jährlicher Zehnten von den Dörfern Mehrstedt und Rockensußra. — Im Jahre 1347 litt dieses Kloster sehr durch Anfälle und Beleidigung mehrerer feindlich gesinnten Menschen. Die Nonnen wandten sich deshalb an den Papst Clemens, der denn auch an den Dechanten zu Heiligenstadt den Befehl erließ, für die Sicherheit unseres Klosters Sorge zu tragen. Zugleich ertheilte er damals dem Kloster das Recht, die Ländereien, Weinberge und Güter in Besitz zu nehmen, welche denen, die in dasselbe eingetreten, zugefallen sein würden, wenn sie weltlich geblieben wären. — Im Jahre 1487 vermachten die Städte Arnstadt und Frankenhausen diesem Kloster je eine Mark Silber jährlichen Zinses.

---

*) Die Bonifaciuskirche lag nördlich auf der Wiese jenseit der Straße, welche von ihr den Namen führt. Sie ist jetzt Feld. Die Walpurgiscapelle, welche bei dem Bau des Klosters mit aufgeführt wurde, lag östlich, wo gegenwärtig die sogenannte Pferdewiese ist.

Das Kloster Marksußra war auch eins der 11 Erzpriesterthümer, in welche die Erzprobstei Jechaburg eingetheilt war, und begriff 39 Ortschaften, von denen folgende in der heutigen Unterherrschaft lagen: Marksußra, Ebeleben, Holzsußra, Rockensußra, Keula, Holzthaleben, Ingrestedt oder Ingelstedt — ein untergegangenes Dorf bei Holzthaleben —, Großenbrüchter, Kleinbrüchter, Mittelbrüchterode — jetzt nicht mehr vorhanden —, Toba, Wenigentoba — ein untergegangenes Dorf unweit Toba —, Wiedermuth, Himmelsberg, Schernberg, Gundersleben, Rockstedt, Bellstedt, Thüringenhausen, Wolferschwende, Abtsbessingen, Allmenhausen, Höningen — ein untergegangenes Dorf bei Allmenhausen — und Billeben.

Das Kloster bestand bis gegen die Mitte des 16. Jahrhunderts. Da es aber im Bauernkriege bedeutend gelitten hatte, und der damalige Herr von Ebeleben, der Ritter Hans, 1544 lutherisch wurde und die Reformation in seiner Herrschaft einführte, überdies auch in dieser Zeit nur noch 6 Nonnen im Kloster waren, so wurde es 1551 aufgehoben.

Die ganze zu Ebeleben und Marksußra gehörige Flur beträgt etwa 130 Hufen Land und 160 Acker Wiesen, wovon zur Domaine 57 bis 58 Hufen Land und 137 Acker Wiesen gehören. Der Boden ist größtentheils recht tragbar.

Geschichtliches. Ebeleben ist nebst Marksußra wahrscheinlich schon lange Zeit vor Bonifacius, also vor dem 8. Jahrhunderte, gegründet worden; aber bis auf die Erscheinung dieses Mannes hier ist uns über beide Orte Nichts aufbewahrt worden. Bonifacius erschien hier im Jahre 731 oder 732, und zwar, wie man erzählt, flüchtig vor den Bewohnern Sondershausens und der Umgegend, die darüber aufgebracht, daß er das Bild oder den Altar der Göttin Jecha auf dem Frauenberge zerstörte, ihn bis an den Bergabhang diesseit Gunderslebens, deshalb Stuzfurth genannt, verfolgten. Da er bei Marksußra, wo er sich mit den Seinen wieder sammelte, in den Herzen der Bewohner daselbst mit seiner Predigt Anklang fand, so baute er nördlich von unserm Dörfchen eine Capelle, die späterhin wieder zerfallen. Ihre Trümmer wurden 1207 bei dem Bau des Klosters und einer Capelle bei demselben verwandt. Die Capelle war der heiligen Walpurgis, einer Gefährtin des Bonifacius, geweiht, und da der 1. Mai ihr Namenstag war, so wurde an diesem Tage alljährlich in derselben eine Messe gehalten. Diese Messe ist wahrscheinlich die Veranlassung zu dem noch jetzt sehr besuchten Ebeleber Maimarkt gewesen.

Ebeleben bildete mit Marksußra, Billeben, Holzsußra und Bothenheilingen*) eine besondere Herrschaft und war schon längere Zeit vor

---

*) Bothenheilingen war eigentlich kein Pertinenzstück der Herren von Ebeleben, sondern ein besonderes Gerichtsdorf, hat aber lange Zeit den Herren von Ebeleben gehört.

dem 12. Jahrhunderte Eigenthum der Ritter von Ebeleben. Diese zeichneten sich durch Reichthum und hohes Ansehen vor vielen andern Ritterfamilien aus und galten daher viel bei Fürsten und Herren. Im Jahre 1348 verpfändete der Graf Heinrich von Hohnstein den Rittern Rudolph und Otto von Ebeleben das Schloß und Dorf Keula nebst einigen andern Besitzungen für 500 Mark Silber. — Im Jahre 1372 übertrugen Apel und Ludolph von Ebeleben den Grafen von Schwarzburg alle ihre Güter, die bisher ihr freies Eigenthum gewesen, zu Lehen.

Im Jahr 1616 gelangte die Herrschaft Ebeleben nebst Bothenheiligen durch Kauf an die Grafen von Schwarzburg, welche bis dahin schon Antheil an den Steuern und andern wichtigen Rechten derselben gehabt hatten. Allein sie waren eigentlich schon seit 1597 Besitzer derselben; doch ein gewisser Ascha von Marenholz überbot sie und machte ihnen das Vorkaufsrecht, das ihnen wegen jener Rechte zustand, streitig, wodurch sich nicht bloß der Kauf verzögerte, sondern auch der Kaufpreis erhöht wurde. Endlich 1616, nachdem die Grafen das Schloß in Ebeleben bereits bezogen hatten, endete der Streit; die Grafen zahlten für die Herrschaft nicht bloß 120,000 Gülden, sondern mußten sich auch verpflichten, das Dorf Bothenheiligen, welches für 6000 Gülden an einen gewissen Friedrich Knorr verpfändet war, einzulösen.

Der Letzte aus dem Geschlechte der Ritter von Ebeleben war Johann Christoph auf Wartenburg, Herr des Amts Mühlberg in der untern Grafschaft Gleichen und des Rittersitzes Witzleben, welchen er wiederkäuflich besaß. Er war 1578 geboren und starb den 8. November 1651 zu Dresden.

Das Wappen der Herren oder Ritter von Ebeleben war ein in die Quer getheilter Schild, oben weiß, unten roth, auf dem Helme ein Fürstenhut, über welchem 2 weiße Streithämmer emporragten. Die Helmdecken waren weiß und roth. —

Im Jahre 1525 erfuhr Ebeleben, wie schon angedeutet, die Greuel Münzer's und seiner Schaaren, die, von Mühlhausen kommend, hier durchzogen und dabei plünderten und zerstörten; namentlich hatte von ihnen das Schloß daselbst und das Kloster in Marksußra zu leiden. — Auch der dreißigjährige Krieg brachte sowohl durch kaiserliche, als durch schwedische Truppen viel Drangsale über unsern Ort; besonders waren es die Pappenheimer, welche 1632, vom Eichsfelde, das sie besetzt hielten, hierher kommend, das Dorf und vorzüglich das Schloß plünderten, in welchem sie Alles, was sie nicht mit sich nehmen konnten, zerschlugen und in den Kellern desselben 60 Eimer Wein auslaufen ließen. Aber auch außerdem fügten sie dem Orte viel Unheil zu, und es würde dies in noch höherem Grade der Fall gewesen sein, wenn der damalige Pfarrer Müller ihnen nicht mit großer Entschlossenheit entgegen getreten wäre, bis sie, hierüber erbittert, ihn sammt seiner Tochter und einigen Andern gefangen mit sich fortführten. Er kehrte jedoch bald hernach wieder zu den Seinen zurück, wurde aber leider 1634 ein Opfer seines Berufseifers. In diesem Jahre nämlich lag ein schwedischer Cornett mit einer Schutzwache in Ebeleben; aber selbst von ihm und seinen Leuten hatte der Ort mancherlei Ungemach zu ertragen. Als deshalb der Pfarrer Müller einst in seiner Predigt gegen die schlechte Mannszucht geeifert hatte, folgte ihm der Cornett, welcher diese Strafpredigt mit angehört hatte, bis in den Hof der Pfarrwohnung nach und stellte ihn zur Rede. Als aber jener sich auch jetzt sehr tadelnd gegen den Cornett äußerte, legte dieser Hand an ihn. Er würde jedoch nicht viel gegen den Pfarrer, der ein eben so starker, als beherzter Mann war, ausgerichtet haben, wenn nicht die Gattin des Letztern herbeigeeilt wäre und ihren Mann, von hinten fassend, aus diesem Kampfe zu entfernen gesucht hätte. In diesem Augenblicke versetzte der Cornett mit einem Spitzhammer dem Pfarrer einen so heftigen Schlag, daß derselbe niederstürzte und drei Tage darauf starb. Der Mörder entkam durch die Flucht.

Auch der siebenjährige Krieg, in welchem unter andern das Freibataillon von Wunsch hier und in Rockstedt Quartier gemacht hatte, brachte dem Orte viel Ungemach. — Ebenso hatte E. in den Kriegsjahren von 1806 bis 1814 viel zu leiden, besonders im Jahre 1806 von den Franzosen, die, nach der Schlacht bei Jena hier durchziehend, nicht bloß das Schloß plünderten, so daß der Fürst, der sich damals hier aufhielt, nach Sondershausen flüchten mußte, sondern auch den Bewohnern von E. überhaupt viel Drangsale bereiteten.

Feuerunglück hatte E. am 8. Juli 1826, indem, wie schon erzählt, der Blitz in die Pfarrscheuer einschlug und zündete. Doch brannte nur die Scheuer und ein Stall ganz, das Wohngebäude zum Theil ab. — In Marksußra brannte im Jahr 1849 ein Haus ab.

Noch ist zu bemerken, daß die Herrschaft E. bis zum Jahre 1815 unter sächsischer und 1810 unter preußischer Oberhoheit stand, daß aber in dem letzterwähnten Jahre Preußen gegen einige Besitzungen, die es von Schwarzburg erhielt, auf diese Hoheitsrechte verzichtete. Bis zum Jahre 1816 war hier auch ein sächsisches Consistorium; doch finden wir hier im 17. Jahrhunderte ein schwarzburgisches geistliches Gericht. Im Jahre 1658 überließ nämlich der Churfürst von Sachsen den Grafen von Schwarzburg die Jurisdiction über die Kirchen und Schulen in dem Amte Ebeleben, worauf Ludwig Günther II. hier ein Consistorium, als geistliches Untergericht von Arnstadt, für seinen unterherrschaftlichen Landestheil einsetzte. Es gehörten dazu folgende Ortschaften: Greußen, Gr. Ehrich, Rohnstedt, Wenigenehrich, Bothenheilingen, Allmenhausen, Abtsbessingen, Billeben, Rockstedt, Gundersleben, Schernberg, Himmelsberg, Holzsußra und Ebeleben. — Späterhin mögen die Grafen auf diese Jurisdiction wieder verzichtet haben, da 1681 hier das sächsische Consistorium wieder eingesetzt wurde

Die geistliche Inspection hatte in der Herrschaft Ebeleben der Superintendent zu Langensalza. —

In E. wurde auch der als Schulmann rühmlichst bekannte und namentlich um das Schulwesen Schwarzburg-Sondershausens verdiente Dr. Friedrich Wilhelm Ernst Gerber geboren, und zwar am 14. November 1776. Er studirte 1796—98 in Jena Theologie und Philologie, kehrte aber im Herbste des letzterwähnten Jahres in die Heimath zurück, um seinen Vater, der Rector der dasigen Stiftsschule war und sein Amt wegen Kränklichkeit nicht mehr allein verwalten konnte, zu unterstützen. Im Jahre 1800 wurde er Substitut des Rectorats und 1803, nach dem Tode seines Vaters, wirklicher Rector. Er hat sich um die ihm anvertraute Anstalt große Verdienste erworben, schloß aber die Reihe der Rectoren an derselben, indem sie 1829 aufgehoben und mit dem neu errichteten Gymnasium zu Sondershausen verbunden, er selbst aber Professor an demselben wurde. Vom Jahre 1835 an war er Director desselben, legte aber zu Michaelis 1852 sein Amt nieder, indem er sich nach einem so langen und mühevollen Berufsleben nach Ruhe sehnte. Seitdem lebt er zu Sondershausen, sich noch immer, wenn nicht durch Kränklichkeit gehindert, eifrigst mit den Wissenschaften beschäftigend*).

Keula,

auch Großkeula und in früheren Zeiten Oberkeula genannt, seit 1793 ein Marktflecken, liegt 6 St. westlich von Sondershausen, 3 St. nördlich von Mühlhausen und 7 St. südwestlich von Nordhausen und ist der westlichste und zugleich am höchsten gelegene Ort der Unterherrschaft, weshalb das Klima hier auch ziemlich rauh ist, und man hier wohl mindestens 14 Tage später erntet, als in dem östlichen Theile der Unterherrschaft. K. hat 183 H. und 1005 Einw. (1696 hatte es 692 und 1796 noch 793 Einw.), die von Ackerbau, Gewerben und Handel, besonders von Holz- und Kohlenhandel leben. Durch letztern sollen jährlich an 5000 Thlr. aus dem In- und Auslande dem Orte zufließen; es werden aber auch wohl in jedem Jahre 2000 bis 3000 Malter Holz hier verkohlt. —

Der Ort liegt an dem westlichen Abhange eines Hügels; von seinen Straßen, an deren Seiten gepflasterte oder mit Steinplatten belegte Fußwege hinlaufen, sind einige ziemlich breit, und unter den Gebäuden giebt es mehrere sehr ansehnliche.

Die vorzüglichsten Gebäude sind:

---

*) Genauere Nachrichten über das Leben, Wirken und die Schriften desselben enthält das Programm des Sondershäuser Gymnasiums vom Jahre 1853.

Die Kirche St. Trinitatis ist 1652 erbaut worden, nachdem die alte, dem heiligen Martin geweihte 1637 abgebrannt war. Das Feuerunglück brach am Tage vor dem Trinitatisfeste aus, und deshalb widmete man die neue Kirche der heiligen Trinität oder Dreifaltigkeit. In der Kirche befindet sich eine schätzenswerthe, aus Holz geschnißte Altartafel, die Abnahme Jesu vom Kreuz, welche sich vorher in der Schloßkirche zu Arnstadt befand und nebst der Canzel 1697 von dem Grafen Anton Günther, welcher bis 1681 in K. residirt hatte, der Kirche daselbst geschenkt wurde. Werthvoll ist auch der aus Marmor bestehende Taufstein, welchen der Kirche der hier stationirte gräfliche Oberförster Wedekind 1658 verehrt hat. — Die Kirche hat im Lauf der Zeit sehr bedeutende Verbesserungen und Verschönerungen erfahren. So wurden 1701 zwei neue Emporkirchen gebaut; 1785 erfuhr die Kirche eine Hauptreparatur im Innern; 1789 wurden die vorher durch steinerne Pfeiler geschiedenen Fensteröffnungen erweitert und mit neuen Fenstern versehen; 1827 wurde die Kirche innerlich verschönert und 1842 das Schiff derselben gedielt. — Die Orgel, welche 1681 erbaut worden ist, erhielt 1840 eine völlige Reparatur. — Der alte 1637 zugleich mit der Kirche abgebrannte Thurm war, wie die Jahrzahl an einem Eckstein desselben vermuthen läßt, 1586 erbaut; derselbe erfuhr 1785 und 1837 Hauptreparaturen. — Bei dem Brande 1637 waren sämmtliche Glocken zerschmolzen, so daß man das Metall aus dem Schutte ausgraben mußte, und man fand an 19 Centner. Die neuen Glocken wurden schon 1639 gegossen; allein hinsichtlich der Glocken hat K. oft Unglück gehabt. Die Mittelglocke, von etwa 6 Ctr. Schwere, mußte 1688 und 1710 abermals neu gegossen werden, und 1711 sprang die große Glocke, von 16 Ctr. Schwere, und die mittlere wiederum. Jene wurde erst 1730 wieder gegossen; 1830 zersprang sie bei einem Trauergeläute und wurde im folgenden Jahre neu gegossen. Die jeßige Mittelglocke ist 1780 und die kleine 1818 gegossen.

Es giebt hier 2 Gottesäcker; der, welcher die Kirche umgiebt, wurde 1755 dadurch vergrößert, daß die Straße, welche zwischen ihm und der Pfarrwohnung war, dazu genommen wurde. Der andere, südöstlich vom Orte gelegen, wurde 1722 angelegt. Beide werden noch als Begräbnißplätze benutzt und zwar in der Weise, daß man auf den andern erst dann begräbt, wenn der ganze Raum des einen zu Grabstätten benutzt worden ist.

Die Pfarrwohnung, an der nördlichen Grenze des Kirchhofes gelegen, ist ein ansehnliches Gebäude und nach dem Brande 1637, dessen Opfer auch sie wurde, neu erbaut worden.

Das Schulgebäude, die Classenzimmer für Knaben und Mädchen und zugleich die Lehrerwohnungen enthaltend, ist nach dem Jahre 1811, in welchem es abbrannte, neu erbaut worden. — Bis zum Jahre 1684 gab es hier nur einen Lehrer für Knaben und Mädchen.

Doch war schon 1664 von dem Consistorium zu Ebeleben die Errichtung einer Schule für Mädchen befohlen worden.

Die **Wohn- und Wirthschaftsgebäude** der fürstlichen Domaine liegen an der westlichen Seite des Orts. Ein dazu gehöriges Nebengebäude, in welchem längere Zeit Branntweinbrennerei betrieben wurde, ist das einzige Ueberbleibsel von einem in der Geschichte Schwarzburgs oft genannten Schlosse. Dieses **Schloß**, auch die **Burg** genannt, war ein einst nicht bloß bedeutendes, sondern auch schönes Gebäude; denn noch in seinem Verfalle sollen die Seitenwände mit ihren großen Fensterreihen und mit ihren architektonischen Zierathen einen großartigen Anblick gewährt haben, wozu auch der hohe, ansehnliche Thurm, der das Ganze überragte, beitrug. Oefters haben darum hier auch Grafen von Schwarzburg residirt. Die Zeit der Gründung dieser festen, von tiefen Wallgräben umgebenen Burg, so wie ihr Gründer sind unbekannt. Als dieselbe aber seit dem Ende des 17. Jahrhunderts lange Zeit unbewohnt blieb, und auch der Fürst Heinrich, der sich in den Jahren von 1730 bis 1758 gern und oft in Keula aufhielt, nicht in der Burg, sondern in den Nebengebäuden derselben residirte, so gerieth jene allmählich in Verfall, so daß, sollte sie erhalten bleiben, eine Reparatur nöthig war. Auf den Vorschlag eines seiner Räthe ließ aber der Fürst Christian Günther 1772 dieselbe abtragen, doch nur zum Theil, das daraus gewonnene Holz aber zur Erbauung der Gewächshäuser in Ebeleben verwenden. Die übrig gebliebenen Trümmer wurden, bis auf den noch jetzt stehenden Theil, 1811 noch weiter abgetragen, indem diejenigen Bewohner Keula's, welche in diesem Jahre durch Brand ihre Wohnungen verloren hatten, mit den Steinen ihre neuen Häuser aufbauten.

Die vorher erwähnten **Nebengebäude** des Schlosses liegen südwestlich von demselben und sind lange Zeit zu Staatszwecken benutzt worden. In einem Theile derselben wohnte der Forstbeamte; dieser Theil ist aber vor einigen Jahren abgebrochen worden. In dem untern Stockwerke des übrigen Theiles waren die Sessionszimmer des Justizamtes, welches mit einer einmaligen kurzen Unterbrechung bis zum Ende des Jahres 1852 hier seinen Sitz hatte; in dem obern Stockwerke waren die Beamtenwohnungen. Auch von diesem Gebäude ist vor wenig Jahren ein Theil abgetragen worden.

Das Ganze war von einem tiefen Graben, dem Burggraben, umgeben, der noch vorhanden ist, aber theilweise als Gemüsegarten benutzt wird.

Ein **Freigut**, im nördlichen Theile des Orts gelegen, ist das einzige der vormals hier befindlichen vier Burgmannen-Güter, welches sich als ein Ganzes erhalten hat. —

In der Nähe des Orts liegen 3 **Windmühlen**. — Eine Viertelstunde vom Orte ist auf einer Anhöhe, der heilige Berg genannt, ein **Brunnen**, aus welchem 1784 das Wasser durch eiserne Röhren nach der Domaine geleitet worden ist. Er ist — und in frühern Jahren war er es noch mehr — eine unschätzbare Wohlthat für den Ort, indem er allein denselben mit Wasser versorgte. In heißen Sommern und bei frühen Wintern vermochte er aber oft nicht das nöthige Wasser zu liefern, und man mußte dies auswärts holen. Seitdem aber in den Wiesen 2 Brunnen und auch einige im Orte gegraben worden sind, fehlt es niemals mehr an hinreichendem Wasser.

Hierher eingepfarrt ist das südwestlich vom Orte gelegene Wirthshaus „zur Schwarzburger Warte" genannt.

Die Flur von K., die zum größten Theile von Preußen und Gotha begrenzt ist, beträgt über 200 Hufen Land, wovon 37 Hufen zur Domaine und 11 Hufen zum Freigute gehören. Der Boden ist größtentheils steinig und lehmig und die Tragbarkeit desselben nicht sehr groß. An Wiesen gehören zur Flur 22 Acker. An Waldungen besitzt die Gemeinde 2580 Ar. Es werden jährlich gegen 2400 Klafter Holz geschlagen und an 103 Hausbesitzer vertheilt; eine jede solche Holztheilmaße soll eigentlich 18 Klafter betragen, umfaßt aber gewöhnlich mehr.

In der hiesigen Flur, und zwar zwischen den Waldungen Keula's und Holzthalebens, haben die Herren von Hopffgarten in Schlotheim ein Gehölz, die Mark genannt. — Eine andere Privatbesitzung an Wald im Keulaischen Reviere war das Himmelstoßhölzchen, welches 1793 der Fürst für 600 Thlr. kaufte.

Etwa drei Viertelstunden von Keula entfernt liegt ein durch seine entzückende Aussicht bekanntes Plätzchen, das Rondel genannt. Nachdem man von Keula dahin zuletzt einen schönen Buchenwald durchschritten hat, befindet man sich plötzlich auf einem von Bäumen entblößten Felsenvorsprung, der nach Westen über 400 Fuß tief fast senkrecht abfällt. Vor sich sieht man unten ein breites reizendes Thal, von waldigen Höhen begrenzt, mit unzähligen Ortschaften — es ist dies ein Theil des Eichsfeldes —; in der Mitte desselben erhebt sich der Ohmberg. Rechts erstreckt sich die Aussicht bis zum Harz mit dem Brocken, links bis zum Meißner und den beiden Gleichen bei Göttingen.

Das Plätzchen selbst ist durch Anlagen noch verschönert worden, und auf demselben findet jährlich am Frohnleichnamsfest, den 2. Sonntag nach Pfingsten, ein äußerst zahlreich besuchtes Volksfest Statt. — Seit 1821 versammelten sich im Sommer jeden Mittwoch mehrere Familien aus den benachbarten Ortschaften daselbst zum geselligen Vergnügen; in den letzten Jahren ist aber dieser Verein durch den Tod oder durch Versetzung mehrerer Mitglieder gestört worden.

Geschichtliches. Das Dorf Keula soll früher in dem südlichen Thalgrunde gelegen, die Einwohner desselben sich aber zur Ansiedlung an der Stelle, wo es jetzt liegt, theils durch eine bedeutende Feuersbrunst, theils aber auch und wohl vornämlich durch die öftern Ueberschwemmungen, denen sie ausgesetzt waren, veranlaßt gesehen haben. Spuren von jenem Dorfe, namentlich von der Kirche, finden sich noch jetzt. Die Burg lag aber schon damals auf der Anhöhe.

Das Schloß und Dorf Keula, sowie das Amt gleichen Namens, war schon früh ein freies Eigenthum der Grafen von Hohnstein. Im Jahre 1348 verpfändete Graf Heinrich von Hohnstein sammt den Grafen Heinrich und Günther von Schwarzburg, seinen Schwiegersöhnen und künftigen Erben, den Rittern Rudolph und Otto von Ebeleben das Schloß und Dorf Oberkeula nebst einigen andern Besitzungen für 500 Mark Silber. Seit dieser Zeit waren die Ritter von Ebeleben Burgherren auf Keula, und zugleich standen ihnen 4 Burgmänner zur Seite, welche für ihre Dienste mit Gütern in Keula belehnt wurden. Als solche werden genannt die Herren von Worbis, von Trotha, von Heringen und von Kreutzburg. Die Güter der beiden erstgenannten Ritterfamilien sind nach ihrem Aussterben zur Domaine geschlagen worden, das Gut der Herren von Heringen wurde 1818 dismembrirt — das Gutsgebäude ist das jetzige Thiele'sche Gasthaus —, das Gut der Herren von Kreutzburg besteht noch als ein Ganzes und ist das oben erwähnte Freigut.

Im Jahre 1421 trug der Graf Heinrich von Schwarzburg seinen freien und eigenen Besitz Keula nebst Straußberg dem Stift Mainz zu Lehen auf und empfing sie als solche, wogegen der Erzbischof den Ansprüchen entsagte, die er auf die vom Grafen Heinrich erkaufte Herrschaft Heringen machte.

Im Jahre 1437 vermehrten die Grafen von Schwarzburg das Amt Keula durch Vertauschung des ihnen gehörigen Dorfes Blankenburg mit Nieder- (Klein-) Keula und halb Urbach, welche bis dahin dem Landgrafen von Thüringen gehörten.

Im Jahr 1505 verpfändete Graf Heinrich XXXI. das Schloß Keula sammt Oberkeula, Niederkeula und einigen andern Dörfern gegen 3500 rhein. Gülden auf 12 Jahr an Caspar Krebsen.

Im Jahr 1550 und 1551 ließ Günther XL. die hohe Wart an der Landwehr gegen Mühlhausen hin repariren. Bei dieser Gelegenheit mußten zur Beförderung des Baues die Herren von Ebeleben die Hälfte der Steuern beitragen und die Herren von Hopffgarten in Schlotheim ihre Leute dabei Hülfe leisten lassen.

Von 1670 bis 1681 residirte auf dem Schlosse zu K. Anton Günther II, nahm aber 1681 nach dem Tode seines Oheims Ludwig Günther II. seinen Regierungssitz in Arnstadt. Im Jahr 1682 setzte er hier ein Unterconsistorium für das ganze Amt Keula ein, welches bis zu seinem Tode 1716 hier bestand.

Im Jahre 1793 ertheilte der Fürst Christian Günther unserem Orte die Rechte und Freiheiten eines Marktfleckens mit jährlich 3 Märkten.

Im Jahre 1637 war hier eine bedeutende Feuersbrunst, welche außer der Kirche und der Pfarrwohnung einen großen Theil des Orts in Asche legte. Auch das ansehnliche, außerhalb des Orts gelegene Zeughaus brannte ab. — Am 14. October 1811 Abends gleich nach 6 Uhr kam Feuer aus, das 38 Wohnhäuser nebst Scheuern und Ställen einäscherte.

Noch ist hier das mit der Domaine Keula verbundene herrschaftliche Gut Gerterode, welches auf dem Eichsfelde liegt, zu erwähnen. Es gehören zu dem Gute 497 Ar. Land und 167¼ Ar. Wiesen; ebenso gehören dazu einige Waldungen: die Vogelsleite, der Heidelberg, der Dachsberg, das Pfaffenthal, die Strute und der Heyeberg. — Diese Besitzung kaufte Graf Heinrich XXIV. im Jahre 1444 von Eckard von Guttern für 1800 Gülden, und es gehörte damals auch das Gericht zu Scharfenstein und zu der Harburg, so wie das Schulpatronat über Gerterode dazu. Letzteres ist 1816 an Preußen abgetreten worden.

Schernberg,

ein Mfl., in alten Urkunden gewöhnlich Scherenberg genannt, liegt 2 St. südwestlich von Sondershausen und 1 St. nordöstlich von Ebeleben, und zwar unweit der Hainleite, die sich hier ganz sanft abdacht, mithin ziemlich hoch, weshalb auch das Klima etwas rauh ist.

Sch. hat 207 H. und 1089 Einw. (1722 hatte es 735, aber 1795 nur 693 Einw.), die sich von Ackerbau, Handel und Gewerben nähren, zum Theil auch als Holzhauer ihr Brod verdienen.

Der Ort ist mehr lang, als breit, und seine Straßen, von denen die Hauptstraße ziemlich breit ist, haben in den letzten Jahren sehr gewonnen, indem man die Fußwege an den Seiten etwas erhöhte und mit Steinplatten belegte. Recht geräumig und hübsch ist der Marktplatz, auf welchem alljährlich 2 Märkte gehalten werden; der erste ist Dinstags nach Vitus — früher Dinstags nach Urban —, der zweite Dinstags nach Gallus. Mit dem letzten ist ein Schweinemarkt verbunden, der sehr bedeutend ist.

Unter den Gebäuden sind folgende erwähnenswerth:

Die Kirche St. Crucis. Sie wurde im Jahre 1624 neu erbaut, ist ziemlich groß, aber etwas schmal und dunkel. Sie hat seit ihrer Erbauung manche Verbesserung erfahren. Im Jahre 1686 erhielt sie einen neuen Taufstein, 1696 neue Emporkirchen und 1707 neue Fenster. Der Thurm hat mehrmals reparirt werden müssen; eine bedeutende Reparatur wurde mit ihm 1837 vorgenommen.

Die Schulgebäude. Es gibt hier 2 solcher Gebäude, eins für die Knaben und eins für die Mädchen. Das letztere lag früher in der Nähe der Kirche, war aber zu klein, weshalb die Gemeinde ein anderes kaufte, welches groß und geräumig ist. — Bis zum Jahre 1612 gab es hier nur einen Lehrer; in diesem Jahre wurde dann noch ein zweiter angestellt, ohne jedoch 2 Schulen einzurichten. Der neue Lehrer war Organist und unterrichtete täglich 2 Stunden in der schon vorhandenen Schule. Späterhin erst wurden Knaben und Mädchen geschieden und für letztere ein besonderes Schulhaus eingerichtet.

Die Wohn= und Wirthschaftsgebäude der fürstlichen Domaine sind sehr ansehnlich. Die hiesige Domaine ist erst durch den Ankauf einiger Edelhöfe entstanden. Im Jahre 1691 kaufte die Herrschaft das den Herren von Tettenborn zugehörige Gut, welches gräflich-gleichen'sches und später sächsisches Lehen war, und im Jahre 1805 kaufte sie einen andern Edelhof, das Pfützengut genannt, damals im Besitze einer Familie Schneidewind.

Die zur Domaine gehörende Schäferei ist auf dem ehemaligen alten Hofe.

Die Flur des Orts beträgt 193 Hufen großentheils gutes, nur zum Theil geringeres Land, wovon 1345 Ar. zur Domaine gehören; an Wiesen gibt es hier 91 Ar.; davon zur Domaine 64 Ar. gehörig. Waldungen hat der Ort nicht; doch ist ihm von einem District Waldung in der Hainleite die Unterholznutzung zugewiesen.

In der Nähe des Orts steht eine Windmühle. Früher hatte die herrschaftliche Teichmühle an der Bebra hier den Mühlzwang.

Geschichtliches. In alten Urkunden werden hier und da auch Herren von Scherenberg erwähnt. So kommt 1217 und ebenso 1364 ein Heinrich von Scherenberg vor; der Letztere war Vicarius des Klosters Ilm. Auch 1377 wird ein Ritter Heinrich von Scherenberg genannt, dem nebst einem Ritter von Rüzleben als Sequestratoren das Haus Greußen eingegeben wurde. Ob aber diese Ritterfamilie auch in Schernberg begütert war, findet sich nirgends angeführt. Als Besitzer der adligen Güter hier und wohl auch des Orts werden eine lange Zeit hindurch die Herren von Werther genannt.

Von 1584 bis 1599 gehörte Sch. zum Amte Straußberg. Nachmals, vielleicht schon von 1599 an wurde es Sitz eines eigenen Amtes, zu welchem noch Himmelsberg, Gundersleben, Rockstedt und Abtsbeßingen gehörten. Bis fast auf unsere Zeit war der Pachtamtmann des herrschaftlichen Gutes auch Justizamtmann. Mit dem Jahre 1836 wurde das Amt Schernberg aufgehoben und mit dem Amte Ebeleben vereinigt. — Von 1682 bis 1716 war hier von dem Grafen Anton Günther II. ein geistliches Untergericht angeordnet, das unter dem Consistorium zu Arnstadt stand.

Vor dem Jahre 1612 war Himmelsberg eine Zeitlang Filial von Schernberg. Von 1640 bis 1645 war Schernberg Filial von Thalebra, indem Schernberg damals, vielleicht in Folge einer Feuersbrunst, keine Pfarrwohnung hatte. Der damalige Pfarrer hieß Theuerkauf. Von 1645 an war dann Schernberg Filial von Himmelsberg unter dem Pfarrer Schumann, und dieses Verhältniß bestand noch 1650.

Seit 1818 ist Himmelsberg Filialort von Schernberg, doch nur für Lebzeiten des jetzigen Predigers. Derselbe, der Pfarrer Weise, feierte am 17. October 1852 sein funfzigjähriges Jubiläum, bei welcher Gelegenheit er vom Fürsten zum Consistorial-Assessor ernannt wurde.

Sch. ist mehrmals von Feuerunglück betroffen worden. So kam am 12. November 1739 hier Feuer aus, durch welches binnen einer Viertelstunde 7 Häuser und 8 Scheuern in Flammen standen. Im Jahre 1790 brach hier wieder Feuer aus, 8 Tage darnach an 2 Orten zugleich und 14 Tage darauf brannte es abermals. Zum Glück brannten nur wenige Häuser ab. Die ruchlose Hand einer Frau soll diese öftern Unglücksfälle veranlaßt haben.

Eine halbe Viertelstunde von Sch. und zwar an der Straße nach Nordhausen lag vor Zeiten ein Dorf, Namens Willrode, von dem man noch vor etwa 20 Jahren Mauerwerk auffand. Ein anderes Dorf, Stöckei genannt, lag zwischen Sch. und dem Hozenberge, und ein drittes, Gruna, lag nach Thalebra zu und wird in einer Urkunde von 1128 erwähnt.

3) Beschreibung der 43 Dörfer.

Abtsbessingen,

Pfarrdorf, in alten Urkunden Abbetheswinethon, Bezhinga, Bezzinga genannt, liegt ¾ St. südöstlich von Ebeleben, 3¼ St. südsüdwestlich von Sondershausen und hat 144 H. mit 663 Einw. (1686 mit 379 und 1722 mit 482 Einw.), die größtentheils Ackerbau treiben. Nördlich vom Orte fließt ein Bach, die Rinnig, vorüber, und ein anderer, der Westerbach, fließt durch den Ort, treibt hier die Dorfmühle und die nordöstlich vom Dorfe gelegene Wiesenmühle; unterhalb dieser Mühle vereinigen sich beide Bäche und erhalten dann den Namen Humischebach.

Die Kirche St. Crucis ist 1703 erbaut worden. In den alten fuldaischen Lehnbüchern werden 2 hier befindliche Kirchen erwähnt, und noch jetzt heißt ein Garten der Oesterkirchhof.

Das Schulgebäude enthält zwei Classenzimmer und die Wohnungen für beide Lehrer, von denen der eine die Knaben, der andere die Mädchen unterrichtet. Schon 1599 finden wir hier 2 Lehrer, einen Cantor und einen Schulmeister, welche aber beide nur die Knaben und zwar in einer Anstalt unterrichteten; jener hatte täglich 4, dieser 2 Stunden Unterricht zu ertheilen. Von 1657 bis 1682 waren beide Stellen vereinigt, und der damalige Lehrer hieß Paul Theodor Temme. Von 1682 an wurden wieder 2 Lehrer angestellt und zwar der eine für die Mädchen allein.

Es gibt hier 2 Freigüter, der Freihof und das Gut, von denen das letztere bis 1772 herrschaftlich war. — Im Jahre 1739 wurde hier eine herrschaftliche Fayence- (unächte Porcellan-) Fabrik eingerichtet, die 1769 wieder eingestellt wurde. Das Hauptgebäude wurde bald nachher abgebrochen und aus dem Holze desselben das Wohngebäude der Domaine zu Sondershausen erbaut; ein Nebengebäude ist noch vorhanden, besteht jetzt aus drei Häusern unter einem Dache und heißt noch immer die Fabrik.

Südlich vom Orte liegt eine Windmühle.

Die Flur umfaßt 3700 Ar. zinsbares und 827 Ar. Freiland, 141 Ar. Gemeinde- und 24 Ar. herrschaftliche Wiesen. Der Boden besteht größtentheils aus Lehm mit Sand vermischt. Die Gemeinde hat bedeutende Obst-, besonders Kirschanpflanzungen. Waldungen hat A. nicht; in der Flur desselben aber und zwar nördlich vom Orte wurde 1778 eine sogenannte Remise angelegt. Sie war herrschaftlich, umfaßte 6 Ar. und ist vor wenig Jahren wieder ausgerodet worden.

Geschichtliches. A. kommt schon 874 als ein dem Abt von Fulda zehntpflichtiger Ort vor. Nachmals war es ein Besitzthum der Grafen von Hohnstein. Im 13. Jahrhunderte gab Graf Dietrich von Hohnstein nebst andern Gütern auch A. seiner Tochter Sophie, die sich mit dem Grafen Heinrich III. von Schwarzburg vermählte, als Mitgift. Es fiel aber, da Heinrich kinderlos starb, wieder an Hohnstein zurück. Graf Heinrich V. von Hohnstein, Herr von Sondershausen, verpfändete 1339 unsern Ort nebst andern Besitzungen seinen Vettern, den Grafen von Hohnstein, Herren von Wernigerode. Im Jahre 1356 wurde A., wie die ganze Unterherrschaft, schwarzburgisch. Im Jahre 1409 begnadeten die Grafen von Schwarzburg die Herren von Wintzingerode hierselbst mit 10 Marktscheffel Korngülden, halb Weizen und halb Roggen. Im Jahr 1447 wurde Graf Heinrich XXVI. von Schwarzburg von dem Stift Fulda mit A. belehnt, und 1544 ließ Graf Günther XL. den Krotenberg (Krötenberg) zwischen A. und Wolferschwende bezirken. Auch unser Ort war früher fest und überhaupt schon frühzeitig ziemlich ansehnlich. — Im Jahre 1823 wurde dem Orte verstattet, jährlich 2 Märkte und zwar Dinstags vor Johanni und Dinstags nach Michaelis zu halten. Sie sind beide eingegangen; doch bestand der letzte als Viehmarkt bis 1828.

Feuersbrünste. Im Jahre 1740 kam hier Feuer aus, durch welches Pfarr- und Schulgebäude, ein Freigut und mehrere große Bauerhöfe eingeäschert wurden. — 1758 brannten wieder einige Häuser ab, und im November und December des Jahres 1791 wurde innerhalb vier Wochen dreimal Feuer angelegt. Das erste Mal brannte nur ein Stall ab, 3 Wochen darauf 2 Häuser und 8 Tage darnach wieder mehrere Häuser, darunter der Freihof. Es waren diese Unglücksfälle durch eine Raubbande von 21 Personen veranlaßt worden, von denen man 2 Tage nach der letzten Feuersbrunst 5 Personen gefänglich einzog. — Im Jahre 1801 kam in dem Schafstalle der Pfarrwohnung Feuer aus, durch welches fast der ganze Ort niederbrannte; selbst die Wiesenmühle, welche eine ziemliche Strecke davon liegt, wurde ein Opfer der Flammen. In den Jahren 1834, 1843 und 1851 waren hier abermals Feuersbrünste, die aber jedesmal nur wenige Gebäude verzehrten.

Noch sei hier bemerkt, daß es früher auch Herren von Abtsbessingen gab; ob sie aber mit unserem Orte in näherer Verbindung standen, muß dahin gestellt bleiben. Wir finden derer in Berka bei Sondershausen, wo sie begütert waren, und wo noch jetzt eine Straße nach ihnen den Namen führt.

Allmenhausen,

Pfd., 4 St. südwestlich von Sondershausen und 3 St. nördlich von Langensalza — die beide Städte verbindende Chaussee führt an der Ostseite des Orts vorüber — liegt an der nördlichen sanften Abdachung einer nicht unbedeutenden Landhöhe, auf welcher man eine weite, schöne Aussicht genießt, nämlich nach N. auf das Harzgebirge mit dem Brocken, nach NO. auf die Hainleite mit dem Possen und der Sachsenburg, nach O. auf die Finne mit Schloß Beichlingen und nach Süden auf den Thüringerwald mit dem Inselsberg. — A. hat 112 H. mit 610 Einw. (1722 hatte es 510 Einw.), die Ackerbau, Gewerbe und Fruchthandel treiben. — Der Ort ist mehr lang, als breit, und seine Straßen sind größtentheils breit; doch ist die durch den ganzen Ort sich erstreckende Hauptstraße etwas steil. — Oberhalb des Ortes entspringt ein kleiner Bach, der hier eine herrschaftliche Mühle treibt, doch nicht immer zureichendes Wasser hat. Außerdem giebt es im Orte 4 öffentliche überwölbte Brunnen mit gutem und sehr reichlich quellendem Wasser.

Die Kirche St. Mariä ist 1601 erbaut worden und erfuhr 1805 eine bedeutende Reparatur. In derselben befinden sich 2 Leichensteine mit den Bildnissen zweier Ritter von Schlotheim, der vormaligen Herren von Allmenhausen; das eine stellt den Ritter Georg Ernst von Schlotheim, gestorben 1589, das andere den Ritter Christoph von Schlotheim, gestorben 1619, vor. — Auf dem Thurme, von dem man, da er sammt der Kirche etwas hochgelegen ist, eine weite Aussicht hat, sind 3 Glocken, von denen eine schon 1622, die beiden andern 1777 gegossen sind.

Die Gebäude der fürstlichen Domaine liegen nördlich vom Dorfe auf einer Anhöhe und wurden 1776 und 1777 vom Fürsten Christian Günther erbaut. Dieselben bestehen aus einem großen, schönen Wohngebäude, das Schloß genannt, trefflichen Wirthschafts-

gebäuden, einer Branntweinbrennerei und einer Bierbrauerei, einem
Backhause und einer Schmiede u. s. w. Daneben, nach W., liegt
eine Roßmühle. Die bedeutenden Schäfereigebäude liegen am
nördlichen Ende des Dorfes. — Durch eiserne Röhrenleitung erhält
das Schloß seinen Wasserbedarf aus dem sogenannten Steinbrunnen
und dem Brunnen im Garten des Forsthauses, die Schäferei aus
dem Brunnen bei der Schule, dem sogenannten Sachsenbrunnen. —
Unter den Gebäuden ist noch ein Freigut und das Forsthaus
zu nennen.

Die Flur des Orts, welche nach S. an Preußen und nach W.
an Rudolstadt grenzt, ist ziemlich groß und ausgedehnt; sie umfaßt
gegen 160 Hufen Land, von welchen 99 Hufen zur Domaine gehören. Der Boden ist meistens thonig und lehmig und hat viele
wilde Quellen. An Wiesen giebt es hier 162 Acker, wovon die
Gemeinde 24 Acker, die Domaine 138 Acker besitzt. Letztere hat noch
12 Acker in der Straußfurter Flur. — Von den in der hiesigen Flur
gelegenen Waldungen gehören etwas über 1200 Acker dem Staate,
200 Acker den Herren von Schlotheim und 30 Acker einigen Einwohnern von A.

Geschichtliches. Schloß und Dorf Allmenhausen gehörte im
12. Jahrhunderte den Herren von Allmenhausen, die bald nachher den Titel Cämmerer v. A. führen und noch um das Jahr 1309
vorkommen. Nicht lange nachher wird das Schloß A. unter den Lehn-
gütern genannt, welche den Grafen von Hohnstein von dem Landgrafen Friedrich I. streitig gemacht werden; sie erhalten jedoch von
Letzterem 1319 die Lehen über das genannte Schloß und das halbe
Dorf Höningen. Die Grafen von Hohnstein überließen das Schloß
hierauf an Günther Mullerstädt, welcher 1328 das Versprechen
gibt, es ihnen wieder um 500 Mark Silber zu verkaufen. — Im
Jahr 1409 belehnten die Grafen von Schwarzburg, welche seit 1356
Herren von A. waren, Einen vom Adel, Georg Köhler, mit einem
Hofe und 10 Hufen Landes hierselbst, welches Alles vormals seinem
Schwäher, Hermann Nappoten, gehört hatte. — Im Jahre 1418
wird den Grafen von Schwarzburg vom Landgrafen der Vorwurf gemacht, daß sie die Lehen über Dorf und Schloß A. verschwiegen hätten; allein sie wiesen nach, daß sie A. stets als ein freies, eigenthüm-
liches Erbe besessen hätten. — In demselben Jahre belehnte Graf
Heinrich von Schwarzburg die Brüder Lorenz und Vinzens von
Rüxleben um ihrer treuen Dienste willen mit dem Vorwerk zu A.
und allem Zubehör, wie solches Burghard von Osterode besessen.
Im Jahre 1439 verpfändete Graf Heinrich, zur theilweisen Bezahlung
der mit dem Grafen von Stolberg erkauften Herrschaft Heringen, eben
dieses Vorwerk dem Ritter Hans von Schlotheim für 400 Mark
Silber auf 6 Jahr, 1445 aber belehnte er ihn und seinen Bruder
Kersten erblich damit. Die Herren von Schlotheim blieben seit die-

ser Zeit, und zwar bis in die letzte Hälfte des 18. Jahrhunderts, Besitzer von A., und es waren bis dahin theils durch Ankauf, theils durch Theilung 5 Edelhöfe entstanden, von denen zuletzt 4 im Besitze der Herren von Schlotheim und eins im Besitze eines Freiherrn von Belmont war. Das mehrerwähnte Schloß nebst dem Hagen, einem Edelhofe, lag im jetzigen großen Baumgarten; von ihnen sieht man keine Spur mehr; der dritte Edelhof, das Lohteichgut genannt, ist die jetzige Schäferei, der vierte das jetzige Forsthaus und der fünfte das jetzige Freigut, neben der Schulwohnung gelegen. Alle diese Güter wurden in den Jahren von 1769 bis 1775 von dem Fürsten Christian Günther für 75,700 Thlr. erkauft, sämmtliche Länderei zu einem Ganzen vereinigt und, wie bereits gesagt, ein ganz neues Gutsgebäude errichtet. — Bis zum Jahre 1816 hatte A. seine eigene Gerichtsbarkeit; von dieser Zeit an ist es mit dem Amte Ebeleben vereinigt.

Um das Jahr 1616 wird hier eines Hospitals für alte abgelebte Leute Erwähnung gethan, von dem jetzt keine Spur mehr vorhanden ist. — Im Bauernkriege, 1525, hatte der Ort, namentlich das Schloß, viel von Münzer's Schaaren zu leiden. — Im Jahre 1626 starben hier 118 Personen, von denen 111 das Opfer der Pest und rothen Ruhr waren. — Im Jahre 1666 finden wir hier einen eigens für die Mädchen angestellten Lehrer, Andreas Witthum, der die Schule in seinem eigenen Hause hielt. Diesem Lehrer — in vielen Orten finden wir lange Zeit Frauen als Lehrerinnen der Mädchen — wurde außer einem kleinen festen Gehalte von den Mädchen Schulgeld bezahlt, während die Knaben ihrem besser dotirten Lehrer keins zu zahlen hatten. Diese Einrichtung ist auch nach Vereinigung der beiden Lehrerstellen bis auf unsere Zeit geblieben; doch ist das Schulgeld der Mädchen schon seit längerer Zeit in Frucht verwandelt. —

Eine halbe Stunde nordwestlich von A. lag früher das bereits erwähnte Dorf Höningen, welches aber, wahrscheinlich im dreißigjährigen Kriege, zerstört worden ist. Die Länderei der Einwohner, die sich wohl nach A. geflüchtet haben mögen, ist zur Allmenhäuser Flur geschlagen worden. Noch sieht man einige Spuren von jenem Dorfe, namentlich von dem Kirchhofe, und die Stelle führt darum auch noch jetzt den Namen der Höninger Kirchhof.

Badra,

Pfd., früher das Dorf zu der Aue, bei der Aue, dann Badera — wohl aus „bei der Aue" = Beiderau = Badera entstanden — genannt, liegt 2 St. nordöstlich von Sondershausen und 1 St. südwestlich von dem preuß. Städtchen Kelbra und zwar in einem Thale, das südlich und nördlich von nicht unbedeutenden Höhen begrenzt ist. Der Ort wird von einem Bache durchflossen, der hier eine Mühle treibt, und hat mit der Domaine Numburg, die hierher eingepfarrt ist, 144 H. und 719 Einw. (im Jahre 1660 nur 379 Einw.), welche größtentheils Ackerbau treiben.

Die Kirche St. Spiritus ist 1721 neu erbaut worden. — Früher stand hier nur eine kleine Capelle, die zur Kirche in Steinthalleben gehörte, in welche die Bewohner von Badra eingepfarrt waren. Im Jahre 1318 ersuchte jedoch das Stift Walkenried, welches seit 1272 hier einige, von den Grafen von Beichlingen ihm geschenkte, Güter besaß, den Erzbischof von Mainz, die Capelle von der Kirche in Steinthalleben zu trennen und ihr das Recht einer Pfarrkirche zu ertheilen. Der Erzbischof willigte in das Gesuch und trug dem Decan des heiligen Kreuzstiftes zu Nordhausen diese Trennung auf, worauf die Capelle zu einer besondern Pfarrkirche eingeweiht wurde. Das Stift Walkenried erhielt und hatte über diese Kirche das Patronat, bis es an Schwarzburg überging. — Da jene Capelle und nunmehrige Pfarrkirche sehr klein war, so wurde 1590 oder noch einige Jahre früher ein Stück angebaut. Der an dieser Kirche stehende Thurm war 1660 so wandelbar, daß die kleine Glocke herunterfiel. Schon damals dachte man an einen Neubau der Kirche und des Thurms, der sich jedoch bis in das erste Viertel des 18. Jahrhunderts verschob.

Das Rittergutsgebäude, der Familie von Rützleben gehörig, liegt an der südwestlichen Seite des Orts. Es besteht aus einem neuen Wohngebäude, einer neuen sehr bedeutenden Scheuer und mehreren noch ziemlich neuen Nebengebäuden. Die dazu gehörige Schäferei liegt nördlich von den Gutsgebäuden und ist durch eine Straße von demselben geschieden.

Das hiesige Brauhaus ist Eigenthum der Gemeinde.

Die Flur, welche gegen N. an Preußen und gegen O. an Rudolstadt grenzt, umfaßt 105 Hufen contribuables und 24 Hufen Freiland, welches im Durchschnitt sehr tragbar ist. Zum Rittergute gehören 18 Hufen Freiland und 61 Ar. in der Auleben'schen Flur gelegene Wiesen. An Wiesen besitzt die Gemeinde 270 Ar., welche vor alten Zeiten von einem Fräulein von Rützleben in Auleben hierher geschenkt wurden und in der goldenen Aue an die Wiesen der Bewohner von Berga und Auleben grenzen. Sie sind in 77 Groß- und in 77 Kleintheile getheilt, von denen je zwei 3½ Ar. betragen und jährlich verlost werden. Von den Waldungen in hiesiger Flur sind 207 Ar. Staatseigenthum, 70 Ar. gehören zum Rittergute und 60 Ar. sind Eigenthum der Gemeinde und bestehen in jungen Eichen und Birken. — Die Viehzucht ist durch den Besitz jener Wiesen und durch Kleebau sehr begünstigt; besonders werden hier viel Pferde gezogen.

In der Nähe des Orts findet man Marmorbrüche, welche ansehnliche Blöcke liefern und zwar mit den verschiedenartigsten Schattirungen. Bei dem Umbau des neuen Schloßflügels in Sondershausen, von 1846 bis 1848, wurde der hiesige Marmor zu Säulen, Fenstergesimsen u. s. w. verwendet; am meisten verbraucht man ihn jedoch zu Tischplatten.

Geschichtliches. Unser Ort war sonst ein sächsisches Pfalzgut und wird schon 1197 erwähnt, in welchem Jahre Albrecht von Salza, Ministerial der Pfalzgrafen am Rhein, mit Bewilligung seiner Familie 2 hier gelegene Güter für 19 Mark Silber an das Kloster Walkenried verkaufte. — Der Landgraf Albrecht von Thüringen belehnte mit Badra die Grafen von Beichlingen, Rothenburger Linie. Ein Graf dieser Linie verschenkte 1272 seine Güter hier an das Stift Walkenried, die ein Graf Heinrich von Stolberg 1303 noch mit einer Hufe Land vermehrte. — Im Jahre 1341 verkaufte Friedrich von Beichlingen-Rothenburg B. sammt dem Gericht daselbst an den Grafen Heinrich von Hohnstein; die Uebergabe erfolgte jedoch erst 1347. Mit der Herrschaft Sondershausen kam B. 1356 an das Haus Schwarzburg.

Unglücksfälle. In der Nacht vom 4. zum 5. September 1847 brannte die zum Rittergute gehörige Scheuer nebst Holzremise ab. Mit der Scheuer verbrannten sämmtliche, mit 3549 Thlr. versicherte Früchte.

Am 27. Mai 1852, Nachmittags gegen 2 Uhr, wurde der Ort durch eine große Wasserfluth, veranlaßt durch das sehr starke Gewitter am Tage zuvor, heimgesucht. Die Mühle am Eingange des Dorfes wurde von derselben fast ganz zerstört und alle am Bache gelegenen Gehöfte und Feldstücke unter Wasser gesetzt.

Schon am 4. Juni desselben Jahres zog Abends gegen 10 Uhr ein Gewitter über unsern Ort daher, schlug in ein Haus ein, zündete, und dasselbe brannte bis auf den Grund ab. Zugleich hatte der Blitz die Hausfrau getroffen, welche zwar schwer verletzt wurde, aber doch am Leben blieb. Begünstigt wurde das Feuer durch einen großen Flachsvorrath, der auf der Stelle aufgeschichtet lag, an welcher der Blitz einschlug. Zugleich wurde der Ort in jener Nacht abermals überschwemmt.

In Folge starker Gewittergüsse wurde B. am 18. Juni 1852 zum drittenmal innerhalb 3 Wochen von einer und zwar gewaltigen Wasserfluth betroffen. Außer dem großen Schaden an Häusern und Aeckern hatte der Ort den Verlust von fast 400 Stück Schafen zu beklagen, die, zu spät aus der Hord getrieben, im aufgeweichten Boden umkamen.

Wie bereits angeführt, ist nach Badra die Numburg, eine fürstliche Domaine, eingepfarrt. Sie liegt eine halbe St. nördlich von Badra und eine halbe St. westlich von Kelbra und zwar in dem langen Riethe. Sie war früher eins der besten und reichsten Güter des Klosters Walkenried. Die ganze Gegend war früher meistens Eigenthum des Erzbischofs von Mainz und des Landgrafen von Thüringen; Letzterer aber belehnte mit seinem Antheile die Grafen von Beichlingen, Herren von Rothenburg, und einige andere Ritter. Das Kloster Walkenried kaufte 1208 dem Erzbischof Siegfried 50 Hufen Land und Wiesen für 1000 Mark Silber ab, und eben so viel und für gleichen Preis dem Landgrafen, der aber davon seine Lehnsvasallen für die Abtretung entschädigen und den kaiserlichen und päpstlichen Consens über den Verkauf verschaffen mußte. So besaß nun Walkenried hier 100 Hufen Land und Wiesen und legte zur bessern Bewirthschaftung derselben einige Gebäude hier an, die man die Numburg *) (Neuburg) nannte. Späterhin schenkte der Erzbischof noch 8 Hufen, die unter der Rothenburg lagen, dazu; desgleichen überließ ein Graf von Kirchberg dem Stift einige in der Nähe gelegene Güter für 64 Mark Silber, als er mit dem Landgrafen Ludwig dem Heiligen ins gelobte Land zog. Endlich schenkte 1253 auch Burchard von Querfurt 8 Hufen dazu.

Jetzt gehört jedoch zur Numburg nur noch ein Areal von 382 Ar. Land und 83 Ar. Wiesen; in diesem Umfange kaufte sie im Jahre 1686 der Graf Christian Wilhelm von den Geschwistern von Holstein, nämlich von Eva von Behren, Amalie von Geritzkin und Sophie Amalie Langunen um 4000 Thlr.

Bei der Numburg stand früher auf einem Berge die Kirche St. Petri, über welche die Grafen von Beichlingen-Rothenburg das Patronat hatten, es aber 1253 gleichfalls Walkenried überließen. Zu dieser Kirche wallfahrtete namentlich am Kirchweihfeste eine große Menge Menschen, da die Kirche einen Ablaß auf 30 Tage besaß. Durch die bei dieser Gelegenheit dargebrachten Geschenke erhielt die Kirche ein bedeutendes Vermögen.

Zwischen dem Gute und dem Dorfe Auleben befinden sich Salzquellen, die indessen nicht benutzt werden. Im Jahre 1535 wollte Graf Botho von Stolberg hier ein Salzwerk anlegen und ersuchte deshalb den Grafen Günther XL. von Schwarzburg um Genehmigung, welche dieser aber versagte. Späterhin wurde von Sachsen hier dennoch eine Saline errichtet und das Werk namentlich von 1626 bis 1644 betrieben; sie ging aber dann wieder ein, weil der Ertrag bei zu geringhaltiger Soole zu unbedeutend war.

Bebra,

Filialdorf von Jechaburg, ½ St. südwestlich von Sondershausen, liegt an der Bebra, die ½ St. südlich vom Orte, im sogenannten Geschling, entspringt, und am Fuße der Hainleite, die sich westlich

---

*) Von einer frühern Burg sind noch jetzt Rudera vorhanden.

vom Orte weit nach Süden hinzieht, alsdann wieder in einem Seitenarm, dem Todtenberg und Göldner, sich nach Norden wendet und so den Ort auch östlich begrenzt.

B. hat 112 H. und 651 Einw. (1660 hatte es nur 118 Einw.), die zum Theil vom Ackerbau und Holzhauen leben, zum Theil Gewerbe, vornämlich das Zimmer- und Maurerhandwerk, treiben.

Die Kirche St. Georgi ist im Jahre 1700 erbaut worden. Dieser Bau wurde bereits im Jahre 1696 beschlossen, indem sowohl die Kirche, als auch der Thurm dem Einsturze nahe war. Man behauptete damals, daß der Thurm den Spalt, welchen er von oben bis unten hatte, durch ein Erdbeben erhalten habe. Die Kirche erhielt 1854 eine neue Orgel.

Das Gutsgebäude, vormals ein Gasthof. Zu demselben gehören 14 Hufen zins- und steuerbares Land.

Das Forsthaus, östlich vom Orte an der Chaussee gelegen, ist im Schweizerstil und zwar 1836 erbaut.

Der Gasthof, nordöstlich vom Orte und ebenfalls an der Chaussee gelegen, ist vor mehreren Jahren neu erbaut worden.

Hierher eingepfarrt sind: vier Mühlen, die Geschlingmühle, die Weißmühle, die Eisenhütte und die Teichmühle, südlich vom Orte, und das Chausseehaus im Geschling oder Graß; ferner eine Ziegelbrennerei, nördlich von B., und die Pfortenmühle, nordöstlich davon. Die Ziegelbrennerei, neben welcher 1851 auch noch eine Branntweinbrennerei errichtet wurde, ist im Jahre 1843 erbaut worden; da der Boden daselbst sehr sumpfig ist, so wurde der Grund an einer Stelle durch eingerammte eichene Pfähle, an den andern durch einen liegenden Rost gesichert.

In einem Garten an der sogenannten Zeuggasse befindet sich ein Brunnen, aus welchem das Wasser durch eiserne Röhren in das Reservoir hinter dem Jägerhause bei Sondershausen geleitet wird; aus demselben erhält der Schloßbrunnen und die Fontaine im Loh ihr Wasser.

Die Flur umfaßt 1490 Ar. Land und 34 Ar. Wiesen. Von jenem ist die eine Hälfte gut, die andere aber, besonders wegen der Nähe des Waldes, weniger gut im Ertrage. Am Göldner haben mehrere Einwohner unseres Ortes Berggärten, welche ehemals Hopfenberge waren. — B. hat bedeutende Obst-, besonders Kirschanpflanzungen. — Das Theilmaßenholz, welches die Gemeinde früher auf dem Todtenberge im Jechaer Forstreviere besaß, ist 1793 für 325 Thlr., eine andere Unterholznutzung in demselben Reviere 1819 für 1000 Thlr. an die Herrschaft verkauft worden.

In der Nähe des Orts liegen 2 Teiche, früher Staats-, seit einigen Jahren Privateigenthum.

Geschichtliches. Im Jahre 933 soll unfern unseres Dorfes der eine Heereshaufen der Hunnen geschlagen worden sein — der andere wurde bekanntlich bei Merseburg überwunden — Mehrere Orte, wie der Sülzenborn, das Iserthal, der Todtenberg, sollen davon den Namen haben; auch werden in den Aeckern hier zuweilen Streitäxte, Lanzen, Sporen, Halsschmuck von Pferden u. s. w. gefunden, die von Einigen als ebenfalls von den Hunnen, von Andern als von den früher hier wohnenden Slaven herrührend betrachtet werden. Die ebenfalls hier gefundenen Aschenkrüge deuten auf ein hier wohnendes Volk und können nicht von den Hunnen stammen.

Im Anfange des 18. Jahrhunderts wird öfters ein hier befindlicher **Sauerbrunnen** erwähnt, der von Kranken vielfach mit glücklichem Erfolge gebraucht wurde.

Am 19. Februar 1848 Abends 6 Uhr kam hier Feuer aus, das mehrere Gebäude verzehrte.

Bellstedt,

Pfd., in alten Urkunden Baldersteti, Bilistat, Bilistade genannt, 3 St. südlich von Sondershausen und 1 St. östlich von Ebeleben, liegt am rechten Ufer der Helbe und zum Theil an dem Abhange einer Anhöhe, die sich jenseit der Helbe wieder erhebt, so daß der Ort südlich und nördlich von Höhen eingeschlossen ist. B. hat 56 H. mit 276 Einw. (1661 hatte es 181, aber 1717 nur 177 Einw.), die sich meistens vom Ackerbau nähren.

Die Kirche St. Andreä ist schon alt und wahrscheinlich bald nach dem Jahre 1585 erbaut; denn am 22. März 1585 erhielt die Gemeinde Bellstedt auf ihr Ansuchen von dem Grafen Johann Günther I. einen offenen Brief (Erlaubnißschein), durch welchen ihr gestattet wurde, zu dem Bau ihrer dem Einsturz nahen Kirche eine Collecte zu sammeln. Im Jahre 1709 und 1710 erfuhr die Kirche eine bedeutende Reparatur. — In derselben befindet sich ein gutsherrlicher Stand, von den Herren von Krackenhof erbaut, deren Wappen über demselben angebracht ist. — Der Thurm auf der Kirche ist sehr klein und enthält nur die Dorfuhr; die Glocken hängen auf einem eigens dazu erbauten thurmähnlichen Hause, welches südlich vom Orte auf einer kleinen Anhöhe steht. Bei demselben ist auch der Gottesacker, indem der bei der Kirche etwas klein ist und als solcher nicht mehr benutzt wird.

Das Rittergutsgebäude. Das hiesige Rittergut war vormals gräflich-schwarzburgisch, wurde aber in der Mitte des 17. Jahrhunderts an einen Herrn von Krackenhof in Weimar verkauft, bei dessen Familie es eine Zeitlang blieb. Seitdem haben aber die Besitzer öfters gewechselt; eine Reihe von Jahren war es Eigenthum der Familie Lutteroth in Mühlhausen, von der es erst vor wenig Jahren durch Kauf an die Familie Apel überging, die das Areal desselben noch bedeutend vermehrt hat. — Zu dem Rittergute gehörte rüher auch der ansehnliche Gasthof, am nördlichen Ende des Dorfes gelegen, in welchem ehemals, als noch die Landstraße von Sondershausen hier vorüber führte, eine bedeutende Ausspannung stattfand. Jetzt ist der Gasthof Privateigenthum.

Die Pfarrwohnung ist ein neues erst 1848 errichtetes Gebäude.

Am linken Ufer der Helbe, über welche eine große überbaute hölzerne Brücke führt, liegt eine 1792 erbaute Mühle, die einen Mahl- und einen Oelgang hat.

Die Flur besteht aus etwa 70 Hufen Land und 25 bis 30 Acker Wiesen. Der Boden, größtentheils Lehm- und Flugerde, eignet sich zwar zum Bau der gewöhnlichen Getreidearten, am wenigsten jedoch zum Weizenbau; von den Futterkräutern gedeiht hier namentlich Esparsette gut.

Die vorüberfließende Helbe versieht den Ort mit Fischen, namentlich mit Schmerlen; doch bringt sie dem Orte auch wieder manchen Nachtheil, indem sie nach Gewittergüssen, besonders aber im Frühjahr nach plötzlichem Thauwetter bedeutend anschwillt und durch ihre nördliche Begrenzung zum Uebertritt in den tiefer gelegenen Theil des Ortes gezwungen wird.

Geschichtliches. Bis zum 1. Juli 1850 war B. ein **Gerichtsdorf**, indem der Gutsherrschaft die Gerichtsbarkeit zustand. — Sie hatte auch das Patronat über Kirche und Schule, ersteres, das in früheren Zeiten dem Stift Ilefeld zustand, hat sie noch, und zwar hat sie die Pfarrstelle im Wechsel mit dem Landesherrn zu besetzen. Diese wechselsweise Besetzung kommt daher, weil über die zur hiesigen Pfarrkirche gehörige Filialkirche zu Thüringenhausen dem Fürsten das Patronat zusteht. — Während des dreißigjährigen Kriegs waren B. und Thüringenhausen längere Zeit Filialorte von Hohenebra und zwar unter dem Pfarrer Leonhard Leutholf, der vorher, nämlich von 1629 bis 1640, Pfarrer zu B. gewesen war. Erst im Jahre 1657 bekam unser Dorf in der Person des Christoph Koch wieder seinen eigenen Pfarrer.

Bendeleben,

Pfd., in alten Urkunden Beneleba, Benteleuba, Bentileibe, Bendeleybn genannt, liegt 2 St. nordöstlich von Sondershausen und fast 2 St. westlich von Frankenhausen und zwar an der beide Orte verbindenden Chaussee. B. ist fast ringsum von Anhöhen umgeben und wird von einem Bache durchflossen, der sich hier mit der sogenannten kleinen Wipper vereinigt. Der Ort mit 132 H. und 1051 Einw., die von Ackerbau und Gewerben leben, hat einen bedeutenden Umfang, indem schon die zum Rittergute gehörigen Gebäude und Gärten an sich einen sehr großen Raum einnehmen. Durch den ganzen Ort führen gute, theils gepflasterte, theils mit Steinplatten belegte Fußwege; auch die Fahrwege beginnt man jetzt zu chaussiren.

Unter den Gebäuden sind zu erwähnen:

Die Kirche St. Pancratii, auf einer kleinen Anhöhe liegend und mit einem hohen Thurme, stammt noch aus den Zeiten des Papstthums, wurde aber nach Einführung der Reformation beträchtlich verschönert und ist geräumig und groß. Außer einem schönen, aus 2 Etagen bestehenden gutsherrlichen Stande und einer angebauten Sacristei, findet man darin ein prachtvolles Epitaphium des Geschlechts der Herren von Bendeleben mit einem Grabgewölbe, so wie 2 in Stein gehauene Ritter, Herren von Bendeleben vorstellend. Von Balthasar Ludwig von Bendeleben erhielt die Kirche das Vermächtniß eines kleinen steuerbaren Ackers zur Erhaltung jenes Grabmals und der Orgel, welches Feld den Namen Kirchengut führt. — Das Grabgewölbe der Freiherrnfamilie von Uckermann, der vorletzten Besitzer Bendelebens, ist in der Mitte des Gottesackers.

Die Pfarrwohnung, östlich von der Kirche gelegen, ist ein großes Gebäude mit sehr umfangreichen Wirthschaftsgebäuden.

Die Vicarei, nördlich von der Pfarrwohnung, in einem Wohngebäude und mehreren Wirthschaftsgebäuden bestehend, war bis 1555 eine eigene Vicarei zur heiligen Jungfrau Maria, hatte einen besondern Vicar und besondere Einkünfte, wurde aber in dem erwähnten Jahre mit dem Pfarrdienste vereinigt. An der Stelle des alten Wohngebäudes wurde 1840 das Schulgebäude für die Mädchen errichtet, in welchem auch der Lehrer seine Wohnung hat; das frühere Schulhaus lag der Schloßgärtner-Wohnung gegenüber.

Das Schulgebäude für die Knaben, groß und geräumig, liegt südlich von der Kirche; seine gegenwärtige Ausdehnung erhielt es übrigens erst in neuerer Zeit durch einen Anbau.

Das Schloß mit sehr ansehnlichen Wohn- und Wirthschaftsgebäuden liegt an der Südseite des Dorfes und ist in der Zeit von 1763 bis 1768 ganz neu erbaut worden und zwar von dem Geheimerath von Uckermann, welcher es seinen Hauptbestandtheilen nach im Jahre 1763 erkauft hatte. Vorher gab es hier 5 Edelhöfe; von ihnen sind zu nennen 2 Güter der Herren von Bendeleben, von denen das eine, das Schloß genannt, das Stammhaus dieser Ritterfamilie war — sie waren 1705 und 1713 durch Kauf in den Besitz der Herren von Wurmb, zuletzt in den einer Frau von Münchhausen, geb. v. Wurmb, gekommen —, ferner der Tütcheröder Hof, längere Zeit Lehen des Hauses Schwarzburg, und ein Gut der Herren von Cannawurf. — Späterhin wurde noch ein kleineres Gut, das Weise'sche, dazu gekauft. — Von den Gebäuden dieser Güter bestehen noch die des letztgenannten und das Wohngebäude des Tütcheröder Hofes. Jene liegen in der Nähe des Schlosses, dieses unfern der Kirche, am großen Gemüsegarten; letzteres, jetzt die Gärtnerwohnung, war bis 1850 das Gerichtslocal.

Zum Schlosse gehören ferner noch: der sehr ansehnliche Gasthof nebst den Bierbrauereigebäuden, die Mühle im Dorfe, das Backhaus, die Ziegelbrennerei und 2 Reihen Arbeiterhäuser. — Außer dem Lustgarten, der in französischem Geschmack angelegt ist, und dem ihm gegenüberliegenden Gemüsegarten, die sich beide mitten im Dorfe befinden, ist noch der westlich an das Schloß grenzende Park zu erwähnen, welcher 113 Morgen Land umfaßt und eine Zierde des Schlosses und des Dorfes überhaupt ist.

Die Flur, welche gegen N. und O. an das Rudolstädtische grenzt, beträgt 3161 Morgen größtentheils gutes Land, 213 Morgen Wiesen und über 4000 Morgen Waldungen, wovon 1500 Morgen Land, über 100 Morgen Wiesen und 2860 Morgen Waldungen zum Rittergute gehören. Von den Waldungen gehören der Gemeinde 721, der Pfarrei 118, der Kirche 38, einigen Einwohnern des Orts 11 Morgen; das Uebrige gehört theils dem Fürsten von Schwarzburg-Rudolstadt, theils dem Herrn van Rüxleben in Badra, theils der Gemeinde Berka.

Etwa eine Viertelstunde vom Orte gegen N.-W. liegt auf einer Anhöhe die im Stile der alten Burgen erbaute und ebenfalls zum Schlosse gehörende Gustavsburg, welche im Jahre 1842 der Baron Gustav von Uckermann errichten ließ. Bald nach ihrer Vollendung kam in ihr Feuer aus, das dem ganz massiven Gebäude zwar äußerlich nicht viel anhaben konnte, demselben aber im Innern doch beträchtlichen Schaden zufügte. Die Burg ist bald nachher wieder restaurirt worden. Gegenwärtig ist sie Dienstwohnung des gutsherrlichen Försters.

Südöstlich von B. liegt noch eine zweite Mühle, die Oelmühle genannt, mit einem Mahl- und einem Oelgange. Sie ist Privateigenthum.

In der hiesigen Flur ist in neuerer Zeit von Seiten der Gutsherrschaft eine Braunkohlengrube, die Louisengrube, angelegt worden.

Geschichtliches. B. liegt in dem ehemaligen Nebelgau, und der Zehnten daselbst (Beneleba hat die, freilich nicht ganz sichere, Urkunde) wurde 874 vom König Ludwig dem Kloster Fulda zugesprochen. Im Jahre 891 vertauschte der Abt zu Fulda die Klosterbesitzungen in der „Bentelieber Mark" an einen gewissen Ditmar, und 1227 besaß auch das Kloster Oldisleben hier 18 Hufen Land. — Seit dem 11. Jahrhunderte scheint B. ein Besitzthum der Grafen von Beichlingen-Rothenburg gewesen zu sein. Im 13. Jahrhunderte, nach dem Jahre 1210, starb diese gräfliche Linie mit Graf Friedrich aus, und die Besitzungen derselben, somit auch B., kommen an die

Grafen von Beichlingen, Herren von Beichlingen. Als Graf Friedrich VIII. von Beichlingen diejenigen seiner Besitzungen, welche nicht bereits verkauft waren, 1347 Schulden halber auf Lebenszeit an die Grafen von Hohnstein, Herren von Sondershausen, verpfändete, behielt er nur Schloß und Dorf B., wo er mit seiner Gemahlin Richza, einer Gräfin von Hohnstein, bis an seinen 1356 erfolgten Tod lebte und sich auch nach demselben genannt haben soll. Seine Söhne lösten zwar die Beichlingischen Besitzungen wieder ein; aber einer derselben, Gerhard, der letzte Graf von Beichlingen, verkaufte 1377 die ganze Grafschaft theils an die Grafen von Schwarzburg, theils an seine Lehnsherren, den Markgrafen Friedrich den Strengen von Meißen und an dessen Bruder, den Landgrafen Balthasar von Thüringen. Der Letztere erhielt unter andern Besitzungen Schloß und Dorf B. und überließ sie pfandweise einer Ritterfamilie, die sich von jetzt an von Bendeleben nannte*). Nicht unwahrscheinlich ist es, daß dies die Familie der Ritter von Tütcherode war, welche in B. schon Besitzungen hatte. — Ueber unsern Ort findet sich dann aus dem Jahre 1433 bei Paul Jovius eine Nachricht, welche pag. 479 ɪc. also lautet:

„Es hatten bisher Seyfried von Bendeleben, Ritter, und Märten von Bendeleben, seines Bruders Sohn, das Schloß und Dorf Bendeleben, dem Landgrafen Friedrich dem Friedfertigen (reg. von 1406 bis 1440) eigenthümlich zuständig, von dessen Herrn Vater, Landgraf Balthasar († 1406) pfandweise eine geraume Zeit inne gehabt und besessen, nachdem sie sich aber nachmals vertheilt und die Pfandschaft berührten Dorfes Bendeleben Märten allein zugefallen, hat er sich viel bemüht, daß ihm dasselbe 1433 sammt den Kirchenlehn, Vorwerken, Aeckern, Wiesen, Mühlen, Wasser, Wasserläuften und Gehölzen, Renten, Zinsen, Diensten, Pflichten, auch obern und niedern Gerichten von gedachtem Landgraf mit Consens Herzog Friedrichs und Herzog Siegmunds zu Sachsen für 300 Mark löthigen Silbers Erfurter Gewichts, erblich und ewig verliehen worden ist und zwar also, daß solch Schloß ihnen, den Herzögen, zu jeder Zeit wider alle ihre Feinde offen und unversperrt sein sollte."

Die Familie der Herren von Bendeleben besaß nun von dieser Zeit an unausgesetzt Schloß und Dorf B. bis zum Jahre 1705.

---

*) Eine Familie von Bendeleben kommt übrigens schon weit früher vor. So wird uns erzählt, daß, als der Landgraf Hermann I. von Thüringen im Jahre 1211 die vierjährige ungarische Prinzessin Elisabeth, Tochter des Königs Andreas II. von Ungarn, als künftige Gemahlin seines eilfjährigen Sohnes Ludwig durch eine glänzende Gesandtschaft von ihrem Vater erbitten und abholen ließ, Bertha, Wittwe Ewald's von Bendeleben, als Hofmeisterin der kleinen Braut mitging, und daß ihr vor die Prinzessin nebst silberner Wiege, Badewanne und 1000 Mark baar übergeben wurden.

In diesem Jahre ging die eine Hälfte ihrer Besitzungen daselbst durch Kauf an die Herren von Wurmb über, welche im Jahre 1713 auch die andere Hälfte derselben erkauften. Daß neben ihnen auch andere Herren hier begütert waren, ist schon oben erwähnt worden. Im Jahre 1763 wurden dann, wie gesagt, sämmtliche sich hier befindliche Edelgüter von der Familie von Uckermann erkauft, zusammen geschlagen und ganz neue Gutsgebäude errichtet. Die Herren von Uckermann blieben im Besitze des Schlosses und Dorfes B. bis 1849, in welchem Jahre es um die Summe von 340,000 Thlr. Eigenthum des gegenwärtigen Besitzers, des Herrn von Krause, wurde.

Bis zum Jahre 1815 war Bendeleben sächsisch und stand in geistlichen Angelegenheiten unter der Inspection des Superintendenten in Weißensee; sodann kam es unter preußische Herrschaft, wurde aber schon im Jahre 1816 schwarzburgisch.

Der hiesigen Gutsherrschaft stand bis zum Jahre 1850 die Gerichtsbarkeit über den Ort, so wie das Patronat über Kirche und Schulen zu. Seit dieser Zeit ist ihr nur das Patronat über die Kirche verblieben, die andern Rechte sind an den Staat übergegangen, und der Ort Bendeleben ist in Bezug auf die Rechtspflege dem Justizamte Sondershausen einverleibt.

Im Jahre 1707 kam zu B. Feuer aus, durch welches in der Nähe der Kirche, die kaum gerettet werden konnte, 27 Wohnhäuser mit Scheuern und Ställen eingeäschert wurden. — Im Jahre 1817 schlug der Blitz in den Kirchthurm, drang von da in die Kirche und vernichtete in derselben sehr Vieles, namentlich die ganze Orgel. Die Wiederherstellung alles Zerstörten kostete nah an 2000 Thlr.

Noch werde hier des Pfarrers M. Johann Clajus oder Klai gedacht, der zu seiner Zeit eine nicht unbedeutende Berühmtheit erlangte. Er war 1530 zu Herzberg in Chursachsen geboren und kam, nachdem er erst Rector zu Goldberg und dann zu Nordhausen gewesen, als der erste lutherische Geistliche nach Bendeleben, wo er 1592 starb. Er war einer der ersten und wackersten Schüler des Rectors Siber in Grimma und glänzte als lateinischer Dichter. Einen noch größern Ruhm erwarb er sich dadurch, daß er eine für damalige Zeit sehr gründliche und vollständige Grammatik der deutschen Sprache schrieb, die bis zum Jahre 1689 zehn Auflagen erlebte und selbst in fremde Sprachen übersetzt wurde. Gottsched nimmt in seiner Sprachkunst oft auf dieselbe Rücksicht.

Ueber den als Geographen berühmten Cannabich, welcher hier von 1835—1848 Pfarrer war, vergleiche man: Beschreibung von Sondershausen.

Berka,

Pfd., etwa 1 St. östlich von Sondershausen, liegt an der Wipper, die sich oberhalb des Dorfes in 2 Arme, der Mühlgraben und der wilde Krebsgraben genannt, theilt, welche, nachdem sie eine ansehnliche Insel gebildet haben, sich unterhalb des Ortes wieder vereinigen. B. hat 105 H. und 586 Einw. (1660 nur 227 Einw.), die von Ackerbau und Gewerben, zum Theil aber auch vom Ausgraben und Verkaufen des Sandes leben.

Die Kirche St. Viti ist 1723 neu erbaut und das Innere derselben 1853 renovirt worden. — In älteren Zeiten stand dem Stift Ilefeld das Patronat über dieselbe zu.

Die Gebäude der fürstlichen Domaine sind noch ziemlich neu und wurden erbaut, nachdem die Güter der Herren von Stockhausen und von Abtsbessingen hier von der Herrschaft angekauft worden waren. — Die Gutsschäferei liegt eine kleine Strecke nördlich vom Orte an der Chaussee.

Die Flur besteht aus fast 64 Hufen Land, wovon etwas über 33 Hufen zur Domaine gehören; darunter auch die ehemals zur Pfarrei gehörenden 6 Hufen. Der Boden ist gut und fett, im nördlichen Theile der Flur aber etwas sandig. Der Wiesenwachs ist hier bedeutend, es gibt 284 Ar. Wiesen, von denen 41 Ar. zur Domaine, 243 Ar. der Gemeinde und Privatpersonen gehören. Gegen N. und S. ist die Flur von Waldungen begrenzt. In den südlich gelegenen, die meistens Staatseigenthum sind, hat die Gemeinde von einem District die Unterholznutzung; von den nördlich gelegenen und meist aus Birken bestehenden Waldungen besitzt sie einen großen Theil eigenthümlich.

In der hiesigen Flur befinden sich mehrere Sandgruben, die einen schönen weißen Sand liefern.

Geschichtliches. Unser Ort wird schon 1128 erwähnt, in welchem Jahre das Stift Jechaburg mit Bewilligung des Erzbischofs Adelbert I. von Mainz das ihm gehörige Gut in Berka gegen dasjenige vertauschte, welches die Erben des Markgrafen Rudolph in Hausen (Stockhausen?) hatten. — Im Jahre 1407 war Friedrich von Rüzleben, welcher vorher Probst in Arnstadt gewesen, hier Pfarrer. — Im Jahre 1417 belehnte Graf Heinrich XXIV. von Schwarzburg mit dem Gute zu Berka 2 Herren von Rüzleben, Brüder, um ihrer treuen Dienste willen. — Im Bauernkriege, 1525, wurde B. von den zügellosen Schaaren Münzers ganz ausgeplündert. — Im December 1546 wurden von den Truppen des Churfürsten Joh. Friedrich von Sachsen, als derselbe Sondershausen eingenommen hatte, aus der Schäferei zu B. gegen 700 Stück Schafe geraubt.

Im Jahre 1626 brach hier die Pest aus, raffte aber nur wenig Menschen hinweg; im folgenden Jahre dagegen wüthete sie hier so furchtbar, daß vom 20. August bis zum Neujahr 76 Menschen ein Opfer derselben wurden.

Im Jahre 1629 war hier eine bedeutende Feuersbrunst, welche 36 Häuser, 26 Scheuern und 70 Ställe nebst Pfarr- und Schulwohnung einäscherte. — Im Jahre 1746 brannten 2 Häuser ab.

Billeben,

Pfd., in alten Urkunden Beleheve, Beyeleiben, Bylleiben genannt, 3½ St. südwestlich von Sondershausen und ½ St. südöstlich von Ebeleben, wird von N. nach S. von der Chaussee durchschnitten und von W. nach O. von einem kleinen Bache durchflossen, über den hier eine steinerne Brücke führt. So unbedeutend dieser Bach gewöhnlich ist, so bedeutend schwillt er doch nach starken Gewittergüssen und besonders im Frühjahr nach Thauwetter an, so daß er bisweilen einen Theil des Ortes in dem Grade unter Wasser setzt, daß dasselbe selbst bis in die Gebäude bringt. B. hat 39 H. mit 193 Einw. (1717 hatte es 131 Einw.), die größtentheils Ackerbau treiben.

Die Kirche St. Petri ist alt und klein, doch im Innern freundlich. Im Jahre 1656 wird die Kirche hier als sehr baufällig geschildert, weshalb der Graf Ludwig Günther II. befiehlt, sie zu bauen, dazu in seinem Landestheile eine Collecte ausschreiben läßt und auch seinen Bruder, den Grafen Anton Günther I., bittet, in seinem, dem Sondershäuser, Landestheile eine solche zu bewilligen.

Ein besonderes Mißgeschick hatte der Ort in Bezug auf sein Geläut, indem innerhalb 40 und einiger Jahre 3 Glocken sprangen, die jedoch und zwar die mittlere 1799, die große zum ersten Mal 1827 und zum zweiten Mal 1844 umgegossen wurden.

Die Schulwohnung, ein noch ziemlich neues Gebäude, wurde 1824 erbaut, indem die alte, 1607 errichtete theils baufällig, theils zu beschränkt war.

Das Freigut, ein ansehnliches Gebäude.

Die Flur umfaßt 41½ Hufe contribuables und etwas über 5 Hufen Freiland; zu dem Freigute gehören 4 Hufen Land, welches von fürstlichen Zinsen frei ist. Der Boden des Landes ist größtentheils gut. An Wiesen gibt es hier etwa 30 Ar.

Geschichtliches. B. war im Jahre 1130 ein Besitzthum der Gräfin Heilinburg von Gleichen, welche dasselbe aber um jene Zeit an den Landgrafen von Thüringen abtrat. Im Jahre 1268 kaufte das Kloster Volkenrode dasselbe, und die Herren von Ebeleben gaben die Kaufgelder dazu her, stifteten aber von einem Theile der Einkünfte desselben gewisse Spenden. Zugleich überließen sie dem Kloster auch das Voigteirecht über unsern Ort, wie sie es ehedem von einem Herrn von Herbsleben erkauft hatten. Allein im Jahre 1308 kauften die Brüder Ludolph von Ebeleben unser

Dorf für 300 Mark von dem Kloster wieder an sich, und seit dieser Zeit ist es bei der Herrschaft Ebeleben geblieben. — Im Jahre 1372 trugen Apel und Ludolph von Ebeleben ihre ganze Herrschaft, folglich auch B., die bisher ihr freies Besitzthum gewesen war, den Grafen von Schwarzburg zu Lehen auf. — Im Jahre 1597, vollständig 1616, kam B. mit der Herrschaft Ebeleben in den Besitz der Grafen von Schwarzburg unter sächsischer, dann auf kurze Zeit, nämlich das Jahr 1815 hindurch, unter preußischer Hoheit, bis 1816 auch diese an das Haus Schwarzburg abgetreten wurde.

Im Jahre 1618 legirte der hiesige Einwohner und Junggesell Paul Rohr der Kirche ein Stück Land, den Armen des Ortes aber seine Früchte und sein Geld.

Feuerunglück hatte B. in den Jahren 1739 und 1788.

Bliederstedt,

Fld. von Otterstedt, in alten Urkunden Blidersteti und Blidestat genannt, 4 St. südöstlich von Sondershausen und 1½ St. westlich von Greußen, liegt auf einer Anhöhe, die östlich in das Helbenthal ziemlich steil abfällt. An dem Fuße derselben rauscht die Helbe in vielen Krümmungen vorüber und nimmt hier den von Gr. Ehrich kommenden Bennebach auf. Bl. hat 25 H. mit 123 Einw. (1661 mit 57 und 1717 mit 61 Einw.) und ist der kleinste Ort der Unterherrschaft.

Die Kirche ist alt und klein; in derselben befindet sich eine kleine Handorgel (ohne Pedal), die um 23 Thaler in Göllingen erkauft worden sein soll.

Mitten im Orte ist ein Brunnen, der überwölbt ist und ein sehr schönes Wasser hat. — In den zahlreichen Gärten daselbst wird sehr wohlschmeckendes Obst gezogen.

Die Flur begreift 24 Hufen Land, das größtentheils sehr ergiebig ist.

Geschichtliches. Unser Dörfchen soll ursprünglich zu Gr. Ehrich gehört haben. Wahrscheinlich ist damit aber nichts Anderes gemeint gewesen, als die Abhängigkeit, in welcher es von den Besitzungen des Stiftes Gandersheim in Gr. Ehrich stand; denn im Jahre 877 soll es durch eine königliche Schenkungsurkunde dem Stifte Gandersheim überlassen worden sein. Nach einer andern Urkunde geschah dieses erst 979 durch König Otto II. Wenn die erste Nachricht begründet ist, so ist in der zuletzt erwähnten Urkunde nur die Bestätigung der Schenkung gemeint. Gegenwärtig noch gehört ein Stück Feld in hiesiger Flur zum Rappenstein, einem Gandersheimer Stiftsgute in Gr. Ehrich.

Vom Jahre 1643 an hatte Bl. längere Zeit keinen Schullehrer;

es unterrichtete daher der Lehrer in Otterstedt die Kinder dort allwöchentlich einige Mal.

Im Jahre 1750 wurde durch eine Erderschütterung, wie man glaubte, in einem Berggarten östlich vom Dorfe ein Stück Erdreich von 20 und einigen Schritten lang und breit mit allen darauf befindlichen Bäumen losgerissen und weiter abwärts geschoben. An der Stelle, wo es sich losriß, entstand ein Sumpf, und jetzt rieselt eine Quelle daselbst; wahrscheinlich hatte diese Quelle früher einen andern Weg genommen und dadurch, daß sie sich nach jener Stelle gewendet, den Boden erweicht und jenen Erdsturz veranlaßt.

Feldengel,

Pfd., 3½ St. südöstlich von Sondershausen und 1½ St. nördlich von Greußen, liegt auf einer Hochebene, die sich von hier nach S. hin ganz sanft abdacht; nach O. und S. hat man daselbst eine weite Aussicht. — F. hat 60 H. mit 320 Einw. (1661 hatte es 187, aber 1798 nur 178 Einw.), die sich größtentheils von Ackerbau nähren.

Die Kirche St. Matthiä ist 1772 erbaut worden. In frühern Zeiten stand das Patronat über dieselbe dem Kloster Walkenried und dann eine Zeit lang dem Kloster Ilefeld zu.

Die Flur, welche gegen S. zum Theil an das sich hier in unser Land hereinziehende preußische Gebiet grenzt, umfaßt 78 Hufen Land; der Boden ist lehmig und thonig und hat viele wilde Quellen. Besonders gut gedeiht hier der Flachs, den man größtentheils auf dem Acker verkauft. Früher hatte die Gemeinde im Holzengel'schen Reviere ein District Unterholz; sie hat es aber 1768 wegen Kriegsschulden für 1800 Thlr. an die Herrschaft verkauft.

Es liegen hier in einem kleinen Umkreise vier Orte, welche sich auf engel endigen, nämlich außer unserem Dorfe noch **Wester-, Kirch- und Holzengel**, und es haben dieselben ihre Namen von dem Gau Engilin oder Engilda, in welchem sie lagen. Ueber die Ableitung des Namens, welchen jener Gau führt, gibt es verschiedene Meinungen. Einige halten dafür, er stamme von den Angeln ab, welche sich hier niedergelassen hätten; Andere behaupten, er habe den Namen von seiner Lage zwischen Wipper und Unstrut wie in einem Winkel (angulo); noch Andere leiten seine Benennung davon her, weil er in der Mitte oder Enge zwischen andern Gauen (zwischen Nebel- und Altgau) gelegen habe, und diese führen für ihre Behauptung an, daß auch die ehemalige niedersächsische Provinz Engern den Namen davon erhalten habe, weil sie in der Enge oder Mitte zwischen Ost- und Westphalen lag.

Großenbrüchter,

Pfd., hat seinen Namen nach Einigen von den Brukterern, die sich hier niedergelassen haben sollen, nach Andern von den Steinbrüchen, deren es hier noch immer gibt. Es liegt 4 St. westlich von Sondershausen und 2 St. östlich von Keula und zwar in der Senkung einer Hochebene und hat 130 H. mit 750 Einw. (1696 mit 443 Einw.), die von Ackerbau, Gewerben und Holzhandel leben.

Die Kirche St. Spiritus, auf dem Augerberge, einer Anhöhe im Unterdorfe, gelegen, ist von 1591 bis 1593 mit einem Kostenaufwande von 2231 Gülden erbaut, zu Anfange des 18. Jahrhunderts restaurirt und 1710 gemalt worden. Sie ist die Mutterkirche von Kleinbrüchter. — In früheren Zeiten und noch zwischen 1540 und 1550 gab es hier 2 Kirchen, die Oberkirche, im Oberdorfe gelegen, und die Klosterkirche, auch Capelle genannt, bei dem ehemals hier befindlichen Kloster. — Der Thurm der jetzigen Kirche ist mit 4 kleinen Eckthürmchen versehen und 1835 reparirt worden. Auf demselben befinden sich außer der Seigerglocke noch drei Glocken, von denen die kleinste auf dem Kirchhofe des untergegangenen Dorfes Ingelstedt ausgegraben worden sein soll; die größte ist 1685 oder im folgenden Jahre gegossen worden, nachdem die frühere in dem erwähnten Jahre beim Anschlagen während der Betstunde einen Sprung erhalten hatte. — Die Mauer des Gottesackers, welcher sich bei der Kirche befindet und einen Theil derselben umgibt, ist 1724 errichtet worden.

Die Pfarrwohnung, ein ansehnliches Gebäude und ebenfalls im Unterdorfe gelegen, ist 1703 während der Amtsführung des Pfarrers Ernesti gebaut worden.

Das Rittergutsgebäude ist im Jahre 1619 und zwar auf derselben Stelle erbaut worden, auf welcher das bereits erwähnte Kloster stand. Als frühere Besitzer werden die Rittergeschlechter von Tost, von Wurmb, von Heringen genannt; gegenwärtig ist es Eigenthum der Familie Brandau.

Die Flur umfaßt 171 Hufen Land mit größtentheils steinigem Boden, der aber in nicht zu nassen Jahren ziemlich gute Früchte trägt. Die zur hiesigen Flur gehörigen Wiesen liegen in dem $\frac{1}{4}$ St. nördlich vom Orte befindlichen Helbenthale; auf denselben wird alljährlich ein Volksfest, die sogenannte Thalkirmse, gefeiert. An Waldungen besitzt die Gemeinde 1004 Ar., und 75 Ar. sind Privateigenthum.

In der Nähe des Orts liegen drei Windmühlen; hierher eingepfarrt ist die im Helbenthale gelegene Wassermühle, die Rabenmühle genannt.

Während nach starken Regengüssen und plötzlichem Thauwetter das Unterdorf oft von der daselbst sich sammelnden bedeutenden Wassermenge viel zu leiden hat, und ein Wasserstrom selbst des Oberdorfs entlang tiefe Gräben reißt, hat der Ort in einem mit anhaltender Dorrung verbundenen Sommer, oder bei einem frühen Winter mit wirklichem Wassermangel zu kämpfen, so daß die Bewohner einen Theil ihres Wasserbedarfs oft über eine Stunde weit, vornämlich aus dem Germersdörfer Brunnen bei Kleinbrüchter herbeiholen müssen.

Geschichtliches. Unser Ort kommt schon in einer Urkunde vom Jahre 1128 vor, in welcher der Erzbischof Adelbert I. von Mainz die Verträge bestätigt, welche das Stift Jechaburg wegen mehrerer Güter gemacht, von denen einige hier befindlich waren. — Seit der Mitte des 17. Jahrhunderts, vielleicht auch schon früher, war hier außer dem Knabenlehrer noch eine Mägdleinschulmeisterin angestellt. Im Jahre 1661 unterrichtete Johann Gebauer die Knaben und dessen Ehefrau die Mädchen. Von 1669 an war für die Mädchen auch ein besonderes Schulgebäude vorhanden; 1690 aber wurden beide Stellen wieder vereinigt und dem Lehrer Joh. Siegsmund Pfeffer übertragen. —

Noch ist zu erwähnen, daß in unserm Orte seit langer Zeit und auch noch gegenwärtig ein fürstlicher Revierförster stationirt ist. —

Großfurra,

Pfd., in alten Urkunden Furari, Furare, Furth, Fuhr, auch Großin Furth und Großin Fuhr genannt, liegt 1 St. westlich von Sondershausen und theils am nördlichen Abhange, theils am Fuße der Hainleite, welche hier bis fast zum Orte ziemlich steil abfällt und sich dann mehr allmählich abdacht. Viele Quellen fließen um und durch den Ort, von denen die stärkste ihren Ursprung in dem südwestlich von hier gelegenen Wilsthale hat; sie fallen, nachdem sie sich allmählich zu einem einzigen Bache vereinigt haben, in die Wipper, welche eine kleine Strecke nördlich vom Orte vorüberfließt, und über welche hier eine nicht unbedeutende Brücke führt. Gleich vor derselben ist noch eine zweite kleinere Brücke über einen Arm des erwähnten Baches. — Großfurra ist mehr lang, als breit, hat durch die beiden Rittergüter, welche in der Mitte desselben liegen und einen ansehnlichen Flächenraum einnehmen, so wie durch seine vielen und großen Gärten einen bedeutenden Umfang, nämlich gegen 5000 Schritt, und zählt 150 H. mit 1135 Einw., welche sich vom Ackerbau, vornämlich aber von Gewerben, vom Holzhandel, Holzhauen, Korbflechten, Besenbinden und Tuchbleichen nähren.

Unter den Gebäuden sind zu erwähnen:

Die Kirche St. Bonifacii, ein schon sehr altes, doch noch in gutem Zustande sich befindendes Gebäude, dessen Gründungsjahr man zwar nicht weiß, das aber wohl mindestens in das 13. Jahrhundert fällt. Im Jahre 1322 ertheilte der Landgraf Friedrich der Ernsthafte der Aebtissin des Cisterzienser-Nonnenklosters zu Ballhausen das Patronat über die hiesige Pfarrkirche und zwar unter der Bedingung, daß sie das Kloster hierher verlegen und des Gottesdienstes pflegen sollte. Nach Aufhebung des Klosters, 1538, ging das Patronat an die Besitzer unseres Orts, die Herren von Wurmb, über, denen es noch jetzt zusteht, und durch welche und unter welchen die Kirche mancherlei Veränderungen und Verbesserungen erfuhr. So wurden 1537 die beiden untern Emporkirchen errichtet; 1584 wurde der zum Kämmerhofe gehörige Rüzlebische (der jetzige Hof-) Stand gebaut — derselbe wurde 1719 neu erbaut und 1841 umgebaut und verkleinert. — Im Jahre 1586 wurde eine neue Canzel erbaut und 1681 renovirt. — Im Jahre 1656 wurde der Schülerchor, 1691 die zweite Emporkirche an der Nordseite und 1712 der Schloßstand neu erbaut; letzterer ist 1840 verkleinert worden. — Die im Jahre 1681 erbaute Orgel war im Laufe der Zeit fast ganz unbrauchbar geworden und wurde 1828 durch eine neue ersetzt, die ein Werk des als Orgelbauer berühmten Schulz aus Paulinzelle ist und recht gelungen genannt werden kann.

Die Kirche hatte früher 2 Thürme, von denen der eine ziemlich hoch und bis in die Spitze aus Mauerwerk aufgeführt, der andere aber unvollendet war. Jener erhielt 1559 einen neuen Aufsatz, und sein Dach wurde mit Schiefern gedeckt; dieser wurde 1586 so weit abgetragen, daß er mit der Kirche unter ein Dach gebracht werden konnte. In demselben Jahre erhielt der Thurm zuerst eine Uhr. Als im Laufe der Zeit der Kirchthurm in seinem obern Theile sehr wandelbar geworden war, wurde er 1719 fast zur Hälfte abgetragen und mit einem neuen, aber weit niedrigern Aufsatze, als früher, versehen, überhaupt so eingerichtet, wie er noch gegenwärtig ist. Zum Dache der Kuppel wurden damals die Schiefern vom Beinhause verwandt; dieses Bein- und Leichenhaus war bereits 1483 erbaut worden und wurde 1719 abgebrochen, um es beim Thurmbau zu verwenden.

Das von Wurmb'sche Erbbegräbniß befindet sich an der Südseite der Kirche. Früher waren deren zwei, von denen das weiter nach Osten gelegene 1616 und zwar an derselben Stelle errichtet wurde, wo bis dahin die Sacristei gestanden hatte; zu Anfange dieses Jahrhunderts wurde dasselbe abgetragen. Das gegenwärtige war früher weit größer, wurde aber 1841 um die Hälfte verkleinert. — Die Sacristei befindet sich an der Nordseite der Kirche.

Außer unserer Kirche gab es hier in früheren Zeiten auch noch eine Capelle. Dieselbe stand hinter dem Schlosse, wird 1496 als schon erbaut erwähnt und in diesem Jahre von dem deutschen Ordensritter Georg Wurmb reichlich begabt, auch für den Vicarius an derselben eine Wohnung bestimmt; allein da der Stifter noch in demselben Jahre starb, so kamen die getroffenen Verfügungen nicht zur Ausführung, und so ist die Capelle niemals als solche gebraucht worden. In der Mitte des 16. Jahrhunders ist sie abgebrochen worden.

Der Gottesacker, welcher die ganze Kirche umgibt, wurde, da es an Begräbnißplätzen fehlte, im Jahre 1845 durch einen Acker Land erweitert, den der Herr Amtshauptmann von Wurmb von seinem daran stoßenden Klostergarten der hiesigen Kirchengemeinde schenkte. Der neue Gottesacker wurde am 13. August desselben Jahres eingeweiht. — Ein Theil des alten Gottesackers führt den Namen Hopperöder Gottesacker, so genannt von dem ehemaligen Kloster, späteren Vorwerk Hopperode, welches hierher eingepfarrt war. Bei feierlichen Gelegenheiten hatte der hiesige Prediger in der bei jenem Vorwerk befindlichen Capelle Reden zu halten. —

Die Wohn- und Wirthschaftsgebäude des Schloßrittergutes liegen in der Mitte des Dorfes. Das Wohngebäude desselben, auch das Schloß genannt, besteht gegenwärtig aus 2 Flügeln, von denen der südliche und kleinere erst vor etwa 120 bis 130 Jahren von dem General Ludwig Heinrich von Wurmb erbaut worden ist; der westliche dagegen ist schon sehr alt, mit Ausnahme der dritten Etage ganz aus Steinen aufgeführt und mit Schiefern gedeckt. Aus diesem, sowie aus dem östlichen, vor vielen Jahren bereits abgetragenen Flügel, die beide durch einen nördlichen und einen südlichen Seitenflügel mit einander verbunden waren, bestand das durch die Landgrafen von Thüringen erbaute Schloß, welches überaus fest, mit 3 Thürmen versehen und mit doppelten Wallgräben umgeben war. Der östliche Flügel war die landgräfliche Voigtei, der westliche das Burglehn. Nach außen hatte das Schloß keine Fenster, sondern oben nur eine offene Gallerie — diese ist bei dem noch stehenden Flügel als dritte Etage ausgebaut worden —; als Wohnung dienten die im Innern gelegenen, aus Holz gebauten Räume. — Im 15. Jahrhunderte kam unser Schloß anfangs unterpfändlich, dann eigenthümlich an die Ritterfamilie von Wurmb, welche dasselbe von jener Zeit an bis auf den heutigen Tag ununterbrochen im Besitz gehabt und mit demselben nach und nach viele Veränderungen und Verbesserungen vorgenommen hat. — Dicht an der östlichen Seite des Schlosses und mit ihm verbunden erhebt sich ein runder sehr ansehnlicher Thurm, der noch aus den ersten Zeiten unseres Schlosses herrührt und von den 3 erwähnten Thürmen der allein übrig gebliebene ist. In ihm befindet sich das sehr reichhaltige und vollständige Familienarchiv der Herren von Wurmb.

Nach W., S. und O. ist das Schloß von einem großen Garten mit Parkanlagen umgeben.

Die Wirthschaftsgebäude sind erst allmählich so angelegt und erweitert worden, wie sie gegenwärtig sind. — An der Westseite derselben, aber durch den Schwemmteich geschieden, liegt das Brauhaus, welches früher im Schloßhofe stand, aber schon 1680 von dort hierher verlegt wurde, und unterhalb desselben liegt die zum Schloßrittergute gehörige Burgmühle.

Die Gebäude der Schloßschäferei, bestehend aus einem Wohnhause und einigen Ställen und Scheuern, liegen westlich vom Schloßgarten und waren ursprünglich eine landgräfliche Curie oder ein Vorwerk, auch Kemnote genannt. Im 15. Jahrhunderte belehnten die Landgrafen mit dieser Kemnote die Herren von Nüzleben, welche sie ein Jahrhundert lang besaßen; seit jener Zeit gehört sie der Familie von Wurmb.

Die Wohn- und Wirthschaftsgebäude des Hofrittergutes, nordwestlich vom Schlosse gelegen, nehmen einen sehr bedeutenden Raum ein und sind erst seit dem Jahre 1600 ganz neu angelegt worden. Nachdem nämlich die Herren von Wurmb auch noch das Klostergut und die Kemnote erworben hatten, und alle diese Besitzungen an eine Linie gefallen waren, theilten sich 1599 die Brüder Volkmar und Quirin von Wurmb in Bezug auf die Gebäude so, daß der Letztere eine entsprechende Geldsumme zur Erbauung eines neuen Gutsgebäudes erhielt. Im Jahre 1600 legte er denn auch bereits den Grund zu dem Wohngebäude dieses Rittergutes; an der Stelle desselben standen vorher 3 Bauerhäuser, welche gekauft und abgebrochen worden waren. — Das Wohngebäude besteht aus 2 Flügeln, von denen der südliche im Jahre 1853 fast ganz umgebaut wurde. — Ein daran stoßender Seitenflügel, das frühere Gerichtslocal, wurde in demselben Jahre bis auf eine der Grundmauern und ein daneben stehendes Stallgebäude ganz abgebrochen und dahin im Schweizerstil ein bedeutender Kuhstall sammt einem Futterhause erbaut. Auch von den übrigen Neben- und Wirthschaftsgebäuden stammen einige erst aus neuerer Zeit. — Westlich werden die Gutsgebäude von einem ziemlich ansehnlichen Gemüsegarten begrenzt; ein kleinerer, der Bienengarten genannt, liegt südlich vom Wohngebäude. —

Das Hofrittergut ist seit seiner Gründung immer bei der Familie von Wurmb, aber nicht immer bei derselben Linie geblieben. Die gegenwärtige Linie besitzt es erst seit dem Jahre 1852.

Zu dem Hofrittergute gehört auch der Kämmerhof, ehemals ein ziemlich ansehnliches Gut, von welchem noch ein großes, aber altes Gebäude vorhanden ist. Seinen Namen hat er von einem frühern Besitzer, Ottomar Kämmerer. Im Jahre 1477 belehnte Graf Heinrich von Schwarzburg die Herren Caspar und Heinrich von Nüzleben mit dem Kämmerhofe, deren Nachkommen ihn nachmals einem gewissen Caspar Asser in Pacht, dann in Wiederkauf gaben. Unter diesem Asser wurde 1597 das noch vorhandene Gebäude errichtet, wie solches an der Ostseite in das Gebälk eingeschnitten ist. Im Jahre 1602 kam der Kämmerhof an die Familie von Wurmb, anfangs wiederkäuflich, 1659 aber erb- und eigenthümlich.

Zum Hofrittergute gehört ferner noch die sogenannte unterste Mühle.

Der östlich vor dem Hofrittergute gelegene Platz ist der vormalige Richtplatz; auf demselben wurde unter Andern 1719 eine Kindesmörderin, Katharine Elisabeth Schalley, und zuletzt 1758 Johann Adam Liebram hingerichtet.

Das Kloster, zum Schloßrittergute gehörig und gegenwärtig Dienstwohnung des von Wurmb'schen Försters, war in den frühsten Zeiten ein Rittergut und den Herren von Schlotheim, damals Patriciern in Nordhausen, zuständig, die in der 2. Hälfte des 13. Jahrhunderts einen gewissen Ulrich von Myla und dessen Bruder mit demselben belehnten. Als aber 1326 die Cisterzienser-Nonnen zu Ballhausen ihr Kloster hierher verlegt hatten, schenkten bald darauf, nämlich 1331, die Herren Johann von Schlotheim, Dechant in Schleine, und Bernhard von Schlotheim, Dechant zu Schopeln, ihren freien Hof hierselbst mit allen Zugehörungen und Nutzungen dem Stift des heiligen Bonifacius und dem Convent hier, worauf jener Hof auch sofort von den Nonnen bezogen wurde. — Als seit 1519 die Reformation auch bei den hiesigen Klosterfrauen Eingang fand und mehrere derselben austraten, so daß 1526 die Aebtissin und 3 Nonnen noch die einzigen Bewohnerinnen unseres Klosters waren, wurde dasselbe 1538 endlich säcularisirt, und es kamen seine Besitzungen, mit Ausnahme einer Stiftung an die hiesige Kirche, in einer Waldung und einigen Wachszinsen bestehend, an den damaligen Gerichtsherrn von Großfurra, Hans Wurmb jun.; aber noch in demselben Jahre entriß ihm der Herzog Georg von Sachsen das Kloster sammt allen dazu gehörigen Gütern. Im Jahre 1544 erkaufte es sodann Hans Wurmb sen., Herr von Thomasbrücken, vom Herzog Moritz von Sachsen und behielt es trotz der Geltendmachung des Rechts des Näherkaufs von Seiten der Besitzer unseres Ortes. Nachmals war es eine Zeitlang unter verschiedene Linien der Herren von Wurmb getheilt. Einer der Besitzer, Centurius Wurmb, ließ 1589 seinen Klosterhof enger einziehen und auf den dadurch gewonnenen Raum den Diensthäuser bauen. Im Jahre 1689 wurde das alte Klostergebäude abgebrochen und halb so groß, wie früher, gebaut. — Bei dem Kloster ist ein sehr großer Garten mit 4 Teichen und einem Brunnen, dem Bonifaciusbrunnen, der ein vortreffliches Wasser hat. — Vor dem Jahre 1625 lag am Klostergarten eine Mühle, die Klostermühle, die von dem Ausflusse der Klosterteiche getrieben wurde. —

Die Pfarrwohnung ist 1698 hinter dem alten Pfarrhause erbaut worden. Einige Jahre nachher wurde letzteres abgetragen, so daß dadurch der Hof um ein bedeutendes erweitert wurde. Die Wohnung, wie die Nebengebäude sind groß und ansehnlich.

Früher gab es hier auch noch eine Vicarei. Sie wurde 1447 von Lutz Wurmb gegründet und ziemlich reich dotirt. Das Wohngebäude des Vicars war das in der Kirchgasse gelegene Haus.

Das Schulgebäude für Knaben, das auch die Wohnung des Lehrers enthält, am Eingange zum Gottesacker gelegen, ist 1721 neu erbaut worden, nachdem das alte Schulgebäude ganz baufällig geworden war. Ein in seine Grundmauer eingefügter alter Stein enthält zwischen der in demselben eingehauenen, aber nicht mehr zu entziffernden Schrift die Jahreszahl 1283; wahrscheinlich ist dies das Gründungsjahr des alten Gebäudes. Das daneben befindliche steinerne Thor, welches eine ziemliche Tiefe hat und gewölbt ist, mag sammt seinem Ueberbau noch aus jener Zeit stammen. — Das Schulzimmer wurde 1806 vergrößert, da die bis dahin getrennt unterrichteten Knaben und Mädchen von dieser Zeit an eine Reihe von Jahren hindurch vereint und von einem einzigen Lehrer unterwiesen wurden.

Das Schulgebäude für Mädchen, ebenfalls zugleich die Wohnung des Lehrers enthaltend, liegt nördlich von dem vorigen und zwar am Eingange zum Kämmerhofe, auf dessen Grund und Boden es auch steht, und ist 1836 ganz neu erbaut worden. — Hier wurden schon ziemlich früh Knaben und Mädchen getrennt unterrichtet; denn es wird bereits 1650 einer Mägdleinschulmeisterin allhier gedacht. Allein bald nachher muß diese Schule ein Ende genommen haben, da zur Zeit, als Mag. Müller hier Pfarrer ward, 1691, kein Mädchen lesen konnte; durch seine Vermittlung wurde jedoch 1694 wieder eine Schulmeisterin angestellt. Dieselbe unterrichtete die Mädchen in ihrem eigenen Hause, und es übernahm die Gemeinde anstatt des Miethzinses die auf demselben ruhenden Steuern und andern Lasten; außer einigen anderen Emolumenten erhielt sie von jeder Schülerin jährlich vier Groschen Schulgeld. Schon vor dem Jahre 1720 finden wir dann einen Mädchenlehrer. Im Jahre 1755 wurde auch ein eigens zur Mädchenschule bestimmtes Haus erkauft, dasselbe aber bereits 1762 wieder verkauft, da die in demselben Jahre angestellte Lehrerin ein eigenes Haus hatte, und jenes auch baufällig war. Gegen Ende des 18. Jahrhunderts stellte man wieder Männer als Lehrer der Mädchen an, von denen der letze Johann Christoph Wiegel hieß. Als dieser 1806 starb, übernahm der damalige Cantor und Knabenlehrer Taschenberger auch den Unterricht der Mädchen. Zu wiederholten Malen versuchte man, wieder einen eigenen Lehrer für die Mädchen anzustellen; allein erst im Jahre 1836 wurde dies möglich gemacht. Da aber in demselben Jahre erst das dieserhalb nöthige Schulgebäude errichtet wurde, so unterrichtete der neue Lehrer, G. A. Wendlin, die Kinder bis zur Vollendung jenes Gebäudes in einer Stube des Gemeindebackhauses. Es wurde aber anfangs die neue Anstalt von den jüngern Knaben und Mädchen besucht, und erst einige Jahre nachher wurden ihr bloß die Mädchen zugewiesen.

Die Gebäude des Schlegel'schen Bauerngutes sind im Unterdorfe gelegen und bestehen aus einem Wohnhause und mehreren

Nebengebäuden, die sämmtlich von einem ansehnlichen Umfange und im guten Zustande sind.

Das Armenhaus, östlich vom Dorfe gelegen, ist eine fromme Stiftung der Frau Geheimeräthin Anna Sophie von Wurmb, geb. von Seebach, welche es 1718 erbauen ließ. In demselben erhalten 4 arme alte Frauen freie Wohnung nebst Holz zur Feuerung. Zugleich haben sie Antheil an den Zinsen eines Capitals von 100 Rfl., welches die Frau Rittmeister Anna Lucretia von Seebach, geb. von Wangenheim, 1702 für hiesige Arme legirte.

Die Ziegelhütte, am nördlichen Ende des Dorfes gelegen, ist 1685 hier angelegt worden und Eigenthum der Herren von Wurmb.

Außer den bereits erwähnten beiden Mühlen giebt es hier noch sechs, welche sämmtlich im Orte liegen und theils von dem aus dem Wilsthale kommenden Bache, theils von diesem und dem Ausflusse der Klosterteiche getrieben werden.

Teiche finden wir hier ziemlich viel; denn außer den bereits erwähnten 4 Klosterteichen gibt es noch 4 im Kämmerhofgarten, zwei im Schloßgarten, einen, den Schwemmteich, bei dem Schlosse, 2 im Wilsthale und einen bei dem Heidthause. Mehrere andere, die ziemlich bedeutend waren, sind ausgefüllt worden. — Von den beiden im Wilsthale befindlichen heißt der der Goldborn. Diesen Namen soll er davon haben, weil man in dem Magen einer Ente, die sich viel auf demselben aufhielt, 3 Goldkörner fand; wahrscheinlich aber hat er ihn von seinem hellen, schönen Wasser. Indessen ist es wohl möglich, daß die Quelle des Goldborns aus dem Berge, in welchem sie entspringt, der Heiligenberg genannt, jene Goldkörner zu Tage gefördert hat, da sich vormals dort auch ein Bergwerk befunden haben soll; denn es wird uns erzählt, daß 1470 der Churfürst Ernst von Sachsen jenes Bergwerk an einen gewissen Hans Schiele verliehen habe.

Hierher eingepfarrt ist das von Wurmb'sche Heidehaus, ein Gasthaus und Vorwerk, welches eine Viertelstunde nördlich von Großfurra an der von Sondershausen nach Nordhausen führenden Chaussee liegt. Der Bau desselben wurde schon 1685 beabsichtigt und in jenem Jahre auch bereits ein Brunnen zu graben angefangen; wirklich ausgeführt wurde der Bau aber erst im Jahre 1717. Der Brunnen ist 123 Fuß tief. — Im Jahre 1854 wurden an der Südseite desselben noch einige neue Wirthschaftsgebäude aufgeführt, nämlich eine Scheuer und ein Schafstall, und gegenwärtig wird auch der Grund zu einem Wohngebäude gelegt. Diese neuen, theils vollendeten, theils noch im Bau begriffenen Gebäude sind ein Vorwerk des hiesigen Schloßrittergutes.

Die Flur beträgt 4349 Acker Land und Wiesen, wovon über 3000 Acker zu den beiden Rittergütern gehören; die früher ziemlich bedeutenden Wiesen sind in neuerer Zeit größtentheils in Ackerland verwandelt worden. Der Boden besteht theils aus schwarzer mit Thon vermischter Erde, theils aus magerem Lehm, theils aus Thon, aus Flußsand mit Lehm vermischt und aus Klai mit Kiesunterlage. An Waldungen besitzen die beiden Rittergüter 5500 Magdeburg. Morgen, die Gemeinde etwa 353 Magd. Morgen, nämlich den **Stufenberg**, und die Kirche eine Waldung von etwa 85 Magd. Morgen, der **Heiligenberg** genannt. Der letztere ist ein Legat, welches die letzte Aebtissin des hiesigen Cisterzienser-Klosters, **Anna Oehme**, im Verein mit der letzten Klosterfrau, **Katharine Wernicke**, aus den Klostergütern der hiesigen Kirche machte.

Außer den sehr bedeutenden Gärten gibt es hier auch noch umfangreiche **Anpflanzungen** von Obstbäumen, besonders von Kirschbäumen. Die ersten Zwetschenreiser wurden hier durch **Levin Wurmb** 1583 angepflanzt, der sie von Darmstadt mitgebracht hatte; sie gediehen aber so gut, daß 100 Jahre nachher schon alle Gärten mit solchen Bäumen bepflanzt waren.

Geschichtliches. Großfurra, im ehemaligen Wippergau gelegen, wird schon im 9. Jahrhunderte erwähnt; denn 874 bestätigt **Ludwig der Deutsche** dem Stift Fulda den Zehnten von **Furari**. Als die ersten Besitzer des Ortes werden die Herren von **Furra** genannt, und von ihnen kommen vor: **Hermann**, 1240, **Reiner**, 1258, **Walther**, 1259 und 1269, und dessen Söhne **Hermann**, 1275. Sie sollen bis 1315 Besitzer unseres Orts gewesen sein. Bald nachher gehörte derselbe den Landgrafen von Thüringen; denn bereits 1322 verfügte, wie oben erzählt, der Landgraf **Friedrich der Gestrenge** über das hiesige Kirchenpatronat. Von den Landgrafen wurde auch die hiesige Burg erbaut, die, wie schon erwähnt, aus der Burgvoigtei und dem Burglehn bestand. Diese beiden Theile hatten lange Zeit, theils getrennt, theils vereint, verschiedene Rittergeschlechter inne, und zwar anfangs durch Belehnung, späterhin aber meistens unterpfändlich. Unter den Inhabern von Großfurra sind zu nennen: die Herren von **Seebach**, von **Werther**, von **Tütcherode**, von **Rüzlerich**, von **Germar** und von **Wurmb**. Von 1402 bis 1499 war, in Folge der Verpfändung an die Herren von Werther und von Seebach, das Stadtschultheißenamt zu Nordhausen mit der hiesigen Burg verbunden. Im Jahre 1444 überließ **Berthold von Werther** seinen Antheil an Großfurra und dem Stadtschultheißenamt zu Nordhausen seinem Eidam, **Lutz Wurmb sen.**, der denselben noch vergrößerte, indem er den Antheil anderer Gläubiger an sich kaufte. Der Sohn desselben, **Lutz Wurmb jun.**, erhielt sodann 1499 — der Kaufbrief ist erst 1501 ausgefertigt — durch Kauf die Burg mit allen Rechten und Zugehörungen vom **Herzog Georg** erb- und eigenthümlich um die Summe von 2200 rhein. Gülden und gegen Abtretung des ihm bis dahin verpfändeten Stadtschultheißenamts in Nordhausen. Es sind somit die Herren von Wurmb schon über 350 Jahre Eigenthümer von Großfurra, und inne gehabt haben sie es bereits 410 Jahre; aber Erwähnung wird derselben schon im 13. Jahrhunderte gethan.

So wird 1266 Dietrich Wurmb als Zeuge genannt bei einer Schenkung, welche die Grafen von Schwarzburg dem Kloster Ilm machten.

Das Wappen der Herren von Wurmb besteht aus einem goldenen Lindwurm in blauem Felde; auf dem Helme steht ebenfalls ein Lindwurm, und die Helmdecken sind blau und golden.

Großfurra war bis zum Jahre 1815 sächsisch und stand in geistlichen Angelegenheiten unter der Inspection des Superintendenten in Weißensee; 1815 wurde es preußisch und 1816 schwarzburgisch. Ebenso war es lange Zeit ein Gerichtsdorf, indem bis zum 1. Juli 1850 die Gerichtsbarkeit über den hiesigen Ort den Herren von Wurmb zustand; mit diesem Zeitpunkte wurden jedoch die Patrimonialgerichte aufgehoben und mit den fürstlichen Justizämtern vereinigt. Großfurra kam zum Justizamte Sondershausen.

Außer mehreren Gliedern der von Wurmb'schen Familie, die hier geboren sind und sich durch hohe Staatsämter auszeichneten, haben sich auch noch zwei andere, ebenfalls hier geborene, Männer einen nicht unbedeutenden Namen erworben und dürften darum hier Erwähnung verdienen. 1. Georg Ludwig Agricola, Sohn des Pfarrers Georg Agricola hierselbst, geb. 1643, war bis 1671 Informator auf dem hiesigen Schlosse und zeichnete sich durch seine musikalischen Kenntnisse so rühmlich aus, daß er von hier als Capellmeister nach Gotha berufen wurde, wo er leider schon 1676 starb. Er wird als Tonsetzer sehr geachtet. — 2. Heinrich Christoph Krause, der Sohn eines hiesigen Landmanns, geb. 1783, ist gegenwärtig Pfarrer zu Radeberg in Sachsen und schrieb bis noch vor wenig Jahren unter dem Namen Erich Haurenski zu Gard'ebre namentlich viele treffliche theologische Aufsätze.

Nicht unerwähnt bleibe endlich auch Dr. Joh. Christian Friedrich Miede, welcher den hiesigen Schulen ein Legat von 100 Thlr. aussetzte, dessen Zinsen er zu Prämien für diejenigen Schulkinder bestimmte, welche sich durch Sittlichkeit und Fleiß auszeichneten. Er war der Sohn des hiesigen Cantors Joh. Christian Miede, wurde 1767 allhier geboren und lebte hier als practicirender Arzt bis zum Jahre 1825, wo er starb.

Die Reformation fand hier schon sehr bald Eingang, indem die seit 1519 hier angestellten Prediger sich zu Luthers Lehre bekannten oder doch hinneigten; förmlich eingeführt wurde sie aber erst im Jahre 1530. Die Einführung fand unter dem Pfarrer Stephan Saarburger oder Sarbrücker, der auch zugleich noch Probst des hiesigen Klosters war, Statt.

Unglücksfälle. Im Jahre 1605 schlug der Blitz in das Vorwerk (das jetzige Schloßschäfereigebäude), zündete, und es brannte eine Scheuer ab. Im Jahre 1658 wurde die Malzdarre auf dem Schloßhofe, die damals zwischen den Pferdeställen und dem Brauhause daselbst lag, 1698 wieder ein Haus neben der Mittelmühle und 1711 eine Scheuer nebst einem Stalle in einem Bauerngehöft das Opfer einer Feuersbrunst. — Im September des Jahres 1812 kam durch Verwahrlosung Feuer in der sogenannten neuen Mühle, unfern des Pfarrgartens gelegen, aus, durch welches dieselbe fast bis auf den Grund niederbrannte. — Im Jahre 1817 schlug der Blitz in den Kirchthurm, ohne zu zünden, zerschmetterte aber das Zifferblatt der Thurmuhr; zu derselben Zeit schlug er auch in die Scheuer des Schlegel'schen Bauergutes, zündete aber ebenfalls nicht.

Im Jahre 1671 war der Winter so streng, daß hier sämmtliche Mühlen einfroren, und im Sommer des folgenden Jahres war eine so anhaltende Dorrung, daß die Quellen fast ganz versiegten und darum sämmtliche Mühlen ohne Wasser waren. Im Winter des Jahres 1716 waren wieder alle Mühlen hier eingefroren, und viele Bäume im Walde und in den Gärten litten durch den Frost so sehr, daß sie abstarben.

Durch den Uebertritt der Wipper litt die hiesige Flur öfters bedeutenden Schaden, und mehrmals wurden durch dieselben, namentlich beim Eisgang, die beiden über sie führenden Brücken mit hinweggeschwemmt. Dies geschah auch im December 1819, worauf man 1820 mit bedeutenden Kosten 2 neue Brücken erbaute. Die bei den Dorfe baute man, um gegen einen ähnlichen Schaden gesicherter zu sein, aus einem Hangwerke. Dessen ungeachtet wurde 1847 sowohl diese, als auch die weiter östlich gelegene sogenannte neue Brücke durch eine Ueberschwemmung zerstört, worauf die Hauptbrücke 1848 wieder ganz neu erbaut worden ist.

Auch viele Kriegsdrangsale hatte unser Ort zu erdulden. So litt derselbe, vornämlich aber das Kloster und das Schloß, durch die Unruhen des Bauernkrieges im Jahre 1525. — Außerordentlich groß aber waren die Drangsale während des dreißigjährigen Krieges. Nachdem 1623 die Lieferungen ihren Anfang genommen, begannen 1626 die Einquartierungen, Durchmärsche und Plünderungen, und von 1631 bis 1647 verging kein Jahr, in welchem sich diese Schrecknisse nicht mehrmals wiederholt hätten. So plünderte hier 1626 ein Theil des Merode'schen Regiments unter dem Rittmeister Wedel; 1631 hausten Tilly'sche Truppen hier so schrecklich, daß die meisten Bewohner in die nahen Waldungen flüchteten; 1632 lagen Pappenheimer und 1633 Schweden längere Zeit hier in Quartier. Vom October 1634 bis zum April 1635 hielten 2 Compagnien Finnländer hier ihr Winterquartier, wodurch die Noth im Orte aufs höchste stieg, indem die Lebensmittel außerordentlich theuer und nicht einmal mehr zu beschaffen waren. Viele Bewohner des Ortes kamen während dieser Zeit elendiglich um. Im Jahr 1635 lag der schwedische Oberst Wrangel und 1636 der schwedische Oberst Banner hier im Quartier. Die Plünderungen während dieser beiden Jahre waren sehr groß; alle Pferde waren mitgenommen worden, weshalb man sich von jetzt an statt derselben Esel anschaffte. Das Jahr 1637 brachte unserem Orte fast ununterbrochen Einquartierungen, Plünderungen und Kriegscontrlbutionen. Im Jahre 1638 zogen unter dem General Götze 10,000 Baiern hier durch, welche dabei gräßlich plünderten und selbst in der Kirche Alles zerschlugen. In solcher Weise hatte der Ort auch in den folgenden Jahren zu leiden. — Auch in dem **siebenjährigen** und den spätern Kriegen blieb Großfurra von mancherlei Drangsalen nicht verschont.

Krankheiten. Oefters grassirte in den frühern Jahrhunderten hier die Pest. So starben 1597 an dieser Krankheit 133, im Jahre 1611 wieder 223 und 1626 sogar 358 Personen; unter den zuletzt aufgezählten sind jedoch auch viele Fremde inbegriffen, welche der Kriegsunruhen wegen aus andern Orten hierher geflüchtet waren und hier ein Opfer der Pest wurden. Im Jahre 1688 starben an der Ruhr innerhalb 4 Wochen 33 Menschen. — In neuerer Zeit forderten das **Nervenfieber, Scharlachfriesel** und die **Masern,** letztere besonders 1852, viele Opfer.

Großmehlra,

Pfd., 5 St. südwestlich von Sondershausen und 2 St. südöstlich von Keula, liegt in einem Thale, das südlich von einer etwas steilen, nördlich von einer sanft aufsteigenden Anhöhe begrenzt wird. Zwei kleine Bäche fließen an dem Orte vorüber, südlich die **Schmerl,** die eine Viertelstunde westlich davon bei Obermehlra entspringt, und nördlich die **Notter,** die ihren Ursprung bei dem gothaischen Kammergute Pöthen hat; unterhalb unseres Ortes nimmt die letztere die erstere auf und fließt dann über Schlotheim, wo sie sich nach W. wendet. Großmehlra hat 116 H. mit 651 Einw. (1650 mit 239 und 1798 mit 391 Einw.), die sich von Ackerbau und Gewerben, zum Theil auch von Frucht- und Pferdehandel nähren.

Die Kirche St. Viti ist ein schon sehr altes Gebäude, hat aber im Laufe der Zeit, besonders durch die adeligen Familien, welche hier begütert waren, viele Verbesserungen und Verschönerungen erfahren. So ließen die Herren von Heringen 1698 von dem Bildhauer Miel in Arnstadt eine neue Canzel für die hiesige Kirche fertigen. Im Jahre 1708 wurde eine neue Orgel gebaut, da die im Jahre 1674 angekaufte ganz unbrauchbar geworden war. Im Jahre 1712 ließ die Generalin von Heringen nach dem letzten Willen ihres verstorbenen Gemahls die Kirche im Innern repariren und malen, 1718 aber dieselbe nebst dem Thurme auch äußerlich restauriren. — Im Jahre 1699 wurden aus hiesiger Kirche drei große silberne, stark vergoldete Kelche, ein silberner, ebenfalls vergoldeter Hostienteller und anderer Kirchenschmuck geraubt. Die Thäter blieben trotz aller Bemühungen unentdeckt.

Zu erwähnen sind noch die beiden von Heringischen Rittergüter, das Niemann'sche, ehemals Trottische Freisassengut, die Nottermühle, nordwestlich vom Orte, und die im holländischen Stile erbaute Windmühle, nordöstlich vom Orte.

Die Flur, welche nach 3 Seiten hin von fremdem Gebiet, gegen O. vom Rudolstädtischen und gegen S. und W. vom Gothaischen, begrenzt wird, umfaßt gegen 156 Hufen meist gutes, aus fruchtbarem Lehmboden bestehendes Land und 250 Acker Wiesen oder Wiesenland; der Ort besitzt auch einige Gemeinde- und Privatwaldung.

Geschichtliches. Bis zum Jahre 1324 war Großmehlra Eigenthum der Landgrafen von Thüringen und gehörte ins Amt Thomasbrücken ("Tungesbrücken"). In dem erwähnten Jahre aber belehnte der Landgraf Friedrich mit Großmehlra und dem halben Dorf Mehrstedt den Grafen Heinrich von Hohnstein, Herrn von Sondershausen, und zwar um seiner vielfältigen treuen Dienste willen. Seit 1356 Eigenthum der Grafen von Schwarzburg, wurde es von diesen auf einige Zeit an die Grafen von Beichlingen und 1468 an die Herren von Schlotheim verpfändet. — In Bezug auf die hier befindlichen Rittergüter ist zu bemerken: Im Jahre 1390 wurde Berlt von Heringen, Landvoigt zu Sondershausen, mit 5 Hufen Landes nebst einem Hofe hierselbst belehnt. — Ebenso wurde 1469 Künemund von Heringen und dessen Erben mit 4 Hufen Land nebst einem Sedelhofe hier, so wie mit etlichen Korn-, Geld- und Hühnerzinsen, auch mit 3 Acker Holz in der Gemeinde zu Wenigenmehlra belehnt. Im 16. Jahrhunderte wird unter den Besitzern der hiesigen Rittergüter auch eine Familie von Kreutzburg neben der bereits erwähnten Familie von Heringen genannt. — Letztere, noch gegenwärtig im Besitze jener Güter, hat dieselben somit über 400 Jahre besessen. Aus derselben stammt der als belletristischer Schriftsteller bekannte Gustav von Heringen, welcher 1799 hier geboren wurde.

In Großmehlra fand lange Zeit und noch im Jahre 1667 am Sonntage Lätare ein merkwürdiger Gebrauch Statt. Ueber ihn berichtet der Amtsschöffer von Volkenrode nach Ebeleben an den Grafen Ludwig Günther folgendermaßen: „Kann Denenselben Ich bei dieser Gelegenheit uneröffnet nicht lassen, welcher Gestalt Dero Unterthanen und Inwohner zu Großmehler jährlich uf den Sonntag Lätare ein ziemlich abergläubisch phantastisch Werk begehen, indem sie von Stroh und alten Lumpen ein Bild machen und mit nachfolgendem jungen Pöbel im Namen des Todes austreiben und in hiesigen Amtsdorfs Obermehler Flur aufstecken." Er bittet sodann, Dieses abstellen lassen zu wollen, da seine Vorstellungen bei den Bewohnern von Großmehlra nichts gefruchtet, und die von Obermehlra es nicht leiden wollten, weshalb darüber schon oft großes Unglück zwischen beiden Gemeinden hätte entstehen können.

Die Verbreitung der Reformation und die genauere Bekanntschaft mit den Grundsätzen Luthers verdankt unser Ort namentlich einem gewissen Heinrich Franke. Derselbe wurde 1539 hier Schuldiener, versah von 1553 an mit Erlaubniß des Superintendenten auch die Pfarrgeschäfte, und wurde 1569, in welchem Jahre der alte Pfarrer daselbst, Stephan Sarbrücker, starb, von den Kirchenpatronen und der Gemeinde als Pfarrer präsentirt und diese Wahl von der Behörde auch bestätigt.

Unser Dorf ist in neuerer Zeit mehrmals von Feuerunglück heimgesucht worden.

Gundersleben,

Fld. von Rockstedt, 2¼ St. südwestlich von Sondershausen und ¾ St. nordöstlich von Ebeleben, liegt an der nordöstlichen sanften Abdachung des Gänseberges und an der von Sondershausen nach Ebeleben führenden Chaussee, hat 42 H. und 196 Einw. (1686 nur 91 Einw.), die größtentheils Ackerbau treiben. In dem Orte ist eine Schwemme, und unweit desselben entspringt ein kleiner Bach, der östlich nach Thalebra fließt.

Die Kirche, im Jahre 1713 erbaut, ist klein, aber freundlich; in derselben befindet sich ein zum Rittergute gehöriger Kirchenstand.

Das Rittergutsgebäude liegt am östlichen Ende des Dorfes und gehört seit dem vorigen Jahrhunderte der Familie Kleemann, von welcher es neu erbaut worden ist. Im 16. Jahrhunderte besaßen es die Herren von Tettenborn.

Die Schulwohnung, im Jahre 1810 neu erbaut und 1836 erweitert, war ursprünglich die Pfarrwohnung. Nachdem die Gemeinde sie von 1575 an nur gemiethet hatte, erkaufte sie dieselbe 1619.

Die Flur umfaßt 54 Hufen Land, wovon 10 Hufen zum Rittergute gehören, und 21 Ar. Wiesen. An Waldungen hat die Gemeinde einen District Unterholz in der Hainleite, das Rittergut aber 180 Ar. Waldung, ebenfalls in der Hainleite; von letzterer ist vor einigen Jahren indessen ein Theil abgeholzt und in Ackerland verwandelt worden.

Geschichtliches. Unser Dorf kommt unter dem Namen Gundersleba in einer Urkunde von Ludwig dem Frommen (814 bis 840) vor, in welcher er den Zehnten von 160 Dörfern in Thüringen dem Stift Fulda überweist. — Im Jahre 1250 wird unter des Landgrafen Heinrich des Erlauchten vorzüglichsten Räthen Albrecht von Gundersleben genannt. — Vom Jahre 1584 an gehörte G. längere Zeit zum Amte Straußberg, wohin es auch noch bis in die neueste Zeit Dienste zu leisten hatte; bis 1836 gehörte es zum Amte Schernberg. — G. hatte bis 1574 seinen eigenen Pfarrer. Der letzte hieß Johann Frühe und wurde in dem erwähnten Jahre nach Rockstedt versetzt, behielt aber G. als Filialgemeinde. Die Pfarrwohnung wurde, wie bereits erwähnt, hierauf Schulwohnung; längere Zeit aber hatte der Pfarrer hier noch eine Scheuer, weil er von den 4 Hufen Pfarrland eine selbst einerntete; die andern drei hatte er 1573 in Erbpacht gegeben, wofür die Erbpächter die vierte Hufe frei bearteten. Im dreißigjährigen Kriege fiel das Land wieder an den Pfarrer heim, worauf er es von Rockstedt aus bewirthschaftete, bis sämmtliches Land 1712 aufs neue in Erbpacht gegeben wurde.

Hachelbich,

Pfd., in frühern Zeiten auch Hachelwitz, Hachdebich genannt, 1½ St. östlich von Sondershausen, liegt unweit der Wipper und wird von einem Bache, der südlich vom Orte in der Hainleite entspringt, durchflossen. H. hat 109 H. mit 593 Einw., die größtentheils vom Ackerbau leben.

Die Kirche St. Petri liegt am östlichen Ende des Dorfes auf einem ziemlich hohen felsigen Hügel, der Kirchberg genannt, und ist 1567 erbaut worden. Früher stand an deren Stelle hier wahrscheinlich nur eine Capelle, von der auch noch der östliche Thurm herrühren soll. Der westliche Thurm wurde 1735 erbaut und 1840 reparirt. Zu der Kirche führen vom Dorfe aus mehrere Treppen, von denen die an der Nordseite sich durch ihre Breite und Bequemlichkeit auszeichnet. Sie wurde in ihrer gegenwärtigen Gestalt 1790 angelegt, 1843 aber erneuert, der Berg an beiden Seiten derselben in Terrassen abgetheilt und mit Obstbäumen bepflanzt.

Die Schulwohnung ist 1834 neu erbaut worden.

Das Gebäude des ehemaligen Freihofs. Dieses Gebäude sammt der dazu gehörigen Länderei gehörte früher dem Kloster Göllingen, fiel nach dessen Säcularisirung an Hessen-Cassel und kam 1810 an die fürstliche Kammer in Sondershausen. Die dazu gehörige Länderei wurde sodann vereinzelt und an mehrere Bewohner von H. verkauft; ebenso wurden auch die Gebäude des Freihofes veräußert.

Das Forsthaus. Der hiesige Förster wurde früher von Hessen-Cassel angestellt, da die hierher gehörigen Waldungen vom Kloster Göllingen an Hessen-Cassel gekommen waren. Durch Verkauf kamen sie späterhin an Schwarzburg-Sondershausen, und seit dieser Zeit hat hier ein fürstlicher Forstbeamter seinen Sitz. —

Ferner sind hier noch 4 Mühlen zu erwähnen, von denen drei an dem das Dorf durchfließenden Bache und eine an der Wipper liegt. Die am nördlichen Ende des Dorfes gelegene Mühle war ehemals eine Pulvermühle.

Die Flur, nach O. vom Rudolstädtischen begrenzt, umfaßt etwa 54 Hufen Land mit größtentheils gutem Boden und 122 Ar. Wiesen. Am linken Ufer der Wipper lagen sonst Weinberge, die jetzt zu Obst- und Getreidebau benutzt werden. Jenseit dieser Berggärten besitzt die Gemeinde 600 Ar. und einige Privatpersonen 60 Ar. Waldungen, größtentheils aus Birken und Eichen bestehend. In den herrschaftlichen Waldungen hat die Gemeinde außerdem noch einen District **Unterholz**.

Die Gegend, in welcher der Ort liegt, ist sehr angenehm; mehrere Berge erheben sich in einiger Entfernung vom Dorfe, von denen besonders der südwestlich davon gelegene **Veilchenberg** eine herrliche Aussicht auf das schöne Wipperthal darbietet.

Oberhalb des Dorfes in der Hainleite finden sich viele und sehr schöne **Dendriten**, welche früher deshalb auch hier vielfach gebrochen und verarbeitet wurden. Die Wände eines Zimmers im fürstlichen Schlosse zu Sondershausen sind mit solchen Dendriten getäfelt.

Geschichtliches. Früher soll an der Stelle, wo unser Ort liegt, nur ein Vorwerk des Klosters Göllingen gestanden haben; es ist dies der oben schon besprochene Freihof. Allmählich bildete sich um jenes Vorwerk das Dorf, welches letztere durch Belehnung des Abts von Hersfeld an die Grafen von Hohnstein, Herren von Heldrungen, welche die Voigtei, Schutz- und Schirmgerechtigkeit über Göllingen und alle seine Besitzungen hatten, kam, die es aber 1324 an den Grafen Dietrich von Hohnstein, Herrn von Sondershausen, verkauften, von dessen Nachkommen es an die Grafen von Schwarzburg überging. Das Vorwerk verblieb dem Kloster, ging mit den sämmtlichen Klostergütern, als zum Stift Hersfeld in Hessen gehörig, an Hessen-Cassel über und kam von diesem dann an Schwarzburg-Sondershausen. — Von dem Kloster Göllingen stammt auch die hiesige Pfarr- und Schul-Ländereie, welche deshalb in Besitzveränderungsfällen dahin auch Lehngeld zu zahlen hatte. Dieses Lehnsverhältniß ist bis heute geblieben, und wahrscheinlich ist H. der einzige Ort in unserem Lande, dessen Pfarr- und Schulland Lehngeld zu entrichten hat. —

Unglücksfälle. Im Jahre 1713 entstand hier durch einen Wolkenbruch ein so großes Wasser, daß dasselbe im Unterdorfe fast bis an die Fenster mancher Häuser reichte; der Verlust an Vieh war sehr groß. — Im Jahre 1728 brannten außer der Pfarrwohnung und dem Freihofe 13 Häuser nebst Scheuern und Ställen ab; 1752 wurden wieder 22 Häuser eingeäschert, und es verbrannten dabei 300 Stück Schafe und anderes Vieh. — Im Jahre 1757 brannte es an 4 Orten zugleich, und es wurden durch diese Feuersbrunst 11 Häuser verzehrt; es verlor dabei aber auch ein Dienstmädchen das Leben. Im Jahre 1817 kam im Unterdorfe abermals Feuer aus, durch welches einige Häuser und Wirthschaftsgebäude, so wie mehrere Stück Vieh verbrannten.

Himmelsberg,

eigentlich Pfd., jetzt Fld., 2½ St. westsüdwestlich von Sondershausen und 1 St. nördlich von Ebeleben gelegen, hat seinen Namen von der hohen Lage und im Gegensatze zu dem Thale, die heiße Hölle genannt, welches nordwestlich vom Orte sich weiter nach Westen zum Helbenthale erstreckt. H. liegt an der nördlichen Abdachung einer Landhöhe und hat 51 H. mit 256 Einw. (1696 mit 189 und 1795 mit 190 Einw.), die sich größtentheils vom Ackerbau nähren. Der Ort zeichnet sich durch Nettigkeit sowohl der Häuser, als auch der Straßen aus, und seine Bewohner sind meistens wohlhabend.

Die Kirche St. Mauritii, im Jahre 1845 neu erbaut, hat einen hübschen Thurm, der 1841 ebenfalls ganz neu aufgeführt worden ist.

Die Flur, im N. von Preußen und der rudolstädtischen Parzelle Straußberg begrenzt, besteht aus 48 Hufen contribuablen und 5 Hufen Freiland. An Waldungen besitzt die Gemeinde gegen 80 Ar., und Privatpersonen haben 173 Ar.; letztere bestehen aus dem Hühnerholze, dem Kirschelberge und dem Teichholze oder dem römischen Teiche.

Fließendes Wasser gibt es im Orte selbst nicht, wohl aber im nördlich davon befindlichen Thale; an guten Brunnen ist jedoch kein Mangel. Oestlich vom Orte ist der römische oder der Egelteich. Südlich von H. liegt eine Windmühle.

Geschichtliches. Vom Jahre 1584 an gehörte H. längere Zeit zum Amte Straußberg, wohin es auch noch bis in die neueste Zeit Dienstgeld zahlte. Von 1640 bis 1642 war dem Pfarrer Dresler hier das Pfarramt zu Wiedermuth mit übertragen und vom Jahre 1645 an dem Pfarrer Schumann hier die Besorgung der geistlichen Geschäfte in Schernberg. Seit dem Jahre 1818 ist dagegen H. Filialort von Schernberg, doch nur auf Lebzeiten des dortigen Pfarrers. — Im Jahre 1751 wurde zu H. der fürstlich schwarzburgische Geheimerath von Weise geboren, dessen Vater hier Prediger war.

Hohenebra,

Pfd., 2 St. südlich von Sondershausen, liegt am südlichen Abhange der Hainleite. Oberhalb des Ortes, am Fuße der Hainleite, entspringen 2 Quellen, der Ebersbrunnen und der Sauerbrunnen, welche dasselbe durchfließen. H. hat 89 H. mit 474 Einw. (1661 mit 221 Einw.), die sich mit Ackerbau und Gewerben, zum Theil auch mit Holzhauen beschäftigen. Der Ort hat ziemlich breite Straßen und sehr ansehnliche Häuser (Bauerngüter).

Die Kirche zur Ehre Gottes, früher St. Andreä, ist von 1724 bis 1726 erbaut worden. — Die erste Orgel, welche in die hiesige Kirche kam, stand früher in der Schloßcapelle zu Sondershausen und wurde 1681 von der Gemeinde für 200 Thlr. erkauft. In den Thurm schlug 1655 der Blitz, zündete, und alles Holz verbrannte, so daß die Glocken herunter fielen, ohne jedoch Schaden zu nehmen.

Die Pfarrwohnung, seit 1841 neu erbaut, ist ein großes schönes Gebäude. Das alte Pfarrhaus war 1619 erbaut, nachdem das frühere kurz vorher abgebrannt war.

Das Stiftsgutsgebäude, sammt der dazu gehörigen Länderei c., dem Kloster Ilefeld gehörig, liegt mitten im Dorfe. Es hat ansehnliche Getreidezinsen und nicht unbedeutende Waldungen in und bei der Hainleite, und früher übte dasselbe auch die Gerichtsbarkeit über den Ort aus.

Außer einigen großen Bauerhöfen sind hier noch 2 große Gasthäuser anzuführen, die wohl in jener Zeit erbaut sein mögen, als über diesen Ort die Landstraße führte.

Die Flur umfaßt über 100 Hufen meistens gutes Land, 33 Ar. Wiesen und einige Privatwaldungen. Von einem Districte Wald im Bebraer Forste hatte die Gemeinde früher die Unterholznutzung; im Jahre 1841 wurde dieselbe gegen Lehden vertauscht. — Ein Strich Landes gegen N. heißt Benkedorf, und es soll vormals daselbst ein Ort dieses Namens gelegen haben.

Geschichtliches. Unser Ort kommt in einer Urkunde von 1128 vor, in welcher der Erzbischof Adelbert von Mainz die Contracte bestätigt, welche Jechaburg in Bezug auf einige Güter hier (alta Ebra) und an andern Orten gemacht hatte. Vielleicht war H. zuerst ein Besitzthum der Herren von Ebra, deren mehrere in alten Verträgen vorkommen. So wird 1209 ein Herr von Ebra erwähnt, und ein anderer, Richard von Ebra, wird unter den Begleitern des Grafen Günther XXXVI. von Schwarzburg genannt, als dieser 1461 mit dem Herzog Wilhelm von Sachsen ins gelobte Land zieht. — Im Jahr 1442 hat, wie Paul Jovius berichtet, Hans Nore und Margaretha, seine eheliche Wirthin, zu Hohenebra einen neuen Altar zur Ehre der heiligen Jungfrau Mariä, St. Katharinä, St. Barbarä und der heiligen eilftausend Jungfrauen in der Pfarrkirche St. Andreas daselbst mit Consens des Pfarrers Tilemann Tueren gestiftet, auch 16 Schock alter meißner Groschen ewiges Zinses dazu verordnet und gewidmet, wovon ein Vicarius unterhalten werden sollte, welcher wöchentlich wenigstens 3 Messen verrichten, besonders aber auf den Donnerstag vor dem heiligen wahren Leichnam unseres Herrn singen und das Sacrament aus dem Chore und wieder dahin feierlich tragen, auf den Altar setzen und die Messe mit Gesang anfangen und andächtig vollenden sollte. Diese Schenkung bestätigten die Grafen von Schwarzburg nicht allein, sondern sie verehrten auch aus christlicher Demuth und Andacht am Sonntage Reminiscere 1443 ewiglich frei und eigen ohne alle Beschwerung dieser neuen Vicarei ihren freien Schafhof zu Hohenebra, bei dem Backhause gelegen, der zuvor dem Kloster Ilefeld gehört hatte, von den Grafen aber getauscht worden war. —

Ueber die hier und zu Kirchengel gelegenen, dem Kloster Ilefeld gehörigen Güter entstand 1561 Streit zwischen dem Grafen Günther XLI. und seinen Brüdern einerseits und dem genannten Kloster andernseits. Die Grafen von Schwarzburg hatten nämlich mit den Grafen von Hohnstein die Uebereinkunft getroffen, daß sie nach dem Absterben des Abts von Ilefeld die Güter des Klosters, welche in ihrer Herrschaft lägen, in Besitz nehmen wollten. Als nun 1559 der Abt Stange starb, so nahmen die Grafen von Schwarzburg die Güter zu Hohenebra und Kirchengel in Beschlag, legten Mannschaft dahin und untersagten den Vorstehern der beiden Klosterhöfe, fernerhin den Befehlen des Klosters nachzukommen. Der Klosterconvent und namentlich der neue Abt Neander wandten sich hierauf an das Reichskammergericht zu Speier; ehe dieses aber über den Streit entschied, kam es durch Vermittlung des Grafen Ernst von Hohnstein 1561 zu Nordhausen zu einem Vergleiche, nach welchem das Kloster die Güter wieder erhielt, jedoch auf die inzwischen eingenommenen 52 Marktscheffel hartes Getreide verzichtete und außerdem noch alljährlich 60 Gülden Schutzgeld zu zahlen versprach; auch erneuerte Ilefeld den Grafen die Verpflichtung, vier Knaben aus der Grafen Landen in die Schule aufnehmen und verpflegen zu wollen, wozu sich das Kloster zwar schon früher verpflichtet hatte, was aber wieder in Vergessenheit gekommen war.

Seit der letzten Hälfte des 16. Jahrhunderts ist Thalebra Filialort von Hohenebra. — Im Jahre 1829 kam hier Feuer aus, das einige Gebäude verzehrte.

Am 28. Mai 1843 feierte der hiesige Ort das seltene Fest des funfzigjährigen Dienstjubiläums des Schullehrers Johann Christoph Heimbürger, welcher, nachdem er wenige Jahre in Holzthaleben Mädchenschullehrer gewesen, die übrige Zeit hier Cantor war. Am folgenden Tage feierte der Jubilar auch seine goldene Hochzeit. Der damals noch rüstige Greis, welcher an diesen Tagen von allen Seiten Beweise der Liebe und ehrender Anerkennung erhielt, starb 1845.

Holzengel,

Pfd., 3 St. südwestlich von Sondershausen und 1½ St. nördlich von Greußen, liegt in einer kleinen Vertiefung des südlichen Abhanges der Hainleite, doch der letztern ganz nahe, weshalb das Klima auch etwas rauh ist, und an den Quellen des Wirbelbaches. Nordwestlich steigt die Gegend allmählich zum ziemlich hohen Eichelsberge auf, und gegen W. ist der Aschgrund. Vor dem Dorfe und zwar gegen S. ist eine kleine Anhöhe, der Häng, von welcher man, besonders in der Richtung nach S.-O., einen großen Strich Thüringens übersehen kann. H. hat 93 H. mit 491 Einw. (1661 mit 219 Einw.), die größtentheils vom Ackerbau und Holzhauen leben.

Die Kirche St. Trinitatis ist 1750 neu erbaut worden, nachdem sie einige Jahre vorher durch einen Blitzstrahl in Brand gerathen und ganz eingeäschert worden war. — Seit 1333 hatte das Kloster Walkenried, späterhin das Kloster Ilefeld eine Zeitlang das Patronat über dieselbe.

Die Pfarrwohnung ist ein schon sehr altes Gebäude, soll aber noch in diesem Jahre, 1854, neu erbaut werden.

Es gibt hier drei Freigüter, von denen 2 dem Stifte Ilefeld, eins, das Isserstedtische, der Herrschaft lehnt.

Das Forsthaus. Seit langer Zeit ist hier der Sitz eines fürstlichen Forstbeamten.

Im Orte befindet sich eine Schwemme. — Obwohl nur ein unbedeutender Bach durch den Ort fließt, so schwillt derselbe nach Thauwetter doch oft so an, daß er großen Schaden verursacht.

Die Flur umfaßt 115 Hufen Land, wovon 14 Hufen zu den Freigütern gehören. Der Boden ist schwer, lehmig und flüssig, daher in trocknen Jahren fruchtbarer, als in nassen. Es gedeiht hier namentlich Weizen und Flachs recht gut. — An Waldungen besaß die Gemeinde früher einen District Unterholz, hat denselben aber 1839 um 1162 Thlr. verkauft.

Geschichtliches. Im Jahre 1550 hauseten hier und in den benachbarten Dörfern die Soldaten des Herzogs Moritz von Sachsen, als er sie vor Magdeburg zum Scheine entlassen hatte und sie hier für seine spätern Zwecke zusammenhielt, aufs schrecklichste. — Im Jahre 1747 zündete hier der Blitz die Kirche an, welche ganz darniederbrannte. — Gegen Mitternacht des 28. Mai 1811 brach hier, wie man behauptet in 2 Scheuern zugleich, Feuer aus, welches so gewaltig um sich griff, daß innerhalb 2 Stunden 2 Freigüter mit allen Nebengebäuden und noch 3 andere Häuser bis auf den Grund niederbrannten.

Ueber den Gau Engilin vergleiche man: Feldengel.

Holzsußra,

Pfd., 3½ St. südwestlich von Sondershausen und ½ St. westlich von Ebeleben, liegt in einem engen Thale und wird von einem Bache durchflossen, der oberhalb des Ortes entspringt. Das tiefe und breite Bett dieses Baches theilt den Ort in 2 Theile, die durch eine hölzerne Brücke verbunden sind. In diesem Wassergraben ist zugleich auch der

Fahrweg, da der Bach gewöhnlich sehr klein und unbedeutend ist, während er nach starken Gewittergüssen und nach Thauwetter sehr anschwillt. H. hat 98 H. mit 459 Einw. (1686 mit 371, aber 1797 mit nur 246 Einw.), die größtentheils vom Ackerbau leben. Der Ort ist mehr lang, als breit.

Die Kirche St. Bonifacii wurde im Jahre 1834 neu erbaut und ist ein großes und freundliches Gotteshaus.

Die Pfarrwohnung ist nach 1799 erbaut worden, in welchem Jahre sie bei dem großen Brande auch mit eingeäschert wurde.

Die Gemeinde-Schenke, im Jahre 1850 erbaut, ist ein großes, stattliches Gebäude. — Außerdem ist hier noch ein Freigut zu erwähnen.

Die Flur besteht aus 79 Hufen Land, dessen Boden zum Theil recht fruchtbar, zum Theil aber gering ist, 18 Ar. Wiesen und 170 Ar. Waldungen, von denen 100 Ar. Gemeinde- und 70 Ar. Privateigenthum ist. Früher und noch ums Jahr 1700 besaß die hiesige Gemeinde auch Waldungen im Helbenthale und zwar die sogenannte hölzerne Leite (Lehde).

Südlich und nördlich vom Dorfe liegen die beiden hierher gehörigen Windmühlen.

Geschichtliches. Bis zum Jahre 1340 war unser Dorf Eigenthum der Grafen von Hohnstein; in dem erwähnten Jahre aber verkaufte es Heinrich von Hohnstein mit allen Gerechtigkeiten für 70 Mark an Ludolph, Otto und Albrecht von Ebeleben. Von da an verblieb H. dieser Ritterfamilie bis gegen das Ende des 16. Jahrhunderts, um welche Zeit es mit der Herrschaft Ebeleben an die Grafen von Schwarzburg kam. Bis 1815 stand es unter sächsischer, dann ein Jahr lang unter preußischer Hoheit, seit 1816 aber hat Schwarzburg auch die Hoheitsrechte über H. — Nach der Reformation war H. längere Zeit und zwar bis 1563 Filialdorf von Wiedermuth. Der erste Pfarrer, welcher dann in H. eingesetzt wurde, hieß Valentin Margraff. Von 1642 bis 1644 war Wiedermuth Filialort von Holzsußra und zwar unter dem Pfarrer Laurentius Weiße. — Im Jahre 1697 wurde hier ein Bergwerk angelegt, das aber wahrscheinlich bald wieder einging. — Im Jahre 1723 wurde hier die Sacristei gewaltsamer Weise erbrochen und aus derselben ein silberner Kelch, ein Altargedeck und 6 Pfd. Wachs geraubt. — Im Jahre 1590 war in unserm Orte ein bedeutender Brand, und am 23. Juli 1799 brannten hier 55 Wohnhäuser, darunter die Pfarrwohnung, ab. Das Feuer griff darum so bedeutend um sich, weil es gleich anfangs an rettenden und helfenden Händen fehlte, indem viele Bewohner unseres Orts in Schlotheim zum Markte waren.

Holzthaleben,

Pfd., früher auch Thalheim, Holzthalheim genannt, 5 St. westlich von Sondershausen und 1 St. östlich von Keula, liegt in einem unebnen Thalgrunde, und zwar ein kleiner Theil des Orts, das Oberdorf, etwas höher, als der andere größere Theil, der an den Abhängen und im Grunde des sich nach N.-W. hin immer tiefer senkenden Thales erbaut ist. Obwohl hier kein Bach fließt, so haben doch die tiefer gelegenen Häuser, das Unterdorf, nach starken Regengüssen und nach plötzlichem Schmelzen des Schnees durch das von allen Seiten hier zusammenlaufende Wasser viel zu leiden. Dagegen haben die Bewohner von H. zu manchen Zeiten sehr mit Wassermangel zu kämpfen, indem nach einem trocknen Sommer oder bei einem frühen Winter der einzige, aber gewöhnlich sehr reichlich quellende Brunnen im Orte nicht das nöthige Wasser zu liefern vermag. Dieser Brunnen wird dann verschlossen und sein Wasser vertheilt. Der nöthige Wasserbedarf muß dann oft stundenweit hergeholt werden, namentlich aus Urbach und aus dem Brunnen des untergegangenen Dorfes Ingelstedt. H. ist das größte Dorf der Unterherrschaft und hat 276 H. mit 1232 Einw. (1696 mit nur 648 Einw.), die sich mit Ackerbau, Gewerben, Kohlenbrennen, Holz- und Kohlenhandel beschäftigen.

Die Kirche St. Petri und Pauli ist 1747 neu erbaut, nachdem sie 1745 abgebrannt war. Während des Baues, von 1745 bis 1747, wurde der Gottesdienst auf dem Gottesacker gehalten. Der Thurm, welcher ein Jahr später vollendet wurde, ist im Jahre 1837 reparirt worden. — Die alte Kirche, welche sich mit ihren 4 Thürmen (Thurmspitzen) stattlich ausnahm, wurde 1660 reparirt, erhielt 1663 die erste Orgel und wurde 1706 um ein Bedeutendes verlängert. In dieser Kirche befand sich vor der Reformation ein Altar St. Katharinä, der einen besondern Vicar mit bedeutenden Einkünften hatte. Diese Einkünfte kamen nach dem Jahre 1628 zum Pfarrdienste. — Die hiesige Kirche hat ein sehr ansehnliches Vermögen an Capitalien, 6000 Thlr., und an Waldungen, 120 Ar. betragend, welche letztere im Durchschnitt jährlich mindestens 300 Thlr. abwerfen. Dieses Vermögen rührt von dem Katharinenstift her, welches sammt der daneben liegenden Capelle bald nach der Reformation aufgehoben wurde, worauf das Vermögen desselben der hiesigen Kirche zufiel. Die Capelle wurde von Holzthaleben aus besorgt, weshalb nach Aufhebung derselben von 2 Hufen Katharinenland die Lehen und Zinsen zur hiesigen Pfarrei kamen.

Die Pfarrwohnung, nach 1745 neu erbaut, im welchem Jahre sie abbrannte, ist ein ansehnliches Haus und hat bedeutende Neben- und Wirthschaftsgebäude.

Das Schulgebäude für Knaben ist ebenfalls nach 1745 aufgebaut worden.

Das Schulgebäude für Mädchen wurde 1842 neu erbaut. Bis 1707 unterrichteten hier geraume Zeit hindurch Frauen die weibliche Jugend; mit diesem Jahre aber finden wir hier Männer als Lehrer der Mädchen, die zugleich den Organistendienst versehen. Vorher war ein besonderer Organist hier angestellt, der zugleich Gemeindeschreiber war.

Die Gebäude der fürstlichen Domaine, am südöstlichen Ende des Dorfes gelegen, sind ziemlich ansehnlich. Früher war das hiesige fürstliche Gut nur von geringem Umfange; 1793 fiel aber an den Fürsten das Wedekind'sche, ehemalige Junkergut, heim, dessen Länderei mit der des Gutes vereinigt wurde. Ebenso wurde 1832 das Harbort'sche Gut dazu gekauft.

Außer den erwähnten Gütern war hier noch ein schriftsässiges Freigut, das Billeb'sche, welches zerschlagen worden ist.

Die Gemeinde-Schenke, ein sehr ansehnliches Gebäude, ist mit einem Thürmchen versehen. Auf demselben hängt eine Glocke, die zum Zusammenrufen der Gemeinde dient und von dem schon längst untergegangenen Dorfe Königsleben bei Peukendorf stammen und dort von einer Sau ausgewühlt worden sein soll.

An der nordöstlichen Seite des Orts ist vor einigen Jahren ein sehr großer Schafstall erbaut worden, um bei einfallendem Unwetter die Schafheerden schneller unter Dach zu bringen.

An derselben Seite liegen auf der Anhöhe 4 Windmühlen.

Die Flur, welche gegen N. von Preußen, gegen S.-W. von Sachsen-Gotha begrenzt wird, umfaßt 7272 Ar. Land und Wiesen, von denen 907 Ar. zur Domaine gehören, und fast 5000 Ar. Waldungen, von denen der Gemeinde, oder vielmehr 145 Stammhäusern 4187 Ar. à 120 □Ruth. gehören. Jedes dieser Wohnhäuser hat eine sogenannte ganze Holzmaaße, die jährlich etwa 18 Klafter Holz abwirft. Diejenigen Häuser, welche Holzmaaßen besitzen, erhalten auch das nöthige Bauholz, und solche Häuser haben daher einen Werth von mindestens 1000 Thlr.

Geschichtliches. H. war schon frühzeitig ein Besitzthum der Grafen von Hohnstein, kam 1356 an die Grafen von Schwarzburg und wurde von diesen 1505 nebst Keula und andern Orten an einen gewissen Caspar Krebsen verpfändet. — Im 30jährigen Kriege hatte unser Ort, gleich vielen Ortschaften der Unterherrschaft, außerordentlich durch Einquartierung, Plünderung, Contribution u. s. w. zu leiden. Zu wiederholten Malen wurden den Bewohnern unter Anderm alle Pferde genommen, weshalb sie ihr Feld zuletzt nur mit Kühen und Ochsen ackerten, aber auch nur so viel, als zur höchsten Nothdurft erforderlich war. Daher lag vieles Feld, z. B. die Pfarrländerei, fast ganz wüste. Da nun die Bewohner dem Pfarrer auch die übrigen Gefälle wegen Armuth nicht entrichten konnten, so blieb die Pfarrstelle längere Zeit ganz unbesetzt, und es war H. von 1642 bis 1648 Filialort von Urbach unter dem Pfarrer Heinrich Hartung. — H. litt auch öfters durch Feuersbrünste, namentlich in den Jahren 1738, 1744, 1745 — in diesem Jahre brannten außer der Kirche, Pfarr- und Schulwohnung noch 22 Häuser ab —, 1763 und 1777.

In der hiesigen Flur lagen früher noch 2 Dörfer, Ingelstedt, auch Ingrestedt genannt, und Möhlisch, welche im dreißigjährigen Kriege zerstört worden sein sollen. Von beiden hat man noch vor 10 bis 15 Jahren Spuren gesehen; von ersterem ist der Brunnen noch heute vorhanden, und nach letzterem ist ein kleines Gehölz benannt, in dessen Nähe das Dorf lag. — Ebenso lag in hiesiger Flur und zwar am Wege nach Keula das Kloster St. Katharinä, auch das Katharinenstift genannt. Noch immer heißt das Feld daselbst der Katharinenkirchhof. Daneben soll auch die Wallfahrtscapelle St. Lorenz gelegen haben, von der man auch noch in neuerer Zeit Gemäuer sehen konnte.

Jecha,

Pfd., früher gewöhnlich Gicha geschrieben, ¼ St. südöstlich von Sondershausen, liegt unweit der Wipper, über welche eine Brücke führt, und am nördlichen Fuße der Hainleite. Dieser Ort mag wohl unter allen Ortschaften der Unterherrschaft sich im Laufe der Zeit am meisten vergrößert haben. Er hat 158 H. mit 914 Einw. (1663 mit 203 Einw.), die sich vom Ackerbau und Holzhauen, zum größten Theile aber als Handwerker und Handarbeiter nähren und als solche meistens zu Sondershausen in Arbeit stehen.

Die Kirche St. Matthäi ist ein sehr altes Gebäude und nach einer in der äußern Mauer befindlichen, jetzt nicht mehr lesbaren Inschrift 1476 erbaut. Der Altar in dieser Kirche stand früher in der Schloßcapelle zu Sondershausen und wurde 1724 vom Fürsten Günther hierher geschenkt. An demselben befinden sich aus Marmor gemeißelte Figuren, Personen aus der heiligen Geschichte darstellend, die eine ziemlich kunstgeübte Hand verrathen. — Bis zum Jahre 1653 wurden die geistlichen Geschäfte hier von dem 2. Diaconus in Sondershausen besorgt. Von dieser Zeit an hatte der Ort seinen eigenen Pfarrer; doch war von 1818 an mehrere Jahre hindurch J. Filialort von Berka. — Im Jahre 1850 erhielt die Kirche eine neue Orgel, und 1852 wurden 2 neue Glocken gegossen.

Der Gasthof, jenseit der Wipper und an der nach Frankenhausen führenden Chaussee gelegen, ist ein von den Sondershäusern viel besuchter Vergnügungsort.

Die Schäfereigebäude der Domaine zu Sondershausen. Dieselben sind noch von jener Zeit her hier befindlich, als auf dem sogenannten alten Vorwerke mitten in der Stadt die Landwirthschaft getrieben wurde.

Die Flur umfaßt 2035 Ar. Land, von dem aber ein nicht unbedeutender Theil der Domaine, dem Stadtrath und einigen Bürgern von Sondershausen, so wie mehreren Einwohnern von Berka gehört. An Wiesen liegen in hiesiger Flur 289 Ar., von denen den Bewohnern von Jecha auch nur der kleinere Theil gehört. An Waldungen besitzt die Gemeinde 800 Ar., meist aus Birken mit untermischten Eichen und Aspen bestehend. Außerdem gehören noch zu einer bestimmten Anzahl Häuser je 2 Ar. Birkenholz.

Da der Ort ziemlich tief liegt, so hat er bei dem Uebertritt der Wipper oft sehr zu leiden; doch hat man durch aufgeworfene Dämme dafür gesorgt, ihn wenigstens gegen allzu bedeutende Wasserfluthen möglichst sicher zu stellen.

Jechaburg,

Pfd., in alten Urkunden sehr verschieden geschrieben, nämlich Jichaborg, Jechenburg, Gigeborg, Gicheburg u. s. w., ½ St. westlich von Sondershausen, liegt am südlichen Abhange des Frauenberges, aber ziemlich hoch, und man hat deshalb von hier aus eine herrliche Aussicht in das Bebra- und Wipperthal, und auch unser Dörfchen nimmt sich, von dort aus gesehen, mit seinen hinter ihm am Frauenberge aufsteigenden Gärten sehr hübsch aus. Der Ort hat 53 H. mit 307 Einw. (1660 mit 78 Einw.), die sich größtentheils mit Gewerben, Gartenbau u. s. w. beschäftigen, da zu Jechaburg nur sehr wenig Land gehört. Die Häuser sind größtentheils mit Weinstöcken bepflanzt, deren Trauben gewöhnlich recht gut gedeihen.

Die Kirche St. Petri, groß und geräumig, ist von 1726 bis 1731 erbaut worden. Ein Stein, welcher in der Kirche steht, enthält über die Gründung derselben die Nachricht, daß unter dem Fürsten Günther I. am 26. August 1726 der Grundstein dieser Kirche gelegt worden sei. Am 1. April 1731 wurde sie eingeweiht, ist jedoch bis jetzt noch nicht ganz ausgebaut und in der ganzen Unterherrschaft die einzige Kirche, welche keine Orgel hat. Sie wird aber eine solche noch im Laufe dieses Jahres bekommen, und es ist der Ankauf einer solchen der dortigen Kirchengemeinde, die meistens nur arme Mitglieder zählt, vornämlich durch den Gustav-Adolphs-Verein zu Sondershausen möglich gemacht worden, indem derselbe, um diesem dringenden Bedürfnisse abzuhelfen, ihr mehrere Jahre hindurch einen Theil seiner Einnahme bewilligte. — Die alte berühmte Dom- oder Stiftskirche St. Petri und Pauli, welche hier stand, war ein großes, prächtiges Gebäude, enthielt 13 Altäre, auch kostbare Gemälde und andere Kunstsachen. In der zweiten Hälfte des 16. Jahrhunderts scheint sie immer mehr und mehr in Verfall gekommen und nur wenig für dieselbe gethan worden zu sein. Denn im Jahre 1609 berichtet der Pfarrer Joh. Leutholff, daß seit 2 Jahren an dem Kirchbau Nichts geschehen und dieselbe durch einen Fall dermaßen beschädigt worden sei, daß kein Gottesdienst in derselben gehalten werden könne; er bitte daher, daß das Gebäude recht bald wieder hergestellt werde. Als aber dennoch Nichts für dieselbe gethan wurde, und vielleicht auch Nichts gethan werden konnte — denn von 1608 bis 1620 wurde in Sondershausen die Stadtkirche gebaut, und 1621 brannte dieselbe nebst einem großen Theile der Stadt ab —, so stellte man 1625 die Schule, welche auch unwohnbar geworden war, wieder her und hielt auf dem Dachboden derselben die gottesdienstlichen Versammlungen. Allein im Herbste desselben Jahres war das Strohdach jenes Gebäudes so vom Winde beschädigt, daß der Regen durchdrang, und zu gleicher Zeit waren auch die Fenster von den Wallonen eingeschlagen worden. Dessen ungeachtet mußte man sich mit diesem Versammlungsorte bis 1639 begnügen. In diesem Jahre berichtet der Pfarrer Volkmar Thümbling, daß das Haus zu baufällig und auch für 3 Gemeinden zu klein sei, weshalb man beschlossen habe, die alte Kirche wieder zu bauen, und man bitte gnädige Herrschaft um Unterstützung. Die damaligen Grafen und andere wohlthätige Menschen trugen möglichst zu dem Bau der Kirche bei, und so wurde aus den Steinen von der Stiftskirche, von der Schule und mit den Ziegeln von zwei Nebengebäuden der ehemaligen Probstei an den noch stehen gebliebenen Thurm der alten Stiftskirche ein „kleines Kirchlein" gebaut. Diese stand bis 1725, in welchem Jahre sie sammt dem Thurme durch einen Blitzstrahl zerstört wurde. — Von dem Thurme wird im Jahre 1660 von dem letztgenannten Pfarrer berichtet, daß er ein altes kostbares Gebäude sei, auf welchem früher, wie die Glockenstühle auswiesen, 5 Glocken gehangen hätten. Eine seiner Grundmauern ist selbst noch bei dem Bau der jetzigen Kirche benutzt worden, und namentlich besteht ein Theil der Westseite der Kirche aus der alten, sehr starken Thurmmauer. — Die jetzige Kirche hat keinen Thurm, sondern die beiden Glocken hängen in einem unweit der Kirche stehenden offenen Glockenhause.

Eine eigentliche Flur hat unser Ort nicht, da demselben nur 39 Ar. Land im Kirchthale gehören. Im Jahre 1852 kaufte die Gemeinde dann vom Staate den 58 Ar. enthaltenden sogenannten Weinberg, welcher unmittelbar an Jechaburg grenzt und bis dahin zur fürstlichen Domaine in Sondershausen gehört hatte. Außerdem finden sich hier ansehnliche Berggärten, welche ehemals Wein- und Hopfenberge waren, jetzt aber zu Getreide- und Obstbau benutzt werden.

An der Südwestseite des Orts befindet sich ein kleiner Teich und bei demselben ein guter Brunnen; auch im Dorfe selbst ist ein Brunnen, dessen Quelle aus dem Frauenberge kömmt.

Geschichtliches. Unser Ort soll seinen Namen von der Göttin Jecha haben, welche hier verehrt wurde, und deren Altar Bonifacius im Jahre 731 zerstörte. Aufgebracht über diesen vermeintlichen Frevel, sollen die Bewohner dieser Gegend den Bonifacius in die Flucht geschlagen und weit verfolgt haben. — Das erste Gebäude hier soll das auf dem Frauenberge gelegene Schloß gewesen sein, welches nach Einigen vom Könige Ludwig III. erbaut wurde, der hier auch oft und gern Hof gehalten habe; nach Andern soll der König Ludwig das schon viel früher erbaute Schloß nur haben ausbessern und 878 am Abhange des Berges eine Kirche „unserer lieben Frauen" errichten lassen, von welcher der Berg den Namen Frauenberg erhalten habe. — Das Schloß oder die Burg soll im Jahre 933 von den Hunnen zerstört worden sein, die aber bald darauf unterhalb des Frauenbergs von den Sachsen geschlagen wurden; das Haupttheer der Hunnen wurde zu gleicher Zeit bei Merseburg von Heinrich I. selbst besiegt. Man findet auf dem muthmaßlichen Schlachtfelde vielerlei Gegenstände, als Streitäxte, Lanzen, Sporen, welche die Anwesenheit der Hunnen hier zu bestätigen scheinen; doch meinen Sachkundige, daß dies Alles auch von den früher hier wohnenden Sorben herrühren könne, mithin die Zuverlässigkeit jener Erzählung von der Hunnenschlacht hier noch nicht ganz unzweifelhaft sei.

Späterhin wurde hier vom Kaiser Otto I. (936—973) oder wahrscheinlicher vom Erzbischof Willigis von Mainz (974—1011) und in letzterm Falle um 989 ein dem heiligen Petrus gewidmetes Benedictinerkloster erbaut, welches der erwähnte Erzbischof im Jahre 1004 mit päpstlicher Genehmigung in ein Domstift oder eine Probstei verwandelte. — Die Probsteigebäude lagen südlich von der Kirche. —

Die Schirmvoigtei über die Probstei hatten die Landgrafen von Thüringen und die Grafen von Kirchberg; später kam sie an die Grafen von Hohnstein und von diesen an die Grafen von Schwarzburg.

Die Probstei oder das Archidiaconat Jechaburg wurde aber im Laufe der Zeit so bedeutend und erhielt eine solche Ausdehnung, daß sie in 11 Erzpriesterthümer (Erzpriestersitze) eingetheilt wurde, nämlich in: Jechaburg, Marksußra, Marktgreußen, Frankenhausen, Oberberga, Niederberga, Görmar (bei Mühlhausen), Bleicherode, Cannawurf, Heilingen und Wechsungen. Zusammen umfaßten diese gegen 400 Städte und Dörfer und über 1000 Klöster, Kirchen und Capellen. Zu Jechaburg als Erzpriesterthum gehörten 26 Ortschaften, von denen folgende in der jetzigen Unterherrschaft lagen: Jechaburg, Hachelbich, Berka, Jecha,

Sondershausen, Hohenebra, Thalebra, Oberspier, Niederspier und Marsbech (ein untergegangenes Dorf bei Niederspier).

Das Domcapitel bestand aus einem Probst, einem Dechanten und zwölf präbendirten Domherren. Den Probst hatte bis zum Jahre 1482 der Erzbischof von Mainz zu wählen; in diesem Jahre aber erhielten die Grafen von Schwarzburg das Recht, sowohl den Probst, als auch die Domherren zu wählen. Indessen hatten die Grafen schon seit längerer Zeit 2 Domherrenstellen zu besetzen. Es ging nämlich im Jahre 1396, wie Paul Jovius erzählt, im Kloster Jechaburg räuberisch und mörderisch zu, indem sich viel loses Gesindel bei einigen Canonicis und Domherren aufhielt, weil sie keinen rechten Inspector und Oberherrn hatten. Deshalb untersagte der Erzbischof von Mainz in der ganzen Probstei den Gottesdienst. Da nun Jechaburg im Gebiete der Grafen von Schwarzburg lag, und diese von vielen Stiftsgenossen, die hierüber betrübt waren, angegangen wurden, so gaben die Grafen Heinrich XXV. und Günther XXIX. den Befehl, die Mörder zu fangen, damit die Kirchen wieder geöffnet würden. Graf Heinrich schrieb aber auch zugleich an den Papst Bonifacius IX. und bat, da das Capitel weltliche und andere fremde Personen an die erledigten Stellen wähle, wodurch ihm, wie schon seinem Vater, viele Gefahr, Verrätherei halber, gedroht habe, und auch der Gottesdienst hintenangesezt werde, da jene Personen selten im Stifte wären, so möchten S. Heiligkeit einige tüchtige Männer einsetzen, durch die Gottes Ehre gefördert werde. Hierauf bestimmte der Papst, daß der Graf Heinrich und seine Nachkommen zu ewigen Zeiten 2 Personen dem Dechanten und Capitel vorstellten, die sie zu Canonicis und Collegen aufnehmen und mit Präbenden versehen sollten.

Ein trauriges Schicksal erfuhr unser Kloster im Bauernkriege, 1525, indem die zügellosen Schaaren Münzer's im Verein mit den beutelustigen und raubgierigen Bewohnern der Umgegend am 30. April dasselbe ganz ausplünderten und demselben namentlich dadurch einen unersetzlichen Verlust zufügten, daß sie sich auch der Documente bemächtigten, von denen zwar nachher viele wieder gesammelt wurden, ein großer Theil aber verloren blieb.

Die Reformation, durch welche für viele Klöster und Stifte das Ende herbeigeführt wurde, vermochte lange Zeit auf das Bestehen Jechaburg's keinen Einfluß zu äußern. Zwar verließen 1543 einige Domherren desselben und im folgenden Jahre auch einige Canonici das Papsthum, so namentlich der Decan Johann Marschhausen, welcher sein Canonicat und alle Einkünfte desselben an Graf Günther XL. abtrat und dafür 100 Gülden erhielt; aber es bestand das Kloster noch fort. Im Jahre 1552 besetzte unser Graf das erledigte Decanat mit einem lutherischen Dechanten, Valentin Vogler, und im Jahre 1572, nach Andern 1592*), wurde es säcularisirt. Ein Theil der Einkünfte des Stifts Jechaburg wurde theils zur Besoldung neu angestellter Lehrer an der Stadtschule zu Sondershausen und der Geistlichen daselbst verwendet, theils verblieben sie dem Pfarrer zu Jechaburg, der zugleich Pfarrer der Orte Bebra und Stockhausen ist.

Aus neuerer Zeit ist noch zu erwähnen, daß am 14. Februar 1848, Abends nach 6 Uhr, hier Feuer auskam, welches aber glücklicher Weise nur eine Scheuer und einen Stall einäscherte.

Kirchengel,

Fld. von Westerengel, 3 St. südöstlich von Sondershausen und 1½ St. nordwestlich von Greußen, liegt auf einer von der Hainleite gebildeten Hochebene und hat 53 H. mit 311 Einw. (1661 mit 114 Einw.), die meistens vom Ackerbau leben.

Die Kirche ist ein schon sehr altes Gebäude. Ursprünglich war sie bloß eine kleine zum dasigen Kloster, jetzigen Stiftsgute, gehörende Capelle, welche nachmals und zwar, wie dieses die an dem letzten Bogen der Kirche sich findende Jahreszahl „1694" zu bestätigen scheint, in dem eben erwähnten Jahre erweitert wurde. Im Jahre 1734 wurde sie renovirt. — In der Kirche befindet sich ein zum Stiftsgute gehörender Kirchenstand, wahrscheinlich ebenfalls 1694 oder bald nachher errichtet; oben am Schnitzwerk desselben ist das hannoverische Wappen angebracht. — Der Thurm ist gleichfalls sehr alt, und Kirche sammt Thurm sind jetzt sehr wandelbar. —

Die Gebäude des Stiftsgutes, auch Ilefelder Hof genannt, bestehen aus einem sehr alten Wohnhause und neuen Wirthschaftsgebäuden. Das Gut gehört dem Stifte Ilefeld oder der Krone Hannover.

Die Flur umfaßt etwa 70 Hufen Land, von denen 10 Hufen zum Stiftsgute gehören. Außerdem hat das Gut noch 10 Hufen westlich davon am sogenannten Rheinisch, unweit der Hainleite. Der Boden desselben besteht meist aus Thon- und Lehmerde; besonders gut gedeiht hier, wie in allen umliegenden Ortschaften, der Flachs. Früher besaß die Gemeinde auch einen District Unterholz im Ober-

---

*) Nach Lünig geschah es nicht im Jahre 1592, sondern schon vor 1571, da der Theilungsreceß von 1571 Folgendes enthält: „In den Transsumpten der Unterherrschaft und darneben aus andern übergebenen Verzeichnissen und einkommenen Bericht ist befunden, daß die Grundgüter des Stifts an Ländereien in das Fuhrwerk Sundersbausen gezogen. Ander Huff Lohslands hin und wieder auf den Dörffern für Erbe verkauft, Weingärten und Hopfenberge umb das Stift hergelegen umb Erbzins ausgethan, so sind auch 16 Ar. altes und zu Theil wüstes Weinwachs dem Pfarrherrn zu Gichaburg und dem Diaconatamt zu Sundersbausen zugeeignet, welche bisher 18 Gülden ungefahrlich jährlichen Arbeiterlohn gestanden, etliche viel Marktscheffel in den Emtern werden daselbst eingenommen, so auch in die Anschläge kommen.

spier'schen Forstreviere; sie hat denselben aber 1793 zur Deckung der Kriegesschulden für 660 Thlr. verkauft.

Geschichtliches. In alten Schriften, namentlich in einer Urkunde vom Kaiser Otto I., kommt unser Ort unter dem Namen Ostruilinge (Oesterengel), im Gegensatz zu Westerengel, vor. Vom Gau Engilin sehe man bei Feldengel nach. Im Jahre 1400 hatte Heinrich Völker, Aufseher über den hiesigen ilefeldischen Stiftshof, über 30 Marktscheffel Getreide von dem Einkommen des Hofes entwendet und verkauft und wollte mit dem Gelde auf und davon gehen. Es wurde aber dem Abt zu Ilefeld noch zeitig gemeldet, und auf dessen Ansuchen ließ Graf Heinrich von Schwarzburg den erwähnten Völker einziehen und ihn nebst dem Aufseher des Stiftshofes zu Hohenebra, Johannes, der sich eines ähnlichen und noch anderer Vergehen schuldig gemacht hatte, bestrafen.

Ueber den Streit, welcher über die in Schwarzburg gelegenen ilefeldischen Stiftsgüter zwischen den Grafen von Schwarzburg und dem Stift Ilefeld im Jahre 1561 entstand, vergleiche man: Hohenebra.

Kleinbrüchter,

Fld. von Großenbrüchter, 4 St. südwestlich von Sondershausen, liegt zwischen 2 Bächen, die sich weiter nach Osten vereinigen und bei Wiedermuth in die Helbe fallen, und hat 70 H. mit 374 Einw. (1661 mit 261), die meistens vom Ackerbau leben.

Die Kirche wurde im Jahre 1831 ganz neu erbaut; die alte Kirche war 1661 errichtet worden.

Die Flur besteht aus etwa 68 Hufen Land, von welchem die eine Hälfte gut, die andere mehr steinig ist, und aus 82 Acker Wiesen. Die Gemeinde besitzt 207 Acker Waldungen in 3 Parzellen, und das sogenannte Achtmännerholz, 30 Acker umfassend, gehört 8 Einwohnern des Orts.

Bei dem Dorfe steht eine Windmühle.

Geschichtliches. In der Nähe von Kleinbrüchter lag früher das Dorf Germersdorf, welches im dreißigjährigen Kriege seinen Untergang fand, von welchem man aber noch jetzt Spuren sieht, namentlich vom Kirchhofe. Die Einwohner flüchteten sich wahrscheinlich in die benachbarten Ortschaften Kleinbrüchter, Großenbrüchter und Toba; denn die Flur, sowie der Brunnen von Germersdorf, dessen Quellen selbst in trockenen Jahren sehr wasserreich sind, gehören jenen drei Ortschaften. Auf dem Thurme zu Kleinbrüchter soll noch eine Glocke hängen, welche auf dem Germersdorfer Kirchhofe ausgegraben wurde; auch soll der Germersdorfer Kirchschlüssel noch vorhanden sein.

Im Jahre 1742 brannten hier 5 Häuser ab, und in der Nacht vom 10. zum 11. December 1841 wurden 4 Häuser nebst Scheuern und Ställen ein Raub der Flammen.

Nach Kleinbrüchter eingepfarrt und von demselben nur durch ein Wäldchen getrennt ist

Peukendorf, auch Peuckendorf, Beukendorf und Bovkendorf geschrieben, ein fürstliches Gut, dessen Gebäude aus der zweiten Hälfte des vorigen Jahrhunderts stammen und außer dem Wohnhause und den nöthigen Wirthschaftsgebäuden noch aus einem Gasthause und einem Brauhause bestehen. Es gehören dazu 974 Acker Land und 32 Acker Wiesen. Das Gut liegt sehr freundlich zwischen Feld und Waldungen, und bei demselben befinden sich sehr ausgedehnte Obst-, besonders Kirschanpflanzungen.

Geschichtliches. Peukendorf war früher ein Klostergut. Im Jahre 1306 kauften dasselbe die Mönche zu Schlotheim von dem Kloster Reinhardsbrunn. In der Nähe desselben sollen früher 2 Dörfer gelegen haben, die im dreißigjährigen Kriege untergingen, nämlich Rennsdorf und Königsleben. Von dem letztern wurde schon bei Holzthaleben erwähnt, daß eine seiner Glocken hier von einer Sau ausgewühlt worden sei. Der Platz, wo dies geschehen sein soll, heißt noch jetzt das Sauloch.

Niederbösa,

Pfd., 4½ St. südöstlich von Sondershausen und 1½ St. nordöstlich von Greußen, ist der am weitesten nach Osten gelegene Ort der Unterherrschaft und liegt in einer Tiefebene. N. hat 60 H. mit 283 Einw. (1661 mit 192, aber 1796 mit nur 180 Einw.), welche größtentheils Ackerbau treiben.

Die Kirche St. Georgi ist 1698 erbaut, aber erst allmählich vollendet worden. Die Canzel wurde 1710 und die Orgel 1714 gebaut. Letztere hat der Orgelbauer Wächter in Thüringenhausen gefertigt. — In früheren Zeiten soll die hiesige Kirche Filialkirche von Trebra gewesen sein. An derselben war von 1819 bis 1835 der als Geograph berühmte Cannabich Pfarrer.

In der Nähe des Ortes steht eine Windmühle.

Die Flur, welche nach N., O. und S. von Preußen begrenzt ist, besteht aus 52 Hufen größtentheils guten Landes, auf welchem jede unserer Getreidearten, besonders aber der Flachs gedeiht. An Waldungen hatte unser Ort früher einen District im Hachelbicher Forstreviere, und zwar die Unterholznutzung; dieselbe ist 1768 mit 2100 Thlr. abgelöst worden.

Geschichtliches. N. wird bereits im Jahre 1198 erwähnt. Es hatte nämlich eine Frau von Besa 3½ Hufe Land und andere hier gelegene Grundstücke dem Stift Jechaburg geschenkt; im gedachten Jahre fand nun zwischen dem Stift und den Erben der Frau von Besa, die wahrscheinlich auf jene Schenkung Ansprüche machten, ein Vergleich Statt. — Im Jahre 1413 oder 1414 kaufte Graf Günther XXIX.

von Schwarzburg und sein Sohn Heinrich von Hans und Lutz von Greußen das halbe Dorf Niederbösa, ihr väterliches Erbe, für 6 Mark Silber. — In dem dreißigjährigen Kriege hatte unser Ort sehr viel zu leiden. Nach einem Berichte des damaligen Pastors Peter Henschel vom 20. September 1648 war die Gemeinde durch „vielfältige Einquartierungen, grausame Plünderungen und unerhörte Bedrückungen" ganz verarmt; zuweilen war außer dem Pfarrer, wie er sagt, kein lebendiger Mensch mehr im Dorfe; sie waren alle in den Wald geflüchtet. Derselbe Pfarrer verrichtete auch 10½ Jahr hindurch alle Verrichtungen des Schuldieners, da die Gemeinde zu arm war, einen solchen anzustellen.

Während des dreißigjährigen Krieges betraf unsern Ort mehrmals Feuerunglück. Im Jahre 1834 kam hier wieder Feuer aus, durch welches eine Scheuer und ein Stall niederbrannte. Dabei fand auch eine Frau ihren Tod, indem sie noch ein Schwein aus einem Stalle retten wollte, ihr aber durch das herabstürzende Scheuerdach der Rückweg abgeschnitten wurde.

Niederspier,

Pfd., ehemals Spera, Spira, Niederspira geschrieben, 3 St. südlich von Sondershausen und 2 St. nordwestlich von Greußen, liegt auf einer sanften Anhöhe und deren Abdachung. Sowohl an der nördlichen, als an der südlichen Seite des Ortes fließt ein Bach vorüber; jener heißt der Sumpfbach, dieser die Wahl, und beide vereinigen sich unterhalb des Ortes, erhalten dann den Namen Marbach und ergießen sich bald nachher in die Helbe. N. hat 117 H. mit 674 Einw. (1661 mit 293 Einw)., die von Ackerbau und Gewerben leben. Die Fußwege des Orts sind gepflastert.

Die Kirche St. Petri und Pauli, ein schon altes Gebäude mit einem hohen schlanken Thurme, ist hochgelegen. In derselben ist ein herrschaftlicher, vormals gutsherrlicher Kirchenstand. — Ueber dem Eingange zum Gottesacker stand vormals die Jahreszahl 1515; neben der Thür standen die aus Stein gehauenen Apostel, denen die Kirche gewidmet ist, Petrus mit einem Schlüssel, Paulus mit einem Schwerte in der Hand.

Die Pfarrwohnung, mit bedeutenden Wirthschaftsgebäuden, liegt nördlich von der Kirche. Die frühere Pfarrwohnung lag vor dem Jahre 1640 südöstlich von dem jetzigen Pfarrgebäude. In dem erwähnten Jahre aber brannte sie nebst einem großen Theile des Ortes fast ganz ab; der Pfarrer ließ sie auf eigene Kosten wieder etwas herrichten, aber sie war kaum zu bewohnen. Deshalb wurde 1653 dem Prediger ein anderes Haus überwiesen, und dieses ist seitdem die Pfarrwohnung geblieben.

Die Schulwohnung ist 1659 erbaut worden, war aber so klein, daß, als von jener Zeit an auch die Mädchen am Unterricht Theil nehmen sollten, dies nicht möglich war. Deshalb wurde 1666 eine besondere Schulmeisterin für die Mädchen angestellt. Die erste war Martha Sibylle Bartel, die in ihres Vaters Hause den Unterricht ertheilte. Späterhin sind dann beide Schulen vereinigt worden.

Die Gebäude der fürstlichen Domaine sind im nördlichen Theile des Orts gelegen. Die Domaine ist aus 2 Gütern, einem Rittergute und einem Klosterhofe, entstanden. Das Rittergut gehörte im Anfange des 17. Jahrhunderts den Herren von Kutzleben, später den Herren von Bendeleben und dann den Herren von Mortier. Als die zuletzt genannte Familie 1793 ausstarb, fiel das Rittergut als Lehngut dem fürstlichen Hause zu. Die an der Westseite des Orts gelegenen Gebäude dieses Gutes sind seitdem abgebrochen worden. — Der Klosterhof, ehedem dem Stifte Ilefeld gehörig, war nachmals Eigenthum des Magistrats zu Nordhausen, von dem 1834 fürstliche Kammer denselben kaufte. Die Gebäude desselben standen da, wo jetzt das Haus des Einwohners Gottfried Rhodius steht, und es mag derselbe früher ein Kloster gewesen sein, da man vor mehreren Jahren bei dem Bau eines Kellers unterirdische Gänge fand.

Hierher eingepfarrt ist die Bachmühle, gleich unterhalb des Dorfes gelegen, und die Winkelmühle, welche etwa eine halbe Stunde südöstlich vom Dorfe gelegen ist. Letztere erhält ihr Wasser theils von mehreren nördlich davon aus einer kleinen Anhöhe entspringenden Quellen, dem sogenannten neun Brunnen, theils von dem Marbache und liegt in der Nähe Bliederstedt's.

Die Flur umfaßt 126 Hufen Land und 11 Acker Wiesen. Der Boden besteht theils aus schwarzer, theils aus Lehmerde, theils ist er sandig, trägt aber fast durchgängig gute Früchte, und es gedeiht auf ihm besonders der Flachs. Zur Domaine gehören 1401 Acker Land. Außerdem hat dieselbe noch 24 Acker Wiesen in der Schwerdtstedter Flur und 6 Acker Land, ehemals Wiesen, in der Gebeseer Feldmark. Das früher der hiesigen Gemeinde gehörige Theilmaßenholz im Oberspier'schen Forstreviere wurde 1793 mit 1800 Thlrn. abgelöst.

In der hiesigen Flur, und zwar an der südlich vom Dorfe gelegenen, sanft aufsteigenden Anhöhe, befand sich bis zum Jahre 1848 eine Fasanerie mit einem Forsthause. Bald nachher ist dieselbe ausgerodet und das Forsthaus auf Abbruch verkauft worden. Aus dem Holze des letzteren ist das Gasthaus zu Wenigenehrich erbaut worden.

Geschichtliches. Im Jahre 1411 belehnten die Grafen von Schwarzburg die Herren von Westhausen, Apel, Thiele, Berlt und Reinhardt, mit einem Freihofe, 7½ Hufe Land und einem Zinshofe hierselbst, wogegen sie sich mit allen ihren Schlössern den Grafen untergaben.

Im Jahre 1640 war hier ein bedeutender Brand, welcher die Pfarrwohnung und einen großen Theil des Ortes in Asche legte. Lange Zeit konnten die Abgebrannten, welche durch den dreißigjährigen Krieg, welcher damals wüthete, sehr verarmt waren, ihre Wohnungen nicht aufbauen. — Am 16. Februar 1824 wurden die Wirthschaftsgebäude der Domaine und ein Bauerhaus ein Opfer der Flammen.

In der Nähe von Niederspier (Spira), wahrscheinlich auf der zwischen unserm Orte und Oberspier befindlichen Ebene, hielt 1075 der Kaiser Heinrich IV. Hof, nachdem er bei Hohenburg, unweit Langensalza, die Thüringer und Sachsen, die sich gegen ihn empört, in einem entscheidenden Treffen geschlagen, die Fliehenden bis Halberstadt und Magdeburg verfolgt und ihr Land mit Feuer und Schwert verwüstet hatte. Auf demüthiges Bitten und unter Verwendung vieler deutschen Fürsten verhieß er den Empörern Gnade, wenn sie in sein bei Spira aufgeschlagenes Hoflager kämen und sich vor ihm demüthigten. Sie kamen, wurden durch die Reihen der kaiserlichen Truppen geführt und beugten vor dem Kaiser ihre Knie; dennoch wurden gegen das gegebene kaiserliche Wort mehrere sächsische Herzöge und Edle gefangen genommen. Dies erbitterte aber das ganze Volk so sehr, daß es dem Kaiser noch lange feindlich gegenüber stand und ihm viel traurige Stunden bereitete.

In der hiesigen Flur lagen vor Alters noch 2 Dörfer, die aber fast spurlos verschwunden sind. Das eine war Marsbech, auch Martbeche und Martobuch genannt, und wird unter dem ersten Namen als zum Erzpriesterthum Jechaburg gehörig angeführt, unter dem zweiten in einer Urkunde des Klosters Jechaburg vom Jahre 1128, in welcher dem Kloster der Zehnten hierselbst zugesprochen wird, und unter dem dritten Namen wird es mit denjenigen Orten genannt, welche der Graf Heinrich XXVI. von Schwarzburg 1467 dem Herzog Wilhelm III. von Sachsen zu Lehen giebt und empfängt. Daß es hier lag, läßt sich daraus schließen, daß unterhalb Niederspier ein mit Gemäuer eingefaßter Rasenplatz das Kirchhöfchen von Marbach genannt wird, die hiesige Gemeinde den Marbacher Geschoß zu entrichten hat und der Ort immer mit denjenigen genannt wird, welche hier gelegen sind. Ein Theil der Flur dieses untergegangenen Dorfes gehört jetzt den Bewohnern von Otterstedt.

Das andere untergegangene Dorf ist Winkel oder Winkelte, welches zwischen Niederspier und Otterstedt lag, und von welchem auch die Winkelmühle den Namen hat. Winkel wird zuerst als Eigenthum der Grafen von Kirchberg erwähnt und eine Grafschaft genannt. Im Jahre 1307 verkauften die Grafen Vollrath und Berthold von Kirchberg die Grafschaft Winkelte an die Grafen von Hohnstein, von welchen sie an die Grafen von Schwarzburg kam. Winkelte ist nun besonders durch sein Landgericht in der schwarzburgischen Geschichte berühmt. Das Jahr der Gründung dieses alten Landgerichts ist nicht bekannt, aber 1417 wurde es von dem Grafen Heinrich XXIV. erneuert und vermehrt und in vielen Stücken verbessert. Seine Einrichtung war ähnlich unsern heutigen Schwurgerichten. Es gehörten ursprünglich dazu folgende 12 Orte: Schernberg, Oberspier, Otterstedt, Westerengel, Feldengel, Holzengel, Trebra, Niederbösa, Wasserthaleben, Rohnstedt, Großen Ehrich und Rockstedt. Im Jahre 1467 werden aber auch noch andere Orte als zu unserem Landgerichte gehörig angeführt, als: Himmelsberg, Gundersleben, Bellstedt, Thüringenhausen, Thalebra, Hohenebra, Niederspier, Martebuch, Kirchengel, Bliederstedt, Fulde (vielleicht Faula, ein untergegangenes Dorf bei Gr. Ehrich), Wenigenehrich und Bruchstedt. — Auf das Vorhandensein unseres Ortes deuten noch hin die Benennungen Winkelkirche, ein Platz an der Grenze der Flur von Niederspier, Winkelhof, ein Stück Feld, das eine gerundete Form hat, und die Burg, ebenfalls eine Strecke Landes, welche letztere zu Otterstedt gehören.

Oberspier,

Pfd., 1½ St. südlich von Sondershausen, am südlichen Abhange der Hainleite, die bis zum Dorfe ziemlich steil abfällt, und an der nach Greußen führenden Chaussee gelegen, hat 115 H. mit 626 Einw. (1661 mit 224 Einw.), die sich von Ackerbau, Gewerben und als Holzhauer nähren.

Die Kirche St. Johannis ist 1778 erbaut worden; der Thurm aber ist weit älter und erfuhr 1852 eine bedeutende Reparatur. — Früher hatte der Ort nur eine Capelle — doch kann dieselbe auch noch neben der Kirche im Orte bestanden haben —, welche südwestlich von O. stand. Von derselben war noch zu Anfang des 18. Jahrhunderts Gemäuer vorhanden, und sie hieß die Capelle zu unserer lieben Frauen. Sie wird früher öfters erwähnt, und zwar 1499, 1517 und 1518 bei Gelegenheit, da sie von verschiedenen Grundstücken in Gr. Ehrich die Zinsen kauft.

Das Rittergutsgebäude besteht aus einem Wohnhause und aus fast ganz neuen Wirthschaftsgebäuden. Dasselbe ist aus einem Freihofe, einem ilefeldischen Stiftssassengute und 2 kleinen adligen Gütern, früher den Herren von Hopffgarten und von Heringen gehörig, entstanden.

Das Forsthaus, Wohnung eines fürstliches Forstbeamten.

Das Gasthaus, nördlich vom Dorfe gelegen und von demselben durch die Chaussee getrennt, ist Eigenthum der Gemeinde.

Hierher eingepfarrt ist das Jagdschloß zum Possen.

Die Flur umfaßt gegen 130 Hufen Land und über 150 Acker Wiesen. Der Boden ist theils Lehm-, theils Thonerde und mit mehr oder weniger schwarzer Erde vermischt. Früher besaß die Gemeinde noch Holztheilmaßen im Oberspier'schen Forstreviere, welche sie 1836 gegen Lehden vertauschte.

Geschichtliches. Im Jahre 1242 verlieh der Erzbischof Siegfried von Mainz dem Grafen Dietrich von Hohnstein 3 Hufen Landes hierselbst, welches durch Aussterben Eines vom Adel dem Erzstift heimgefallen war. — Im Jahr 1411 belehnten die Grafen von Schwarzburg die Herren von Westhausen außer einigen Gütern in Niederspier auch mit 5 Hufen Landes hierselbst. — Im dreißigjährigen Kriege, und zwar 1640, brannte O. bis auf 3 Häuser ab. Die Feuersbrunst war durch die hier einquartierten kaiserlichen Truppen angelegt worden.

Otterstedt,

Pfd., in alten Urkunden Ottenstedt, Otenstedt, auch Odenstede geschrieben, 3 St. südöstlich von Sondershausen und 1¼ St. südwestlich von Greußen, liegt am Abhange einer von der Hainleite gebildeten Hochebene, die sich hier nach Westen hin ziemlich tief abdacht. O. hat 52 H. und 254 Einw. (1661 mit 145 Einw.), die meisten Ackerbau treiben.

Die Kirche St. Fabiani und Sebastiani ist Mutterkirche von der zu Bliederstedt und ein schon sehr altes Gebäude.

Es gibt hier ein Freigut und einige Bauerngüter mit beträchtlicher Länderei.

Nördlich vom Dorfe liegt ein Bierbrauereigebäude zu dem Schenkhause gehörig. Beides ist Privateigenthum. Das daselbst gebraute Bier wird ziemlich weit verschenkt. In der Nähe des Brauhauses liegt ein Teich.

In der Mitte des Dorfes befindet sich ein überwölbter Brunnen mit sehr gutem und reichlich quellendem Wasser. Vor demselben ist eine Schwemme.

Die Straßen des Orts sind chaussirt und die Seitenwege gepflastert.

Hierher eingepfarrt ist die Winkelölmühle, Bliederstedt gegenüber an den sogenannten neun Brunnen gelegen.

Die Flur umfaßt etwa 70 Hufen Land, das, obwohl zum größern Theile aus schwarzem Flugboden mit einer weißlichen Thonunterlage besteht, doch alle Getreidearten, besonders guten Flachs hervorbringt. Das der hiesigen Gemeinde gehörige Theilmaßenholz wurde 1793 für 1600 Thlr. von fürstlicher Kammer erkauft.

Auf der nördlichen Seite des zwischen unserem Orte und Niederspier gelegenen Holzberges befindet sich eine Heilquelle, von der oben Seite 34 ausführlich gesprochen wurde.

Geschichtliches. In einer Urkunde von 1128 wird unser Dorf unter dem Namen Odenstede erwähnt, und in derselben dem Probste

Heinrich von Jechaburg der Zehnten hier bestätigt. — O. wird ferner unter den zum Landgerichte Winkelte gehörigen Ortschaften genannt, und die Stelle, auf welcher Winkelte lag, gehört zum größern Theile zur hiesigen Flur. Man vergleiche hierüber: Niederspier. — In frühern Zeiten wurde hier der Waidbau ziemlich stark betrieben, und eben so befanden sich hier auch Waidmühlen, von denen jetzt noch Mühlsteine vorhanden sind.

Rockensußra,

Pfd., 3½ St. südwestlich von Sondershausen und ½ St. in derselben Richtung von Ebeleben, liegt auf einer sanften Anhöhe und an der von Sondershausen nach Mühlhausen führenden Chaussee. Das Dorf hat ziemlich breite, zum Theil aber unebene Straßen und 72 H. mit 348 Einw. (1696 mit 237 Einw.), die größtentheils vom Ackerbau, zum Theil von Gewerben leben.

Die Kirche St. Petri ist 1720 erbaut worden und im Innern äußerst freundlich und geschmackvoll. Die frühere Kirche hatte ein sehr hohes Alter, war aber sammt dem Thurme zuletzt so baufällig, daß man immer fürchtete, sie würde einstürzen. Um die Baukosten zu gewinnen, verkaufte die Gemeinde die ihr gehörige Wind- und Wassermühle, die Schenke und das Backhaus an Privatpersonen, so wie eine Wiese in der Mark an fürstliche Kammer. — Im Jahre 1841 wurde zugleich die große und die kleine Glocke neu gegossen.

Das Rittergut, vormals und zwar bis 1708 Eigenthum der Herren von Wurmb, hat späterhin seine Besitzer öfters gewechselt. Im Jahre 1851 ist ein Theil des Landes davon genommen und vereinzelt worden.

Außerdem sind hier noch drei Freisassengüter. Das ehemals Mackrodt'sche, jetzt Hehr'sche Gut ist in dem Besitze zweier Familien und war ehemals Eigenthum der Herren von Ebeleben; die beiden andern besitzt jetzt eine Familie Müllverstedt, sonst Schenk.

Der Gasthof, vor dem Dorfe an der Chaussee gelegen, ist 1847 in dem Luthersgarten ganz neu aufgeführt worden. Früher war hier eine Schenke, die vor 1717 Eigenthum der Gemeinde war, nachher Privatpersonen gehörte. Die Gemeinde kaufte dem letzten Besitzer derselben das Privilegium mit 350 Thlrn. ab.

Der Steinbrunnen, mit sehr schönem Wasser, liegt mitten im Dorfe und ist überwölbt; vor demselben ist eine Schwemme. — Eine ebenfalls sehr gute und dabei sehr starke Quelle, welche nicht weit davon in dem sogenannten Weidengarten entspringt, ließ Fürst Christian Günther überbauen und das Wasser durch eiserne Röhren nach Ebeleben auf das Schloß leiten.

Noch ist ein im Dorfe aus Steinen erbauter großer Canal zu erwähnen, welcher im Jahre 1845 mit einem Aufwande von 80 Thlrn. erbaut wurde. Derselbe nimmt alles Wasser auf, welches nach starken Regengüssen von Süden und Westen her dem Orte zuströmt, und durch welches früher namentlich eine Straße des Orts fast unfahrbar gemacht wurde.

Nördlich vom Orte liegt die ganz neu erbaute Wassermühle, welche ehemals Gemeindeeigenthum war; der Bach, an welchem sie liegt, der sogenannte Müllerbach, hat jedoch nicht immer hinreichendes Wasser, die Mühle zu treiben. Unfern derselben, doch noch etwas näher bei dem Dorfe, liegt eine 1854 erbaute Windmühle; dieselbe lag bis dahin südlich vom Orte auf dem sogenannten Kuhberge. Eine zweite Windmühle liegt südlich vom Orte.

Die Flur, welche gegen Westen vom Rudolstädtischen begrenzt wird, umfaßt 96 Hufen Land mit Lehm-, Thon- und schwarzem Boden; alle Getreidearten gedeihen auf demselben, besonders Roggen oder Rocken, wovon unser Ort auch wohl seinen Namen hat. An Wiesen gibt es hier 72 Ar.

Außerdem findet man hier noch vortreffliche Gemeinde-Obst-, besonders Kirschanpflanzungen.

Geschichtliches. Im Jahre 1319 bestätigte der Landgraf Friedrich I. von Thüringen den Kauf, durch welchen Graf Heinrich von Hohnstein unter andern Besitzungen auch das Gericht des Dorfes Rockensußra vom Landgrafen Albrecht an sich gebracht hatte. — Im Jahre 1548 ward unser Ort nebst Thalebra wiederkäuflich an Christoph von Ebeleben überlassen. — Von 1650 bis 1653 war Wiedermuth dem hiesigen Pfarrer M. Paul Ludwig Held als Filialort beigegeben.

Seit fast undenklichen Zeiten hat der hiesige Ort nicht durch Feuerunglück zu leiden gehabt, außer 1818 und am 7. Juli 1851; das erste Mal brannte nur ein Stall, das zweite Mal ein ganzes Gehöft ab. Dagegen hat R. seit etwa dreißig Jahren 4 bis 5 Mal bedeutenden Hagelschaden erlitten.

Rockstedt,

Pfd., in alten Urkunden Rockenstedi, Rogkstedt, Rockestädt geschrieben, 2½ St. südwestlich von Sondershausen und ½ St. östlich von Ebeleben, liegt am südlichen Abhange des Gänseberges und am linken Ufer der Helbe, über welche eine Brücke führt. Zwei Bäche entspringen nördlich vom Orte, die Klinge, welche durch denselben fließt, und der Genst, welcher an der westlichen Seite desselben hinab zur Helbe fließt und eine Mühle treibt. R. hat 68 H. mit 320 Einw. (1696 mit 230 und 1796 mit 240 Einw.), die Ackerbau und Gewerbe treiben. Die Straßen des Orts sind größtentheils chaussirt.

Die Kirche, seit 1574 Mutterkirche von der zu Gundersleben, ist 1788 erbaut. Der Thurm ist älter, und zwar ist er 1684 neu erbaut worden, nachdem er 1678 so baufällig war, daß man ihn durch Klammern und Anker stützen mußte. Die alte Kirche wurde damals auch reparirt und erhielt 1688 die erste Orgel. Die jetzige Orgel ist 1827 reparirt worden. — Die hiesige Kirche und Pfarrei war vormals ein Lehen der Herren von Ebeleben.

Früher gab es hier zwei Güter, ein Kammergut und ein Freisassengut. Letzteres besteht noch, ersteres aber ist, nachdem es einige Jahre zum Rittergute Gundersleben gehört hatte, vor wenig Jahren zerschlagen und von 4 Einwohnern gekauft worden.

Die Wassermühle, an der südwestlichen Seite des Orts und von dem bereits erwähnten Genstbache getrieben, ist seit 1594 hier angelegt worden, in welchem Jahre der Graf Wilhelm von Schwarzburg dem hiesigen Einwohner Schicke die Erlaubniß dazu ertheilte.

Die Windmühle, östlich vom Orte, steht auf dem Seeberge.

Die Flur beträgt 76 Hufen größtentheils gutes Land, wovon 4 Hufen zum Freigute gehören, und 37 Ar. Wiesen.

Geschichtliches. Unser Ort war ursprünglich ein einzeln gelegenes Vorwerk. Allmählich erst bauten sich auch Andere hier an. Im 10. Jahrhunderte kommt es unter dem Namen Rockenstedi vor. Im Jahre 1320 verkaufte Hartung von Rogstedt und sein Bruder Friedrich von Wernerode, jeder 1½ Hufe hier gelegenes Land dem Nonnenkloster zu Nordhausen, die den Cämmerern von Straußberg lehnten; Letztere hatten in diesen Kauf gewilligt. — Von 1584 bis 1599 gehörte Rockstedt zum Amte Straußberg. — Im dreißigjährigen Kriege hatte Rockstedt sehr viel zu leiden, namentlich 1637 von den Hatzfeldischen Reitern und 1639 von dem Schleunitz'schen Regiment. Im ersterwähnten Jahre waren fast alle Einwohner geflüchtet, und es hatte daher der zurückgebliebene damalige Pfarrer, Michael Zweifel, die größten Mißhandlungen auszustehen; im letzterwähnten Jahre wurde die Kirche erbrochen und beraubt, und es wurde überhaupt hier so schrecklich gehaust, daß sonst Einwohner von Nahrungsmitteln gänzlich entblößt waren. Der Graf Ludwig Günther schickte von Ebeleben aus Lebensmittel und bot dem Pfarrer, da das Pfarrhaus ganz zerstört war, Wohnung auf dem Schlosse zu Ebeleben an. Da auch die wenigen Pferde des Orts geraubt waren, so beartete man das Land seitdem eine Zeit lang mit Eseln. — Nicht besser erging es dem Orte im siebenjährigen Kriege, namentlich während der Zeit, als das Freibataillon von Wunsch hier und in Ebeleben Quartier machte.

Nachdem R. zweihundert Jahre hindurch von Feuerunglück verschont geblieben war, kam am 29. Juli 1851 hier Feuer aus, das zum Glück nur wenig Gebäude verzehrte.

Rohnstedt,

Pfd., in alten Urkunden Nomstat, 5 St. südlich von Sondershausen und 2 St. südwestlich von Greußen, liegt auf einer Hochebene, der Hornberg genannt, und hat 53 H. mit 228 Einw., welche vornämlich Ackerbau treiben.

Die Kirche St. Gotthard ist vom Jahre 1693 an gebaut, der Thurm aber erst 1727 vollendet worden. Beide waren sehr alt, und namentlich war der Thurm so baufällig, daß 1673 eine Glocke herunterfiel und ganz zersprang.

Die Pfarrwohnung. Nachdem 1616 und 1617 die Pfarrwohnung hier ganz neu erbaut worden war, wurde sie 1637 durch die kaiserlichen Soldaten in Brand gesteckt und sammt der Scheuer und den Ställen ein Opfer der Flammen. Nicht im Stande, dieselbe gleich wieder aufbauen zu lassen, miethete die Gemeinde für den Pfarrer ein kleines Bauernhaus. Erst 1673 begann man ihren Neubau.

Die Flur, im S. und W. von Preußen begrenzt, besteht aus 49½ Hufe Land mit größtentheils Lehmboden. Der hier gebaute Flachs ist von vorzüglicher Güte.

An Waldung hat die Gemeinde einen Theil des in hiesiger Flur gelegenen Gehölzes, das Groll genannt, welchen sie 1852 vom Rittergutsbesitzer Nebelung in Westgreußen erkaufte; der andere Theil jener Waldung ist Staatseigenthum und gehörte früher zu dem Rittergute Großen-Ehrich, mit dessen Erkauf von Seiten des Staates auch diese Waldung dem letztern zufiel.

Geschichtliches. Unser Ort wird in einer Urkunde von 1549 erwähnt, nach welcher die Einwohner hierselbst das an das Stift Jechaburg zu gebende Decimas auf das Land, welches sie von demselben zu Lehen hatten, in einen Geldzins verwandeln. — Im Jahre 1589 consentirt der hiesige Pfarrer Balthasar Lanz als Lehnsherr in die Hypothecirung der Cardinalshufe an das Stift Jechaburg auf 18 Gülden Capital und 18 Schneeberger jährlichen Zinses. — Zwischen 1570 und 1580 wurde dem eben genannten Pfarrer Wenigenehrich, das bis dahin zu Großen-Ehrich gehört hatte, als Filialort auf Lebenszeit übergeben. — Vom Jahre 1639 bis 1649 wurden dem damaligen Pfarrer hier, Johann Klöppel, außer Wenigenehrich auch noch Bruchstedt und von 1645 an auch Wolferschwende als Filialorte übergeben, weil die Gemeinden durch den Krieg so arm geworden waren, daß sie die Gefälle an die Pfarrer nicht entrichten und darum die erledigten Stellen nicht besetzt werden konnten. — Wenigenehrich ist bis zum Jahre 1837 Filialort von Rohnstedt geblieben, hierauf aber mit Wolferschwende verbunden worden.

Zu R. war von 1632 bis 1638 Andreas Toppius Pfarrer, welcher sich durch die Beschreibung einer nicht unbedeutenden Zahl von Städten, Schlössern u. s. w. Thüringens, namentlich auch durch eine Topographie Schwarzburgs ein nicht geringes Verdienst erworben hat. Er machte, um sich Materialien zu seinen Beschreibungen zu sammeln, ziemlich weite Fußtouren. Die Muße dazu hatte er dadurch gefunden, weil die Häuser des Dörfchens Wenigentennstedt, wohin er von N. als Pfarrer versetzt worden war, einige Jahre nachher abgebrochen und auf die Brandstätten in Tennstedt gebaut wurden, er selbst aber von da an keine Amtsgeschäfte mehr zu besorgen hatte. Toppius war 1605 in Sondershausen geboren und starb 1677.

Ueber das vordem zwischen N. und Westgreußen gelegene Schloß Grobern, so wie über Neustadt, ein ehemals an der Grenze der hiesigen Flur gelegenes Dorf, vergleiche man: Gr.-Ehrich.

Stockhausen,

Fld. von Jechaburg, ¼ St. nordwestlich von Sondershausen, liegt am nordöstlichen Fuße des Frauenberges und am rechten Ufer der Wipper, die in 2 Armen vorüberfließt, über welche 2 steinerne Brücken führen. Der Ort hat 135 H. mit 713 Einw. (1660 mit 221 Einw.), welche theils Ackerbau, theils Gewerbe treiben. Durch die ihn berührende Chaussee von Sondershausen nach Nordhausen, so wie durch Chaussirung der Hauptstraße hat er sehr gewonnen.

Die Kirche St. Matthaei ist schon sehr alt und wahrscheinlich bald nach dem Jahre 1442 erbaut worden; denn als man 1607 den Thurmknopf der jetzigen Kirche abnahm, fand man darin die Nachricht, daß die frühere Kirche hiesigen Ortes auf dem Kirchberge gelegen habe. Da aber der Weg dahin, namentlich bei unfreundlicher Witterung, sehr beschwerlich gewesen, die Kirche auch mehrmals beraubt worden wäre, so habe 1442 der Graf Heinrich XXVI. von Schwarzburg im Namen der hiesigen Gemeinde den Erzbischof Dietrich von Mainz ersucht, eine neue Kirche in das Dorf bauen zu lassen. Der Erzbischof habe eingewilligt und zwar unter der Bedingung, daß in der alten Kirche an den 7 Hauptfesten das Amt der heiligen Messe verrichtet und die Kirche in baulichen Stand erhalten werde. — Im Jahre 1848 wurde ein neuer Gottesacker auf dem westlich vom Orte gelegenen Kirchberge angelegt.

Die hiesige fürstliche Domaine ist aus 2 Gütern entstanden, von denen das eine der Fürstenhof, das andere das Hethenische Gut hieß. Der Fürstenhof, welcher unter diesem Namen noch vorhanden ist, dessen Wohngebäude aber jetzt als Schüttboden dient, gehörte vor Alters den Herren von Stockhausen und kam nach deren Aussterben an die Grafen von Schwarzburg. Im Jahre 1689 erbte es Graf Christian Wilhelm von seiner Mutter Maria Magdalena, geb. Pfalzgräfin bei Rhein, und schenkte es seinem Canzler Dr. Christoph Hoppe auf Lebenszeit. Nach dessen Tode fiel es dem Fürstenhause wieder zu, und da die Fürsten auch zuweilen hier Hof hielten, bekam es den Namen Fürstenhof. — Das andere Gut ist wahrscheinlich das schon 1263 in unserem Orte erwähnte Vorwerk, welches zur Burgstätte Spatenburg gehörte und von der damaligen Besitzerin, der Fürstin Mechthildis von Anhalt, in dem angeführten Jahre an den Grafen Heinrich von Hohnstein für 50 Mark Silber verkauft wurde. — Die Schäfereigebäude der Domaine liegen am linken Ufer der Wipper und waren ursprünglich eine Branntweinbrennerei.

Ein vormals hier noch befindliches rittersäßiges Gut, der Kämmerhof genannt, welches den Herren von Wurmb zu Großfurra lehnte, ist dismembrirt worden.

Das Forsthaus, Wohnung des hiesigen fürstlichen Forstbeamten, ist erst seit 1845 Dienstwohnung desselben.

Außerdem sind hier noch 2 Gasthäuser und eine Schenke zu erwähnen; letztere ist Eigenthum der Gemeinde.

St. hat auch das Recht, alljährlich, und zwar zu Michaelis, einen Markt zu halten; derselbe hat sich aber bisher keiner Frequenz zu erfreuen gehabt. Schon 1748 hatte St. dieses Recht vom Fürsten Heinrich erhalten, der nebst dem Prinzen Rudolph den ersten Markt mit seinem Besuch beehrte. Am Markttage des folgenden Jahres hielt er dann mit allen seinen Cavalieren hier einen feierlichen Einzug und wurde von der erwachsenen Jugend des Ortes festlich empfangen.

Die Flur umfaßt 882 Ar. Land, das größtentheils recht gut ist; von demselben gehören 450 Ar. zur Domaine. Außerdem liegen am Frauenberge viele sogenannte Berggärten, welche theils zum Getreide-, theils zum Obstbau benutzt werden. An Wiesen gehören der Gemeinde oder eigentlich nur den 42 Stammhäusern des Orts 200 Ar., der Domaine 50 Ar. Die Gemeindewaldungen betragen 450 Ar. Die Hufe, eine Holzung, ist, was den Grund und Boden betrifft, sondershäusisch, die Benutzung des Holzes steht aber den Bewohnern von Heringen zu, die Weide jedoch ist zwischen Heringen, der Herrschaft und hiesiger Gemeinde getheilt.

Nördlich von St., jenseit der Wipper, sind in dem Hammenthale schöne Kirschanpflanzungen, und in demselben Thale befindet sich der Hammenteich.

Westlich von St. liegt eine Mühle mit 2 Mahlgängen und einem Oelgange; unterhalb derselben theilt sich vermittelst eines Wehres die Wipper in 2 Arme. Im Jahre 1850 wurde hier mit bedeutenden Kosten ein ganz neuer Abzugsgraben ausgestochen. — Eine kleine Strecke westlich von der Mühle, an die Nebengebäude derselben stoßend, lag früher das Günthersbad. Im Jahre 1814 hatte man nämlich daselbst eine Schwefelquelle entdeckt, und im folgenden Jahre ließ der Fürst Günther Friedrich Carl I. deshalb hier ein Badehaus und unfern desselben eine Musikhalle anlegen. Eine Zeitlang wurde das

Bad viel besucht; da dies aber später nicht mehr der Fall war, so wurde das Gebäude 1843 abgebrochen.

Geschichtliches. Außer den oben bei den einzelnen Gebäuden mitgetheilten Nachrichten ist hier noch zu erwähnen, daß das Dorf im 12. Jahrhunderte Huson genannt und geschrieben wurde und in einiger Entfernung von dem jetzigen Dorfe im sogenannten Bornthale lag. Als dasselbe durch irgend ein Unglück, das nur die Kirche verschonte, zerstört worden war, bauten sich die Bewohner östlich von ihrem früheren Wohnorte an, wodurch die Kirche ziemlich weit von dem neuen Dorfe zu liegen kam. — Da, wo früher der Ort lag, grub man vor mehreren Jahren noch ein Gewölbe auf, und an anderen Stellen fand man und findet man noch immer viele irdene Geschirre, als Teller, Töpfe, Krüge. Man sagt, daß vormals viele Töpfer hier gewohnt hätten, wovon auch wohl eine Anhöhe in jener Gegend den Namen Töpferberg erhalten haben mag. — Im dreißigjährigen Kriege hatte auch St. viel zu leiden. So wurde unter Anderm nicht bloß die Kirche beraubt, sondern es wurden selbst die Glocken zerschlagen und mitgenommen. Da die Gemeinde nicht sogleich wieder eine Glocke anschaffen konnte, so borgte man eine solche in Bellstedt. Als aber die Gemeinde daselbst ihre Glocke 1656 zurückforderte, so kaufte man eine kleine Glocke in Jechaburg — eine der 5 Glocken auf dem Thurme der Domkirche daselbst. —

Thalebra,

Fld. von Hohenebra, 2 St. südsüdwestlich von Sondershausen und unweit der von der Residenz nach Ebeleben führenden Chaussee, liegt am Fuße der Hainleite in einem Thalkessel, dessen Seiten meist allmählich aufsteigen und nach O., N. und W. kleine Thalöffnungen hat. Th. wird von einem kleinen Bache, dem Sumpfbache, durchflossen, der westlich davon aus Wiesenquellen entsteht. Nach starken Regengüssen und plötzlichem Thauwetter tritt derselbe oft über seine Ufer und setzt die Gehöfte unter Wasser. Besonders groß war seine Ueberschwemmung am 26. Mai 1852. Der Ort hat sehr gewonnen, seitdem man die Hauptstraße chaussirt und in gleicher Weise die Landstraße bis zu der Sondershäuser Chaussee verbessert hat. Th. hat 70 H. mit 410 Einw. (1661 mit 143 und 1717 mit 153 Einw.), die von Ackerbau, Gewerben und Holzhauen leben.

Die Kirche St. Crucis ist ein sehr altes Gebäude; im Jahre 1633 wurde sie vergrößert und 1693 reparirt. Der Thurm hat im Jahre 1835 einen neuen Aufsatz erhalten. — Bis gegen 1574 hatte Th. seinen eigenen Pfarrer; denn 1466 verkauft der Einwohner Heinrich Thoba in Schernberg für 16 Schock Groschen an den hiesigen Pfarrer Johann Schützenmeister 1 Schock Schneeberger jährlichen Zinses von einer halben Hufe Land in Schernberg zu einer wöchentlichen Messe; in demselben Jahre kauft derselbe Pfarrer unter gleichen Bedingungen einen eben so großen Zins von Hans Kenwho in Schernberg, und im folgenden Jahre wieder einen solchen Zins von Hans Hartwig für 12 rheinische Gülden. — Das Pfarrhaus wurde im Jahre 1603 an einen hiesigen Einwohner verkauft. Im dreißigjährigen Kriege war die hiesige Kirche und Pfarrei mit der zu Schernberg verbunden; der damalige Pfarrer Theuerkauf wohnte hier.

Die hiesige fürstliche Domaine war früher ein Rittergut und lange Zeit Eigenthum der Herren von Dachröden. Im Jahre 1820 ging dasselbe von der Frau Staatsminister von Humboldt, geb. von Dachröden, gegen den Kaufpreis von 60,000 Thlr. in Gold an fürstliche Kammer über. Die Gebäude derselben liegen an der nordwestlichen Seite des Dorfes und sind von großen Gärten umgeben.

Die Gemeindeschenke ist ein ansehnliches Haus und erst in diesem Jahre, 1854, erbaut worden. —

Die Flur umfaßt 2590 Acker Land mit Lehm- und Thonboden; zur Domaine gehören 1084 Acker Land und 50 Acker Wiesen. Den District Unterholz, welchen die Gemeinde früher im Bebraer Forstreviere besaß, hat sie 1841 gegen Lehden vertauscht.

Oestlich vom Dorfe, auf dem Violenberge, steht eine Windmühle, und in deren Nähe ist ein Sandsteinbruch. Südwestlich vom Orte war sonst ein herrschaftliches Alaun- und Vitriolbergwerk; es wurde 1791 angelegt.

Thüringenhausen,

Fld. von Bellstedt, früher auch Durinhusen, Doringhusen, Döringhausen geschrieben, 3 St. südlich von Sondershausen und ½ St. nördlich von Großen Ehrich, liegt am linken Ufer der Helbe, in welche sich hier 2 kleine Bäche, der Kirschenbrunnen und der Stättebrunnen, ergießen, und hat 47 H. mit 233 Einw. (1661 mit 91 Einw.), die Ackerbau und Gewerbe treiben.

Die Kirche St. Petri ist schon sehr alt, wurde 1693 und in neuerer Zeit nochmals reparirt, ist seitdem im Innern hell und freundlich und besitzt ein ansehnliches Vermögen, welches sie durch das Vermächtniß einiger Einwohner des Orts erhalten hat. — Die große Glocke auf dem hiesigen Thurme stammt noch aus den Zeiten des Papstthums, wie man aus der Aufschrift sieht. Sie ist Anna getauft*).

---

*) Während der Zeit, als der Katholicismus bei uns noch herrschend war, fanden öfters solche Glockentaufen Statt, zu welcher dann Pathen eingeladen wurden. — Es möge hier ein solcher Gevatterbrief bei der Glockentaufe zu Kleinvargula an die Bürgermeister zu Tennstedt Platz finden: „Unsere freundlichen Dienste zuvor. Ehrsame, Weise Herren, wir seynd Willens, will's Gott, unsere Glocken auf den Sonntag exaltationis

Die Schulwohnung ist 1842 ganz neu erbaut worden.

Das Freisassengut, vormals dem Stift Jechaburg gehörig, mit ziemlich bedeutenden, aber alten Gebäuden.

Die Flur umfaßt 54½ Hufe Land, wovon 6 Hufen zum Freigute gehören, mit zum Theil nur mittelmäßigem Boden und 36 bis 40 Acker Wiesen. Es gibt hier ausgedehnte Weidenanpflanzungen.

Geschichtliches. In früheren Zeiten werden auch Herren von Doringhusen erwähnt. So war, wie Paul Jovius erzählt, im 15. Jahrhunderte ein Heinrich von Doringhusen Domherr zu Erfurt. — Während des dreißigjährigen Krieges hatte auch unser Ort viel zu leiden; denn im Jahre 1626 wurde von den kaiserlichen Truppen nicht bloß die hiesige Kirche geplündert, sondern auch vom Thurme eine kleine Glocke und die Uhr geraubt. Auch die oben erwähnte große Glocke hätten, wie man sagt, die Soldaten zerschlagen wollen; aber ein Offizier habe es verhindert, weil er gesehen, daß sie geweihet sei. — Im Jahre 1631 wurde hier wieder schrecklich geplündert und vornämlich Alles aus der Kirche geraubt, was man seit der ersten Plünderung wieder angeschafft hatte. — Im Jahr 1667 brannten hier 6 Wohnhäuser ab, und es erstickten dabei 2 Personen in einem Keller; 1756 brannte wieder ein Wohnhaus nebst drei Scheuern ab.

Toba,

Pfd., in alten Schriften Thoba, Taba und Thaba genannt, 3½ St. westlich von Sondershausen und 2½ St. östlich von Keula, liegt auf einer sich nach Süden etwas abdachenden Hochebene. Einige Bäche entspringen in der Nähe des Ortes, so der Loosbach und der Sünderbach; die Wiesenbachsquellen fließen nur dann, wenn die Helbe Wasser hat. T. hat 120 H. mit 627 Einw. (1696 mit 349), die von Ackerbau und Gewerben leben. Die Straßen des Orts sind chaussirt und die Fußwege an den Seiten gepflastert.

Die Kirche St. Georgi ist schon sehr alt, erfuhr aber von 1606 bis 1608 eine bedeutende Reparatur, bei welcher Gelegenheit ein hiesiger Einwohner, Namens Köne, die westliche Seite der Kirche auf seine Kosten bauen ließ. Eine lateinische Inschrift über der Chorthür bewahrt davon das Andenken. Im Jahre 1663 wurde die

---

crucis nechst kommend nach Ordnung der christlichen Kirche weihen und taufen zu lassen: ist unsere gütliche Bitte, wollt auf vermeldete Zeit ums Gotteswillen bei uns sampt andern unsern guten Freunden erscheinen und Groß Pathe mit seyn. Wollet das Lohn von dem allmächtigen Gotte und dem Patrono S. Sixto und der heiligen Jungfrauen Julianen nehmen. So wollen wirs willig gern dienen. Datum Sonntag nach Egidii a⁰ 1516. Curt und Clauß Vitzthum von Eckstedt sampt den Altarleuten." — Bei der Taufhandlung mußten die Gevattern neben einander an den Strick greifen, der an die Glocke gebunden war. Dabei war dann ein ansehnlicher Schmaus von der einen und ein stattliches Pathengeschenk von der andern Seite nöthig.

Kirche abermals reparirt; 1719 legirte ihr Gangloff Döbel 40 Gülden zum Ausmalen, und 1729 wurde dieses Geld nach der Bestimmung des Testators verwandt. Im Jahr 1831 wurde der Thurm reparirt und die Kirchhofsmauer neu aufgeführt.

Die Pfarrwohnung, südlich von der Kirche und nur durch den Fahrweg von dem letztere umgebenden Gottesacker getrennt, ist 1701 erbaut worden.

Die Schulwohnung, neben der Pfarrwohnung gelegen, wurde 1688 errichtet.

Die Flur besteht aus 134 Hufen Land mit größtentheils gutem Lehmboden und aus 60 Acker Wiesen. Unter den letzteren ist die nordöstlich von Holzthaleben gelegene sogenannte Burgwiese inbegriffen, welche in einem Walde, dem Burghagen, liegt und sammt diesem Walde der hiesigen Gemeinde von dem Kloster Gerode geschenkt worden sein soll. In dieser Thalgegend hat ehemals die Helberburg gelegen, von welcher noch einige Spuren sichtbar sind. An einem Felsen ist das Bild einer Jungfrau ausgehauen, woran sich die Volkssage knüpft, daß ein Ritter aus Lohra, oder Dietenborn eine Jungfrau aus Mühlhausen entführt habe, von den Mühlhäusern verfolgt und in der Nähe der Helberburg erschlagen worden sei. — An Waldungen hat die Gemeinde etwa 400 Acker, nämlich den Burghagen bei Holzthaleben, dem Kloster Gerode lehnbar, die Birken, nördlich vom Orte, und das Wettholz, dem Dorfe ganz nahe. Einzelnen Einwohnern gehört das Hessen- oder Henningsholz.

In der Nähe des Ortes liegen 2 Windmühlen, und hierher eingepfarrt sind 2 Mahlmühlen im Helbenthale, die sogenannte Kühnsmühle und die unterste Mühle.

Unfern des Dorfes gegen Osten lag sonst noch ein Dorf, Wenigentoba, das wahrscheinlich im dreißigjährigen Kriege untergegangen, von dem aber noch ein Brunnen vorhanden ist.

Geschichtliches. In alten Zeiten war Toba eine eigene Herrschaft oder Graffschaft und gehörte den Grafen von Kirchberg, deren Stammburg Kirchberg unfern des Straußberges lag. Ein Theil der Graffschaft Toba, darunter Toba selbst, muß schon zu Anfange des 13. Jahrhunderts Eigenthum der Grafen von Hohnstein gewesen sein, indem Toba unter den Gütern genannt wird, welche Graf Heinrich von Hohnstein seiner Tochter Sophie als Mitgift bestimmte. Im Jahre 1307 verkauften die Grafen Vollrath und Berthold von Kirchberg alle Güter, die sie noch besaßen, auch die in der Graffschaft Toba, an die Grafen von Hohnstein. Im Jahre 1348 wurde Toba auf einige Zeit an die Herren von Ebeleben verpfändet.

Trebra,

Pfd., 3½ St. südöstlich von Sondershausen und 1½ St. nordöstlich von Greußen, liegt an der östlichen Abdachung einer Hochebene und wird von einem bei Holzengel entspringenden Bache durchflossen, der, obwohl gewöhnlich höchst unbedeutend, nach Regengüssen sehr anschwillt und im Orte manchen Schaden thut. T. hat 96 H. mit 451 Einw. (1661 mit 234 Einw.), die meistens Ackerbau treiben.

Die Kirche St. Petri ist schon sehr alt. Im Jahr 1787 wurde sie erweitert und der Thurm neu erbaut; 1838 wurde letzterer reparirt.

Die Pfarrwohnung ist alt und bereits 1715 erbaut worden. In frühern Zeiten war dem hiesigen Pfarrer Niederbösa als Filialgemeinde übergeben.

Die Schulwohnung wurde 1851 ganz neu erbaut.

Die Flur beträgt 108 Hufen Land, dessen Boden aus Lehm, Thon und schwarzer Erde besteht. Außer den andern Getreidearten und Feldgewächsen baut man hier besonders guten Weizen und vorzüglichen Flachs. An Waldungen hat die Gemeinde einen District **Unterholz** in der Hainleite.

Geschichtliches. Da in frühern Zeiten öfters, namentlich bei Verträgen, Herren von Trebra genannt werden, so waren diese vielleicht in unserem Orte begütert. Im 14. Jahrhunderte ist T. ein Besitzthum der Herren von Cannawurf und kam von denselben an die Grafen von Hohnstein; denn 1317 kaufte, wie uns erzählt wird, Graf Heinrich von Hohnstein von Eckard von Cannawurf dessen Theil und Güter sammt Gerichtsbarkeit an dem Dorfe und Felde Trebra um 25 Mark Silber und bald darauf auch den Theil des Heinrich von Cannawurf, so daß nun ganz Trebra Eigenthum der Grafen von Hohnstein war. Im Jahre 1319 belehnte sie der Landgraf Friedrich von Thüringen förmlich damit. — Unweit des Ortes, auf einer kleinen Anhöhe, lag unzweifelhaft früher eine Burg, die Kikersburg genannt; diesen Namen führt die Anhöhe noch gegenwärtig, und der Fahrweg vom Orte bis zu derselben heißt noch immer die Zugbrücke. In dem Orte selbst heißt eine Stelle der Capellhof, und nicht bloß dieser Name, sondern auch die darunter sich befindenden Gänge und Gewölbe lassen vermuthen, daß daselbst eine Capelle und daneben wahrscheinlich auch ein Kloster stand. Auch ein vor einigen Jahren aufgeräumter, noch wohl erhaltener und sehr tiefer Brunnen, der aus frühern Zeiten herstammt, mag zu jenem Kloster gehört haben, dessen Dasein auch durch den Namen der neben dem Capellhofe vorüberführenden Straße bestätigt wird; denn sie heißt das Mönchsthor. — Im Jahre 1526 war hier ein bedeutender Brand.

Urbach,

Pfd., 5 St. südwestlich von Sondershausen und 3 St. nordöstlich von Mühlhausen, liegt in einem Thale und wird von einem kleinen Bache durchflossen, der unterhalb des Dorfes den Namen Urbach erhält und im Urthale weiter nach O. fließt. U. hat 110 H. mit 532 Einw. (1648 mit nur 114 Einw.), die von Ackerbau, Gewerben und Fruchthandel leben.

Die Kirche St. Johannis ist von 1839 bis 1841 ganz neu erbaut worden und ein schönes, geschmackvoll decorirtes Gotteshaus. Der Thurm ist schon ziemlich alt und war früher weit niedriger; im Jahre 1714 wurde er erhöht. — Im Jahre 1699 wurde aus der hiesigen Kirche ein silberner Kelch gestohlen. — Noch im Jahre 1790 versuchte der damalige Pfarrer Scheidt in der hiesigen Kirche eine Geisterbannung, die allgemeines Aufsehen erregte und für den Pfarrer Amtsentsetzung nach sich zog.

Die Pfarrwohnung ist bald nach dem Jahre 1699 zu bauen angefangen worden, da die alte Wohnung trotz mehrmaliger Reparaturen sehr baufällig war. — Von 1642 bis 1648 besorgte der hiesige Pfarrer Hartung auch die kirchlichen Handlungen in Holzthaleben, da die dortige Gemeinde durch den dreißigjährigen Krieg so verarmt war, daß sie nicht einen eigenen Pfarrer erhalten konnte.

Das Gemeinde-Schenk- und Gasthaus, an der nördlichen Seite des Ortes gelegen, wurde 1847 neu erbaut und ist ein großes Gebäude.

Mitten im Dorfe liegt ein sehr reichlich quellender Brunnen, der Klingelbrunnen genannt, welcher bisher in wasserarmen Jahren nicht bloß die hiesigen Bewohner, sondern auch die von Menterode, Holzthaleben und Keula mit Wasser versorgte.

Die Flur beträgt 91 Hufen Land, dessen Boden im Allgemeinen nur mittelmäßig im Ertrage ist. Dazwischen liegt auch noch mancher wüste Acker. An Wiesen besitzt die Gemeinde etwa 40 Acker, an Waldungen 250 Acker; die Kirchenwaldungen, das Löhr genannt, betragen etwa 50 Acker und liegen südwestlich vom Orte, aber demselben ganz nahe. Das demselben gegenüber gelegene Junkerslöhr gehört zum größern Theile zum Riemann'schen Gute in Großmehlra, zum kleinern Theile einigen Bewohnern in U. Die nördlich von U. gelegene Holzung, das Graß, gehört nach Großenbrüchter.

In der Nähe des Dorfes liegen 2 Windmühlen, und im Urthale sind Steinbrüche, welche mehreren benachbarten Gemeinden ihren ganzen Bedarf an Steinen zu Gebäuden u. s. w. liefern.

In der hiesigen Flur soll vor Alters eine Burg, der Familie von Buch gehörig, gestanden haben. Vor noch nicht allzu langer Zeit konnte man noch einige Ueberreste von derselben sehen. Von der letzten Besitzerin der Burg, einem Fräulein von Buch, ist der alten Kirchenmatrikel unseres Orts zufolge der ihr gehörige Wald, jetzt das Kirchenlöhr genannt, der hiesigen Kirche geschenkt worden.

Geschichtliches. Urbach wird schon in einer Urkunde von 874 unter den dem Stift Fulda zehntpflichtigen Orten angeführt. Im Jahre 966 wird es in einer Urkunde des Kaisers Otto I. eine Villa

genannt. Im Jahre 1437 vertauschte Graf Heinrich **XXVI.** von
Schwarzburg dem Churfürsten Friedrich II. und seinen Brüdern das
Dorf Blankenburg gegen Niederkeula und das halbe Dorf Urbach, die
bisher zum Amt Thomasbrücken gehört hatten, und schlug sie zum
Amte Keula. Wie Keula und andere Orte, wurde 1505 auch Urbach
an Caspar Krebsen verpfändet.

Im Jahre 1792 brannte hier das ganze Mitteldorf ab, und am
Osterfeste 1830 wurde ein ganzes Gehöft das Opfer einer Feuersbrunst.

Wasserthaleben,

Pfd., ehemals Talaheim, Talheym und Thalheim genannt,
4 St. südöstlich von Sondershausen und 1 St. nordwestlich von
Greußen, liegt in einem Thalkessel, der von den Abdachungen theils
der Hainleite, theils desjenigen Gebirgszweiges gebildet wird, der sich
von hier einerseits bis zum Hornberge bei Rohnstedt erhebt, andernseits seine Richtung über Westgreußen und Clingen nimmt (cf. Seite 30).
Nach W. u. O. hat dieser Thalkessel Ausgänge; durch dieselben fließt
die Helbe, an deren linkem Ufer unser Ort liegt, und über welche
im Jahre 1853 eine sehr ansehnliche Brücke erbaut wurde. Nach bedeutenden Gewitterregengüssen, vornämlich aber im Frühjahr nach
Thauwetter schwillt die Helbe hier so an, daß sie theils in den Ort
hineintritt, theils die südlich davon gelegenen Gärten und Aecker ganz
unter Wasser setzt. — W. hat 88 H. mit 500 Einw. (1661 mit
299 und 1790 mit 301 Einw.), welche meistens vom Ackerbau, zum
Theil auch von Gewerben leben. Das Innere des Orts ist nett und
reinlich, da die Fahrwege chaussirt, die Fußwege aber gepflastert sind.

Die Kirche St. Johannis ist schon ziemlich alt und der Jahreszahl zufolge, welche sich auf einem Steine über dem Haupteingange
befindet, bereits im Jahre 1590 erbaut worden; doch scheint dieser
Stein viel älter zu sein, als das übrige Mauerwerk der Kirche, was
freilich seinen Grund auch darin haben kann, weil es ein Sandstein
ist. Sollte die Kirche später erbaut sein, worüber sich übrigens nicht
eine einzige Andeutung findet, dann müßte jener Stein von dem frühern
hiesigen Kirchengebäude herrühren. — Das Innere der Kirche ist
äußerst freundlich und geschmackvoll decorirt, und sie verdankt dies
einer Renovation im Jahre 1843. — Die Orgel wurde 1845 neu
erbaut. — Auch der Taufstein ist ganz neu und wurde der Kirche
erst am Pfingstfeste dieses Jahres, 1854, von einem hiesigen Einwohner verehrt. — In der Kirche befinden sich 2 Gutsstände, beide
zur fürstlichen Domaine gehörend; der eine derselben gehörte früher
zum Müller'schen Freigute. — Links von der Canzel, und zwar auf
der Emporkirche, ist in die Wand ein hübsches Epitaphium eingemauert. Dasselbe besteht aus einem großen Schiefersteine mit Zierathen
von weißem Marmor und ist dem 1734 allhier verstorbenen Pacht-

amtmann, einem Herrn von Windheim, gewidmet. — Hinter dem Altare befindet sich die angebaute, sehr freundliche Sacristei.

Früher gab es hier eine Capelle, welche südlich vom jetzigen Dorfe auf einer Anhöhe lag und zu dem eben daselbst befindlichen Kloster „Sorge" gehörte.

Die Pfarrwohnung ist ein ansehnliches, noch ziemlich neues Haus und hat bedeutende Nebengebäude. — Früher gab es außer der Pfarrei hier auch noch eine Vicarei mit nicht unbeträchtlichen Einkünsten. Die Emolumente derselben, in Land und Zinsen bestehend, sind nachmals der Kirche zugefallen.

Die Gebäude der fürstlichen Domaine bestehen aus mehreren Wohnhäusern und nicht unbedeutenden, theils ziemlich alten, theils ganz neuen Wirthschaftsgebäuden. Das Wohngebäude des jetzigen Pächters ist die frühere Jagdwohnung des letztverstorbenen Fürsten, welcher sich von 1815 bis 1830 jeden Sommer einige Monate hier aufhielt. — Ein anderes Wohngebäude ist das des frühern Marschall'schen Gutes, nachher lange Zeit die Wohnung des hiesigen Domainenpächters, und ein drittes ist das des vormaligen Müller'schen Freigutes. Ein viertes, sehr altes Wohnhaus liegt an der nordöstlichen Seite des Dorfes und gehörte zu dem Nordhäuser Klostergute. — Die zur Domaine gehörenden Gärten betragen 117 Acker.

Die Mühle, südöstlich vom Orte gelegen, ist erst unlängst neu erbaut worden. Sie war früher Eigenthum der fürstlichen Kammer, wurde späterhin in Erbpacht gegeben und ist jetzt Eigenthum des frühern Erbpächters.

Die Flur umfaßt 120 Hufen Land mit theils lehmigem, theils thonigem und steinigem Boden; zur Domaine gehören gegen 71 Hufen Land und 11 Acker Wiesen. Die sonst ziemlich beträchtlichen Wiesen hiesiger Flur sind meistens in Ackerland verwandelt worden. In den sehr ansehnlichen Gärten und Gemeinde-Obstanpflanzungen werden vorzugsweise edle und wohlschmeckende Sorten gezogen. — Ehemals gab es hier ziemlich viel Weinberge, die aber jetzt insgesammt theils in Gärten, theils in Ackerland verwandelt sind; Name und Gartenrecht sind ihnen geblieben. — Waldungen hat unser Ort nicht; doch gehört zur Domaine, früher zum Müllerschen Gute, das bei Bliederstedt gelegene Gehölz, das Loo genannt, welches gegenwärtig nur aus Buschholz besteht.

Geschichtliches. Das Dörfchen Thalheim, der Anfang zu unserm Orte, lag in frühern Zeiten südlich vom jetzigen Dorfe, auf einer freundlichen Anhöhe jenseit der Helbe. Dasselbe hatte sich allmählich um das daselbst gegründete Kloster „Sorge" gebildet und bestand aus 8 Häusern. Die Grundmauern derselben kann man noch gegenwärtig sehen, auch haben die Hausstätten daselbst noch bis heute sowohl die Abgaben, als auch die Rechte der Hausstätten. Von der neben jenem Kloster gegründeten Capelle sieht man ebenfalls noch Spuren, so wie der dazu gehörige Gottesacker, jetzt in Feld verwandelt und der alte Gottesacker genannt, noch seine Umfriedigung hat und noch gegenwärtig ein Besoldungsstück des Lehrers in W. ist. — Der Name Mönchsgarten, welchen ein zur Domaine gehöriger Garten, der sich in der Nähe jener Ruinen befindet, führt, so wie die Benennung eines unterirdischen Ganges von dem ehemaligen Kloster nach der Domaine, Mönchsgang, welcher noch vorhanden sein soll, deuten darauf hin, daß jenes Kloster ein Mönchskloster war. Die Wirthschaftsgebäude für die dem Kloster gehörige Länderei mögen somit schon da gelegen haben, wo die jetzigen Gutsgebäude stehen. Um dieselben bildete sich nachmals — wann aber, ist ungewiß, vielleicht erst dann, als das Kloster und die dabei gelegenen Häuser in irgend einem Kriege zerstört worden waren — der jetzige Ort. — Thalheim gehörte in den frühesten Zeiten zur Herrschaft Winkelte, deren Besitzer die Grafen von Kirchberg waren; auch wird es unter den zum Landgericht Winkelte gehörenden Ortschaften aufgeführt. Einige hier befindliche Güter der Grafen von Kirchberg wurden schon früh von Gozmar von Kirchberg und seiner Gemahlin dem Stift Fulda übergeben. — Nachmals hatte auch das Stift Walkenried hier Güter, welche dasselbe im Jahre 1534 dem Grafen Günther XL. von Schwarzburg für 840 Gülden wiederkäuflich überließ. — Aus dem Jahre 1539 wird uns dann berichtet, daß Rudolph von Witzleben zu Marlishausen, so wie seine Brüder ihr in unserm Dorfe gelegenes Gut um 1300 Gülden an Moritz Werthern verkauften. Das angesehene Geschlecht Derer von Werther war hier lange Zeit begütert, und eine Linie desselben nannte sich die thalheimer. — Späterhin hatte die Ritterfamilie Marschall hier Besitzungen, vielleicht eben die Werther'schen; denn im Jahre 1671 kauften die Gräfin Marie Magdalene und die Grafen Ludwig Günther und Christian Wilhelm von Schwarzburg vom Erbmarschall Friedrich Wilhelm Marschall das ihm gehörige zu W. gelegene Rittergut für 24,500 Gulden. An einem Gebäude desselben ist das in Stein gehauene Wappen dieser Familie noch zu sehen. — Im Jahre 1834 kaufte endlich die fürstliche Kammer noch das Müller'sche Freigut und das Nordhäuser Klostergut.

Zu erwähnen ist noch, daß seit 1711 bis auf den heutigen Tag das hiesige Pfarramt ohne Unterbrechung bei der Familie Zahn geblieben ist; der im Jahre 1845 gestorbene Pfarrer Johann Gottlieb Zahn feierte 1840 sein funfzigjähriges Jubiläum, bei welcher Gelegenheit ihn der Fürst zum Consistorialassessor ernannte.

Wenigenehrich,

Fld. von Wolferschwende, 3½ St. südlich von Sondershausen und ½ St. westlich von Gr.-Ehrich, liegt an dem Hammerbache, der hier den südwestlich vom Orte entspringenden Willerbach aufnimmt. Weiter südlich, wohl eine Viertelstunde vom Orte, fließt der Bennebach, der unterhalb des Dorfes den Hammerbach aufnimmt. W. hat 40 H. mit 200 Einw. (1647 mit nur 71 Einw.), die sich meistens vom Ackerbau nähren.

Die Kirche ist schon sehr alt, hat aber im Laufe der Zeit manche Verbesserung und Verschönerung erfahren. So wurde 1755 die nördliche Seite reparirt, im Jahre 1811 erfuhr sodann die südliche Seite eine Reparatur und die Westseite eine gänzliche Renovation; in demselben Jahre wurde auch das Innere, mit Ausnahme der Canzel, ganz erneut. — Im Jahre 1840 erhielt die Kirche eine neue Orgel, und zugleich wurde das Innere derselben ganz frisch abgeputzt und angestrichen. — Die hiesige Kirche besitzt ein beträchtliches Vermögen, nämlich gegen 9000 Thlr. Capitalien. Der Grund zu diesem Vermögen wurde durch die Zinsen und Lehngelder gelegt, welche die Kirche von mehreren Grundstücken hier zu beziehen hat, besonders durch den öftern Verkauf der ihr lehnenden Mühle hier. — Unserer Kirche legirte im Jahre 1662 der hiesige Einwohner Johann Hermstedt und seine Frau 50 Gülden. — Wie schon bei Gr.-Ehrich erzählt wurde, war die hiesige Kirche in den ältesten Zeiten eine Tochterkirche von der zu Gr.-Ehrich; zwischen 1570 und 1580 wurde von ihr die Kirche zu Rohnstedt und 1837 die zu Wolferschwende die Mutterkirche.

Einen Thurm hat die hiesige Kirche nicht, sondern am Eingange zum Gottesacker steht ein Glockenhaus, in welchem unten die beiden Glocken hängen und über denselben eine Uhr sich befindet. —

Die Schulwohnung, östlich von der Kirche und unmittelbar an den Gottesacker stoßend, wurde im Jahre 1838 erweitert. — Im Jahre 1660 vermehrte Jacob Möhrmann, ein Einwohner unseres Orts, die Einkünfte des hiesigen Schullehrerdienstes durch das Legat von einer Viertelhufe Land; doch machte der Testator dabei zur Bedingung, daß die Schulkinder künftighin kein Schulgeld mehr zahlen sollten.

Das hier befindliche Gasthaus, erbaut aus dem Holze von dem Forsthause in der Fasanerie bei Niederspier, so wie die Mühle, am östlichen Ende des Dorfes gelegen, sind Privateigenthum. — Die Gemeinde hat kein ihr eigenthümlich gehörendes Gasthaus, wohl aber die Schenkgerechtigkeit.

Die Flur beträgt etwa 42 Hufen Land mit meistens lehmigem, an sich nicht sehr fruchtbarem Boden; doch trägt es reichliche Früchte, und besonders gut gedeiht hier der Flachs.

Geschichtliches. Im Jahre 1444 kaufte Hans von Schlotheim von Hartmann von Spira 5 Marktscheffel Korngülden zu Wenigenehrich, mit welchen Graf Heinrich von Schwarzburg letztern belehnt hatte. — Im Jahre 1680 zeigte sich unter allen schwarzburgischen Dörfern hier zuletzt die Pest, deren Weiterverbreitung aber durch obrigkeitliche Fürsorge Einhalt gethan wurde; in unserm Orte jedoch sollen damals viele Personen an derselben gestorben sein. — Am 13. März 1711 brannte hier die Schulscheuer und ein Stall ab, und am 22. August 1760 kam hier Feuer aus, durch welches fast der ganze Ort eingeäschert wurde.

Allhier wurde am 2. September 1702 der als Componist geschätzte Heinrich Nicolaus Gerber geboren, ein Schüler Sebastian Bach's. Nachdem er von 1728 bis 1731 Organist in Heringen gewesen war, wurde er 1731 als Hoforganist nach Sondershausen berufen, wo er am 6. August 1775 starb. —

Westerengel,

Pfd., in alten Urkunden Westernenchelde und Westelinge genannt, 3 St. südöstlich von Sondershausen und 1½ St. nordwestlich von Greußen, liegt in einer Vertiefung der von der Hainleite gebildeten Hochebene, so wie an der südwestlichen Abdachung derselben und wird von der Chaussee durchschnitten, welche von Sondershausen nach Greußen führt. W. hat 83 H. mit 481 Einw. (1661 mit 187 Einw.), die Ackerbau und Gewerbe treiben.

Die Kirche St. Benedicti wurde im Jahre 1822 neu erbaut. Ein Stein über dem westlichen Eingange zur Kirche enthält außer einer Bibelstelle auch das Jahr ihres Neubaues. Die frühere Kirche war sehr alt, und daß sie wirklich noch in der Zeit des Papstthums gegründet worden war, davon überzeugte man sich bei ihrem Abbruche. Als man nämlich den Altar wegnahm, so fand man in der Mitte desselben einen länglich viereckigen Stein, der oben glatt gehauen war und eine durch einen steinernen Keil verschlossene Oeffnung hatte. In derselben befand sich ein kleines irdenes Gefäß und eine in einem kleinen Knochen und etwas Asche bestehende Reliquie; die Oeffnung des Gefäßes war mit Wachs versiegelt und auf dem Siegel noch deutlich die Figur eines Bischofs zu erkennen, die Umschrift aber unlesbar. Mit Ausnahme der Reliquie, welche man wegwarf, wurde alles Andere dem Naturaliencabinet in Sondershausen übersendet. — Die hiesige Kirche ist die Mutterkirche von der zu Kirchengel. — Der Thurm mit 2 schlanken Spitzen ist älter, als die jetzige Kirche, aber noch in gutem Stande.

Das hiesige Frei- oder Amtssassengut war vormals chursächsisch.

Die Flur beträgt etwas über 61 Hufen urbares Land mit nicht sehr ergiebigem Boden. Ein Theil der ebenfalls hierher gehörigen Länderei liegt noch wüst; doch hat man angefangen, auch diese zu cultiviren. Früher besaß die Gemeinde einen District Unterholz in dem Oberspier'schen Forstreviere, hat denselben aber zur theilweisen Bezahlung der Kriegsschulden im Jahre 1793 für 990 Thlr. verkauft. — In den meisten Gärten des hiesigen Orts findet man Wallnußbäume, die hier sehr gut gedeihen und reichlich tragen.

Geschichtliches. Bereits im Jahre 1128 wird W. (Westernenchelde wird es genannt) in einer Urkunde erwähnt, durch welche der Erzbischof Adelbert von Mainz die Verträge bestätigt, welche das Stift Jechaburg über mehrere Güter, von denen auch einige in unserem Orte lagen, geschlossen hatte. Bald nachher schenkte nach einer andern Urkunde der Canonicus Theodor, ein „freier Jüngling", 1½ Hufe Land, welches er in der hiesigen Flur besaß, dem heiligen Petrus (Benedictinerkloster) zu Jechaburg.

Westgreußen*),

Pfd., 4 St. südöstlich von Sondershausen und ½ St. westlich von Greußen (das westliche Greußen == Westgreußen darum genannt), liegt in einem Thale und zwischen zwei Armen der Helbe. Der an der südlichen Seite des Ortes durch mehrere Gärten fließende Arm, die sogenannte sächsische Helbe, wird hier durch ein hölzernes Flußbett über den Wassergraben des Grollbaches geleitet. W. hat 109 H. mit 561 Einw. (1661 mit 320 Einw.), welche theils Ackerbau, theils Gewerbe treiben.

Die Kirche St. Martini ist 1725 neu erbaut und 1777 von dem dazu legirten Nachlasse des Leinewebers Keßler gemalt worden, und ihr Inneres ist noch gegenwärtig hübsch und freundlich. — Im Jahre 1796 legirte der Schultheiß Johann Heinrich Schäfer sein sämmtliches Vermögen zur Stiftung eines freien Beichtstuhles und einer Freischule hier. — Bis zum Jahre 1509 war die hiesige Kirche Filial von der St. Gumbertikirche in Clingen. In dem erwähnten Jahre erhielt sie dann in der Person des Diaconus Ernst Heinrich Ruhen einen eigenen Pfarrer, welcher aber, wenn es verlangt wurde, wöchentlich eine Messe in der St. Andreaskirche zu Clingen zu halten hatte. — Der Thurm erhielt im Jahre 1822 einen neuen Aufsatz.

Die Pfarrwohnung ist erst im Jahre 1851 zu diesem Zwecke von der Gemeinde erkauft worden. Früher war es ein Gutsgebäude.

Die Schulwohnung, bis zum Jahre 1851 die Pfarrwohnung,

---

*) Im Jahre 1317 kommt außer Marktgreußen und Westgreußen auch noch Kleingreußen als eigenes Dorf vor.

erhielt ihre gegenwärtige Bestimmung, weil das alte Schulhaus, welches dem jetzigen gegenüber lag, ein ungesundes und baufälliges Gebäude war.

Der Rittergüter gab es ehemals hier neun; in neuerer Zeit sind aber einige mit einander vereint worden, so daß ihrer jetzt nur noch 5 sind.

Außerdem sind noch zu erwähnen: der Gasthof im Orte, welcher Privateigenthum ist, die Gemeindeschenke, zugleich auch Gemeinde-Backhaus, südlich vom Orte und erst im Jahre 1842 an seiner jetzigen Stelle neu erbaut, und die Mühle, an dem südwestlichen Ende des Dorfes gelegen.

Die Flur, welche gegen S. von Preußen begrenzt wird, umfaßt 142 Hufen Land, das zur Hälfte zu den Rittergütern gehört. Der Boden ist ein Gemisch von Lehm, Thon, Sand und Kies und meistens gut im Ertrage. Vorzüglich gut gedeiht hier das Obst; auch findet man hier in fast allen Gärten Wallnußbäume, die gewöhnlich sehr reichlich tragen.

Ueber das alte Schloß Grobern, welches zwischen W. und Rohnstedt lag, vergleiche man: Gr.-Ehrich.

Geschichtliches. Im Jahre 1493 wurde unser Ort der Gräfin Amalie von Mannsfeld, der Braut des Grafen Günther XXXIX zur Morgengabe ausgesetzt. — Im Jahre 1515 wurde Werner von Natz vom Grafen Heinrich XXXI. von Schwarzburg mit einem allhier gelegenen freien Ritterhofe sammt Zubehör belehnt.

Wiedermuth,

Pfd., 3 St. südwestlich von Sondershausen und ¼ St. nordwestlich von Ebeleben, liegt am Abhange und am Fuße einer nach Westen sanft aufsteigenden Anhöhe und an dem rechten Ufer der Helbe, in welche hier der an der Nordseite des Dorfes hinabfließende Bach fällt. Durch beide Gewässer erleidet der Ort nach starken Gewitterregengüssen und nach plötzlichem Thauwetter oft sehr großen Schaden, indem dann das ganze Unterdorf unter Wasser gesetzt wird. Wie sehr aber auch W. dann und wann durch Ueberschwemmungen zu leiden hat, so sehr hat es doch in trockenen Jahren zuweilen mit Wassermangel zu kämpfen, indem dann die Brunnen im Orte theilweise, oder ganz vertrocknen und das den Bewohnern nöthige Wasser aus dem eine Viertelstunde entfernten, an dem Windmühlen- oder Bornberge befindlichen Brunnen geholt werden muß. Derselbe quillt aber zum Glück auch in trockenen Jahren so stark, daß der ganze Ort seinen Wasserbedarf von demselben erhält. — W. hat 61 H. mit 277 Einw. (1696 mit 184 und 1806 mit 200 Einw.), die größtentheils vom Ackerbau, zum Theil auch von Gewerben leben.

Die Kirche St. Petri ist schon sehr alt, und der westliche Theil rührt unstreitig noch aus der Zeit des Papstthums her; der östliche Theil ist neuer und wurde, als an dieser Seite der alten Kirche 1619 ein Stück Mauer eingestürzt war, im Jahre 1620 erbaut. Ein Stein über der sogenannten kleinen Kirchthür enthält außer einer Bibelstelle, Jes. 56, 7., auch das Jahr dieses Neubaues. Auf das hohe Alter der Kirche deutet ebenfalls die merkwürdige Gestaltung der Kirchenschlüssel hin. — Bis zum Jahre 1754 hatte die Kirche keine Orgel; in dem erwähnten Jahre aber erkaufte der Pfarrer Kieser im Namen der Gemeinde, oder der Kirche von dem Müller Linschmann in Leubingen für 70 Thlr. ein kleines Positiv, dessen Bälge man mit den Händen drückte. Allein der damalige Schulze widersetzte sich dem Kaufe, und erst, nachdem die darüber entstandene Klage, welche 80 Thlr. kostete, zu Gunsten des Pfarrers ausgefallen war, erhielt man die kleine Orgel. Vor zwanzig und einigen Jahren wurde sie reparirt. — Bedeutende Reparaturen erfuhr die Kirche 1693 und und 1776. — Nach der Reformation war geraume Zeit hindurch, nämlich bis 1563, unsere Kirche die Mutterkirche von der zu Holzsußra. — Der Thurm steht getrennt von der Kirche auf einer sich westlich von derselben erhebenden Anhöhe. Die große Glocke ist 1673 gegossen, die mittlere, ohne Jahreszahl, scheint älter zu sein, und die kleine, welche wegen eines Sprunges lange Zeit nicht gebraucht werden konnte, wurde 1830 neu gegossen, und zu ihrem Umguß gab die verwittwete Försterin Eva Müller 30 Thlr. — Die auf dem hiesigen Thurme befindliche Uhr war früher im Fürstenberge bei Sondershausen. —

Die Pfarrwohnung ist 1707 neu erbaut worden. Die alte Wohnung war ein sehr kleines Haus und war im dreißigjährigen Kriege und während der 14 Jahre, in welchen W. keinen eigenen Pfarrer hatte, so unwohnlich geworden, daß sie 1653 eine bedeutende Reparatur bedurfte, damit der neue Pfarrer sie beziehen konnte.

Die Schulwohnung ist 1813 neu erbaut worden; im Jahre 1853 wurde sie durch einen Anbau beträchtlich erweitert.

Die Flur beträgt 48 Hufen größtentheils gutes Land. An Wiesen hat die Gemeinde etwa 6 Ar. und an Waldungen 170 Ar., das Stöckei genannt, welche 2 St. nordwestlich von Wiedermuth dem Kloster Dietenborn gegenüber liegen. Nicht weit vom Orte liegt ein 1½ Ar. enthaltendes Wäldchen, das Peterholz genannt, welches der hiesigen Kirche gehört.

Nordwestlich vom Dorfe liegt eine Windmühle und am Fuße des Windmühlenberges, ganz nahe bei dem Dorfe, eine Wassermühle; im Helbenthale liegt die fast eine Stunde entfernte sogenannte stille Mühle, welche ebenfalls hierher eingepfarrt ist.

Geschichtliches. Unser Ort wird 1128 in einer Urkunde erwähnt, durch welche der Erzbischof Adelbert von Mainz dem Probst

Heinrich von Jechaburg mehrere Erwerbungen bestätigt, von denen die einer gewissen Hemecha in Widermude als die erste erwähnt wird. — Während des dreißigjährigen Krieges litt unser Ort, wie auch viele andere unseres Landes, außerordentlich, so daß der Ackerbau, die Hauptquelle des Erwerbs, ganz darnieder lag. Dieses äußerte besonders einen sehr nachtheiligen Einfluß auf die Besetzung der hiesigen Predigerstelle. Als nämlich innerhalb 20 Jahren vier Pfarrer hier angestellt und hier theils noch jung gestorben, theils von hier versetzt waren, wobei die Gemeinde immer große Unkosten hatte, kam endlich 1639 der Pfarrer von Bruchstedt, Christoph Schicke, hierher ins Pfarramt, fand aber so traurige Verhältnisse, daß er nicht einmal die nöthigsten Bedürfnisse befriedigen konnte. Seine Schreiben an das gräfliche Consistorium in Ebeleben sind voll der rührendsten Klagen. Als endlich kurz vor der Ernte die Noth zu groß war, bat er das Consistorium um ein Empfehlungsschreiben, mit welchem er sich in das Lüneburgische begeben und dort Unterhalt suchen wolle. Er ging und — kehrte niemals wieder. Gegen das Ende des Jahres, am 19. November 1639, übergab deshalb das Consistorium W. als ein Filial dem Pfarrer Dresler in Himmelsberg, der es aber 1642 wieder abgab; von 1642 bis 1644 war es Filial von Holzsußra unter dem Pfarrer Weiße, nach dessen Tode Filial von Ebeleben unter Valentin Buhl bis 1650. Von dieser Zeit an war es bis 1653 Filial von Rockensußra unter Paul Ludwig Held, und erst 1653 erhielt es wieder einen eigenen Pfarrer in dem Rector Gregorii zu Gr.-Ehrich. — Merkwürdig ist es, daß noch 1716 eine alte Frau in W., Martha Ehrhardt, als vom Teufel besessen betrachtet wurde. Selbst der damalige Pfarrer Eberhard glaubte es und versuchte mit Hülfe des Pfarrers Emmerling von Toba den Teufel auszutreiben, was ihnen aber nicht gelingen wollte. Die beiden herbeigerufenen Aerzte, Wächter aus Keula und Conradi aus Sondershausen, erklärten aber, daß es eine Krankheit sei, woran die Frau leide, und so bekam sie wenigstens Ruhe vor den Versuchen der Teufelsaustreibung.

Bedeutende Ueberschwemmungen waren hier namentlich 1712, am 5. Mai 1821 und am 26. Mai 1852.

Wolferschwende,

Pfd., im 10. Jahrhunderte Wolfereswinidon genannt, 4 St. südlich von Sondershausen und 2½ St. westlich von Greußen, liegt an der westlichen sanften Abdachung einer Hochebene und wird von einem kleinen Bache durchflossen. W. hat 44 H. mit 186 Einw. (1661 mit 67 Einw.), die Ackerbau und Gewerbe treiben.

Die Kirche St. Nicolai ist sammt dem Thurme im Jahre 1805 ganz neu erbaut worden. Von 1645 bis 1649 war sie Filialkirche von Rohnstedt, dann erhielt sie wieder einen eigenen Pfarrer, und seit 1837 ist sie Mutterkirche von Wenigenehrich.

Die Flur, welche gegen S. und W. von Preußen begrenzt ist, umfaßt etwa 44 Hufen Land, das gute Früchte, besonders trefflichen Flachs hervorbringt.

Geschichtliches. Unser Ort kommt, wie bereits angedeutet, in einer Urkunde des Kaisers Otto II. vom Jahre 979 vor, in welcher er unter andern Ortschaften auch Wolfereswinidon, im Gau Winidon gelegen, dem Kloster Gandersheim übergibt. — Im Jahre 1421 wurde der Ritter Friedrich von Hopffgarten von dem Coadjutor des Stiftes Fulda, Hermann von Buchenau, mit dem vierten Theile unseres Dorfes belehnt, welchen er von Hermann und Heinrich von Salza erkauft. — Im Jahre 1444 kaufte Ritter Hans von Schlotheim von Hartmann von Spira 8 Marktscheffel Korngülden und den vierten Theil des Gutes Wolferschwende, womit ihn Graf Heinrich von Schwarzburg belehnte. — Im Jahre 1448 belehnte Graf Heinrich von Schwarzburg seinen Voigt und Amtmann zu Sondershausen, Heinrich Zengen, um seiner treuen Dienste willen mit dem Dorfe und Gerichte zu Wolferschwende. — Am 21. Juni des Jahres 1812 schlug hier der Blitz ein, und in Folge dessen brannte ein Haus mit Nebengebäuden ab.

Anhang.

Schließlich mögen hier noch die in Preußen gelegenen fürstlichen Domainen eine kurze Erwähnung finden.

1. Das Schloß in Cannawurf, im Regierungsbezirk Merseburg, mit 1142 Ar. Land, 26 Ar. Wiesen und 35 Ar. Gärten. Es wurde dasselbe 1839 von den Geschwistern von Ostrowski für 119,620 Thlr. erkauft.

2. Das Gut in Großbodungen, im Regierungsbezirk Erfurt, mit 732 Ar. Land, 88 Ar. Wiesen und 17 Ar. Gärten. Dieses Gut verblieb dem Fürsten, als das Amt Großbodungen 1816 an Preußen abgetreten wurde. In neuerer Zeit ist dasselbe bedeutend vergrößert worden, indem 1840 die Kemnote für 9350 Thlr., 1842 die Grundstücke des Amtsraths Mehler für 3600 Thlr., die des Oekonomen Biermann für 16,000 Thlr. und das Gut des Schulzen Steinhauf für 8440 Thlr. dazu gekauft wurden.

3. Das Gut in Schönewerda und Eßmannsdorf, im Regierungsbezirk Merseburg, mit 639¾ Ar. Land, 111½ Ar. Wiesen und 5¾ Ar. Gärten. Es wurde dasselbe 1842 vom Probst Friedrich Reil um 112,000 Thlr. erkauft.

4. Das Gut in Volkstedt, im Regierungsbezirk Merseburg, mit 1564 Ar. Land, 18 Ar. Wiesen und 96 Ar. Waldungen, von welchen letztern aber wieder 80 Ar. verkauft worden sind. Dieses Gut wurde 1843 von dem Grafen Henkel von Donnersmark um 100,380 Thlr. erkauft.

5. Ueber das Gut Gerterode auf dem Eichsfelde vergleiche man: Keula.

Alphabetisches Orts-Register.

(St. = Stadt, Mfl. = Marktflecken, Pfd. = Pfarrdorf, Fld. = Filialdorf, Dom. = Domaine, Vorw. = Vorwerk, Wüst. = Wüstung, Geb. = Gebirge und Gebirgszug, B. = Berg, Fl. = Fluß.)

A.

	Seite.
Abtsbessingen, Pfd.	135
Allmenhausen, Pfd.	137
Aschgrund	173

B.

Badra, Pfd.	139
Bebra, Fld.	142
Bebra, Bach	31
Bellstedt, Pfd.	144
Bendeleben, Pfd.	145
Benkedorf, Wüst.	171
Bennebach, Bach	33. 205
Berka, Pfd.	150
Billeben, Pfd.	151
Bliederstedt, Fld.	152

C.

Cannawurf, Dom.	211
Clingen, Mfl.	115

E.

Ebeleben, Mfl.	118
Eichelsberg, B.	173
Engllin, Gau	153
Eßmannsdorf, Dom.	212
Enzelhausen, Wüst.	105

F.

Faula, Wüst.	114
Feldengel, Pfd.	153
Frauenberg, B.	30
Fürstenberg, Villa	80

G.

	Seite.
Gänseberg, B.	124. 167
Genst, Bach	191
Germersdorf, Wüst.	183
Gerterode, Dom.	133
Göldner, Geb.	80. 143
Greußen, St.	96
Grobern, Wüst.	114
Groll, Gehölz	113. 193
Grollbach, Bach	33. 207
Großbodungen, Dom.	211
Großenbrüchter, Pfd.	154
Großen-Ehrich, St.	111
Großfurra, Pfd.	155
Großkeula, s. Keula.	
Großmehlra, Pfd.	165
Gruna, Wüst.	135
Gundersleben, Fld.	167
Gustavsburg, Burg	147
Günthersbad	34. 195

H.

Hachelbich, Pfd.	168
Hainleite, Geb.	29
Hammenteich	33. 195
Hammenbach, Bach	205
Hansenberg, B.	31
Häng, B.	173

	Seite
Harth, Geb.	29
Heidehaus, Gasth. u. Vorw.	161
Helbe, Fl.	32
Helberburg, Wüst.	199
Himmelsberg, Fld.	170
Hohenebra, Pfd.	170
Holzengel, Pfd.	172
Holzsußra, Pfd.	173
Holzthaleben, Pfd.	175
Hopperode, Vorw.	157
Hornberg, Hochebene	193
Hölle, heiße, Thal	170
Höningen, Wüst.	139
Humischebach, Bach	33. 135
Huson, Wüst.	196

J.

Jecha, Pfd.	177
Jechaburg, Pfd.	178
Ingestedt, Ingelstedt, Ingrestedt, } Wüst.	177

K.

Keula, Mst.	128
Kirchengel, Fld.	182
Kleinbrüchter, Fld.	183
Kleingreußen, Wüst.	207
Klinge, Bach	191
Königsleben, Wüst.	184
Krabern, s. Grobern.	
Kyffhäuser Berge	29

L.

Loo, Gehölz	203
Loosbach, Bach	198

M.

Marbach, Bach	185
Margarethenbrunnen	31
Marksußra, Dorf u. Kloster	123
Marbdech, Marbeche, Martobuch, } Wüst.	187
Mittelbrüchterode, Wüst.	125
Möhlisch, Wüst.	177
Müllerbach, Bach	191

N.

Nennsdorf, Wüst.	184
Neustadt, Neustedt, } Wüst.	114

	Seite
Niederbösa, Pfd.	184
Niederspier, Pfd.	185
Nonnenberg, Weinb.	124
Notter, Bach	165
Numburg, Dom.	141

O.

Oberspier, Pfd.	188
Ohlenburg, Wüst.	80
Otterstedt, Pfd.	189

P.

Paßberg, Geb.	29
Peukendorf, Dom.	184
Pfaffenhausen, Wüst.	105
Pfaffenhofen, Wüst.	110
Pfaffenteiche	33
Pfingstberge	29
Possen, Jagdschloß	81

R.

Rüllhausen, Wüst.	105
Rinnig, Bach	33. 135
Rockensußra, Pfd.	190
Rockstedt, Pfd.	191
Rohnstedt, Pfd.	193

S.

Schernberg, Mst.	133
Schersen, Gut	82
Schersenbrunnen	51
Schersenteich	33. 83
Schlachtberg, B.	29
Schmerl, Bach	165
Schönewerda, Dom.	212
Schwarzburger Warte, Gasth.	131
Seeberg, B.	192
Sondershausen, St.	49
Spatenberg	80
Spatenburg, Wüst.	80
Spierenbach, Bach	33
Sternberg, Geb.	28
Stockhausen, Fld.	194
Stöckei, Waldung	209
Stöckei, Wüst.	135
Sumpfbach, Bach	185. 196
Sünderbach, Bach	198

T.

Thalebra, Fld.	196
Thalheim, Wüst.	203

	Seite.
Thüringenhausen, Fld.	197
Toba, Pfd.	198
Trebra, Pfd.	199
Trift, Geb.	29

U.

Urbach, Pfd.	200
Urbach, Bach	200
Urthal, Thal	201

V.

Veilchenberg, B.	169
Violenberg, B.	197
Volkstedt, Dom.	212

W.

Wahl, Bach	185
Wasserthaleben, Pfd.	202

	Seite.
Wenigenehrich, Fld.	205
Wenigentoba, Wüst.	199
Westerbach, Bach	33. 135
Westerengel, Pfd.	206
Westgreußen, Pfd.	207
Wiedermuth, Pfd.	208
Willerbach, Bach	205
Willrode, Wüst.	135
Winkel, } Wüst. Winkelte,	187
Wipper, Fl.	31
Wirbelbach, Bach	172
Wolferschwende, Pfd.	210

Z.

Zitterode, Wüst.	83